上图 / 青年时期的崔国良

下图 / 1952年国庆，北京工业学院5511班男生合影（二排左三为崔国梁）

上图／1983年，崔国良（左一）在匈牙利参加国际宇航联合会大会
下图／1984年，崔国良（左二）参加第六届全国人民代表大会第二次会议小组讨论

上图／1987年，崔国良（中）在美国参加联合推进会议

下图／1991年，崔国良（中）参加国防科工委固体推进剂专业组会议

上图／1992年，崔国良（左三）在克拉玛依考察液体燃料

下图／2001年，崔国良在实验室与科技人员讨论燃气能源

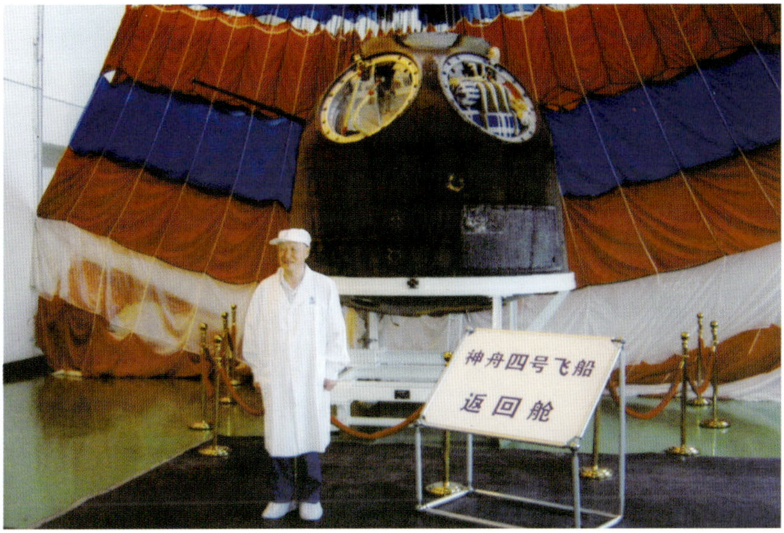

上图／2003年7月11日，崔国良在神舟四号飞船返回舱及其主伞前留影

下图／2009年10月1日，崔国良参加中华人民共和国成立60周年国庆阅兵式

上图／1985年两会期间，崔国良（左）与钱孝虹（中）、李乃暨（右）在人民大会堂合影
下图／2006年，崔国良（右）在香港考察时与杨振宁（左）合影

上图／1961年，崔国良和刘宝芬喜结良缘
下图／2011年春节，崔国良和刘宝芬金婚纪念

上图／1997年，崔国良、刘宝芬与儿子、女儿合影

下图／2009年，崔国良全家福

崔国良院士传记

Acadmician Cui Guoliang's Biography

《中国航天院士传记丛书》总编委会 组织编写

宋瑶 著

中国宇航出版社

·北京·

图书在版编目(CIP)数据

崔国良院士传记 / 宋瑶著 ;《中国航天院士传记丛书》总编委会组织编写. --北京 : 中国宇航出版社，2014.12

(中国航天院士传记丛书)

ISBN 978-7-5159-0808-3

Ⅰ. ①崔… Ⅱ. ①宋… ②中… Ⅲ. ①崔国良一传记 Ⅳ. ①K826.16

中国版本图书馆 CIP 数据核字(2014)第 232155 号

责任编辑　牟宁宁　黄　莘

责任校对　王　妍　　**装帧设计**　文道思

出版发行　中国宇航出版社

社　址　北京市阜成路 8 号　**邮　编**　100830

(010)68768548

网　址　www.caphbook.com

经　销　新华书店

发行部　(010)68371900　(010)88530478(传真)

(010)68768541　(010)68767294(传真)

零售店　读者服务部　北京宇航文苑

(010)68371105　(010)62529336

承　印　三河市君旺印务有限公司

版　次　2014 年 12 月第 1 版

2014 年 12 月第 1 次印刷

规　格　787×960

开　本　1/16

印　张　22.5　**彩　插**　8 面

字　数　294 千字

书　号　ISBN 978-7-5159-0808-3

定　价　68.00 元

《中国航天院士传记丛书》总编委会名单

《崔国良院士传记》
编审委员会名单

编审委员会

主　任　包为民

副主任　江　帆

委　员　周晓飞　贾　可　陈学钏　邓宁丰　霍明儒
　　　　　王双军　白燕强

编审委员会办公室

主　任　周晓飞

成　员　张铁钧　杨利伟　戴品华　于　宁　刘　毅
　　　　　李卫东　徐　睿　丁雅清　李念滨　苏大亮
　　　　　童春霞　黄　莘

序　一
Preface Ⅰ

中国航天事业自1956年创建以来，已经走过50多年的发展历程。在党中央、国务院、中央军委的亲切关怀和英明领导下，中国航天人团结一心、顽强拼搏、勇于创新、无私奉献，不仅取得了以“两弹一星”、载人航天工程和月球探测工程为代表的辉煌成就，孕育形成了航天传统精神、“两弹一星”精神和载人航天精神，也造就了一支技术精湛、作风优良的航天人才队伍。

航天系统的中国科学院院士和中国工程院院士就是这支队伍的杰出代表。中国航天科技集团公司和中国航天科工集团公司先后有50多位科学家和航天工程专家当选为两院院士。其中，有7位院士获得过“两弹一星”功勋奖章，2位院士获得过国家最高科学技术奖。他们不仅是航天成就的主要创造者，也是航天精神的重要孕育者和忠实践行者。

中国航天事业是在新中国成立不久，工业实力、科技实力、综合国力都很薄弱，帝国主义严密封锁，苏联撕毁协定、撤走专家的情况下发展起来的。以航天院士为代表的中国航天人，自力更生，艰苦奋斗，奋发图强，顽强拼搏，在一穷二白的基础上，独立自主地创建起了中国的航天事业。

航天型号研制是复杂的系统工程，涉及很多领域，需要众人参与，必须大力协同、集智攻关才能完成。以航天院士为代表的中国航天人，在航天工程研制实践中，齐心协力，密切配合，实现了一次又一次技术突破，铸造了一项又一项辉煌成就。他们为祖国的航天事业作出了巨大贡献，却淡泊名利，不计得失，将个人利益置之度外。

航天事业属于尖端技术领域，难度大、风险高、技术复杂，在发展历程中碰到过很多难题，经历过各种坎坷，甚至遭受过重大失利。以航天院士为代表的中国航天人，在困难和失败面前不动摇、不退缩，树立百折不挠、锲而不舍、脚踏实地、严谨务实的工作作风，不断攻坚克难、勇攀高峰，取得了一个又一个胜利，树立了一座又一座丰碑。

今天，在由航天大国向航天强国迈进的征程中，航天院士的科学思想、创新意识、坚定信念和爱国情怀是全体航天人宝贵的精神财富。中国航天科技集团公司和中国航天科工集团公司决定出版《中国航天院士传记丛书》，不仅是为了宣传航天院士的科研成就，总结航天院士的成长规律，更是为了传承航天院士的宝贵精神，使之生生不息、薪火相传，为“续航天梦、筑强军梦、圆中国梦”的伟大实践提供精神动力和思想源泉。

许达哲

2014 年 1 月

序　二
Preface Ⅱ

中国航天事业创建半个多世纪以来，培养和塑造了一大批功勋卓著、德高望重的中国科学院院士和中国工程院院士。他们具有坚定的理想信念和强烈的爱国情怀，理论功底深厚，技术水平高超，善于引领科学发展和技术创新，在中国航天事业发展的关键时期发挥了重要作用，为中国航天事业取得辉煌成就、孕育航天精神作出了突出贡献。

为了全面、系统地总结航天院士的成长规律，把航天院士的科学思想和创新方法记录下来、传承下去，为中国航天事业积累精神财富，为航天强国建设提供有益借鉴，中国航天科技集团公司和中国航天科工集团公司研究决定，组织编写一套《中国航天院士传记丛书》（以下简称《丛书》）。

党的十八大描绘了坚持中国特色社会主义道路、全面建成小康社会、实现中华民族伟大复兴的宏伟蓝图，同时也为加强国防和军队现代化建设、推进我国由航天大国向航天强国迈进指明了方向。在中国航天事业“续航天梦、筑强军梦、圆中国梦”的新形势下，出版这套《丛书》，具有重大的现实意义和深远的历史意义。

记载航天历史。航天院士是中国航天事业的宝贵财富，他们的成长历程反映了航天事业的发展轨迹。这套《丛书》不仅是航天院士个人的传记，也从不同侧面记载了中国航天从技术到管理、从思想到精神的真实历史。

弘扬航天文化。宣传航天院士，就是站在科学的高度，向社会各界全面宣传航天事业，弘扬航天文化，使其成为中华民族文化宝库的重要组成部分，增强中华民族的自信心、自豪感和凝聚力，提升国家的软实力。

传承航天精神。航天精神是包括航天院士在内的几代航天人，在中国航天事业发展历程中，不断积累、提炼、传承而逐渐形成的，是民族精神、时代精神与航天实践相结合的产物，是中国航天事业之魂。《丛书》全面反映了航天院士的学术成就、科学作风和思想品格，有助于航天精神薪火相传。

培育航天人才。中国航天事业已经完成了新老交替，一代航天新人正在茁壮成长。《丛书》是泽被后世的人才工程，对于培育航天人才、发展航天事业、铸造新的辉煌将产生积极的促进作用。

总之，《丛书》是一套具有航天特色的爱国主义教材，是不可多得的精神食粮。相信这套《丛书》的出版发行，必将吸引更多的年轻人热爱航天、投身航天、奉献航天，以饱满的热情和昂扬的斗志再攀高峰，使中国航天事业后继有人，蓬勃发展，续写辉煌。

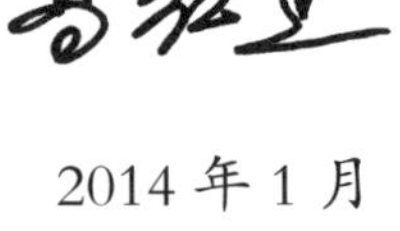

2014 年 1 月

目　录
Contents

第一章

穷孩子的求学路

北国盛夏，桑干河畔的崔家喜得麟儿。年轻的父母怀着暗暗的期许、殷切的盼望，为儿子取名“国梁”，国之栋梁。

1. 诞生在桑干河畔

1931年7月7日（农历辛未年五月廿二日），河北阳原，桑干河畔。此时正值北国盛夏，阳光充足，万物葱茏，雨水充沛，草木繁盛。即便是早上，空气也已闷热难当，干涸已久的桑干河开始涨水，遍体通红的水蜻蜓已经展开翅膀……栖息在泥土里的蝉，从地下爬了出来，爬上高高的树干，爬进绿油油的密密的树林，开始它们一年一度的歌唱。从日出到日落，从清晨到傍晚，就是这样，它们不停地唱。只要有树的地方，就是它们快乐的表演场。那汇集的声音，铺天盖地，让人无法想象……

一声嘹亮的啼哭，伴随着蝉儿的歌唱，给阳原的夏天增加了一份热闹。阳原的崔家喜得麟儿，崔家上上下下忙作一团，每个人的脸上都洋溢着笑意。在中国古老的传统里，无论贫富贵贱，家家户户都盼着多生几个男娃娃。崔家长子已经十来岁，家里却一直没有添新丁，盼星星盼月亮，终于又盼来个白白胖胖的大小子！瓜瓞绵延，是一个家庭最大的期望，在他们听来，婴儿的哭声和着桑干河水的泠泠声是那么悦耳，好似生命的歌唱！这个婴儿就是本书的主人公崔国良，阳原，是他的故乡。

阳原，古称弘州，位于河北省西北部，畿经张宣，邻近京津，毗邻大同，靠近内蒙，治属燕赵之地。虽说阳原早在战国时期就已存在，但知道的人并不多。西汉的时候，桑干、东安阳、阳原三县已有微名，阳原之意为阳水流经之地。到了清康熙三十二年（1693年），阳原改名为西宁县。民国二年（1913年），内务部为避免西宁县与甘肃省西宁府重名，于是又将其恢复西汉时期的故名——阳原。

阳原虽然说不上是大名鼎鼎，如雷贯耳，却也是历史悠久、源远流长。1935年，法国研究旧石器时代的考古学家步日耶来到中国，在阳原县泥河湾村被称为更新世早期的“泥河湾组”地层的下部采到一块石头。经他研究，确认为石器是“粗糙的手斧”。于是他推断，当时泥河湾一带曾经生活过猿人，甚至更早的人类。于是，泥河湾当仁不让地被誉为“人类的东方故乡”。

如今，在这人类的东方故乡，又多了一个中华子民。起初，他的名字并不叫崔国良，父母给他起了一个响亮的名字——崔国梁。不知道经过怎样的日夜琢磨，没什么文化的父母才为婴儿起了这个重似千斤的名字。口中含玉即是“国”，可见父母是多么珍爱这个刚出生的小生命。然而，做父母的更明白：“国”是扩大了的家，而“梁”是栋梁的梁。在他们的心底，有着暗暗的期许、殷切地盼望：儿啊，将来要成为国之栋梁！

崔国梁生在7月7日，这是中国人永远忘不了的日子。这个日子会让人联想起阳原所在的燕赵，那里自古多慷慨悲歌之士：抗击洋鬼子而罹难的东城义和团领袖王作霖，讨伐袁世凯失败、宁死不屈的革命党人毛凤书，还有傅汝尧、李子清、刘志斌、季林、孙守莲等数百名为新中国的诞生而流血牺牲的革命志士。

阳原是块宝地，封建时代，阳原县出过28位进士、78位举人。金代诗人李纯甫和赵秉文——当时诗坛上的两面旗帜就生于阳原。揣骨疃的李泰芬则是我国现代著名的历史学家、方志学家，学贯中西，著有《中国史纲》《西洋大历史》等10余部巨著。

1947年，阳原第一水利专家——张子林使党中央驻地西柏坡及周边各村第一次点上了电灯。

阳原第一横笛演奏家——冯子存，曾跟随周总理到亚洲国家把中国民间艺术传播到世界各地，并受到毛泽东主席的接见。

2. 梦中的回忆

桑干河是塞北一条古老的河，相传每年桑葚成熟的时候河水干涸，故得此名。它从西向东，流过张家口境内的阳原、蔚县、涿鹿，桑干河的河水滋润了两岸肥沃的土地，也孕育了这里悠久的文化。著名作家丁玲的长篇小说《太阳照在桑干河上》，写的正是桑干河下游的涿鹿。老话说："千里桑干，唯富涿鹿。"说也奇怪，紧挨着涿鹿的阳原、蔚县，却穷得叮当作响。

阳原县地处黄土高原、华北平原的过渡带，阴山余脉与恒山余脉复合处。境内南北环山，桑干河自西向东横贯全境，是两山夹一川的狭长盆地，耕地面积非常有限。阳原县年降水量只有364毫米左右，是传统的干旱县区之一，一年只有八十天的无霜期，只能种莜麦、黍米和土豆。崔家世代都在阳原，凭

桑干河自西向东，贯穿阳原

借一片薄田，在地里刨食儿的庄稼人要看老天爷的心情讨生活，一年打下来的粮食常常只够吃半年的，余下的半年只好靠打柴、刨药材卖些零钱勉强度日，吃不饱、穿不暖是常事儿。

在崔国梁的记忆中，饥寒交迫的往事早已模糊，留下的都是甜蜜的回忆：炎热的夏天，榆树上的蝉叫个不停，要是能在清凉的桑干河里洗个澡，该有多惬意；大雪压弯枝，给地里庄稼盖上了一层棉被，家里的炕也是暖的，运气好的时候，炉灰里还捂着一个大土豆…… 农闲时，广袤的田野和荡漾的河水是探索不尽的乐园；农忙时帮父母分担家务、照顾弟弟妹妹……

阳原虽穷，却是个美食之都，穷有穷的活法，聪明勤劳的阳原人擅长的是粗粮细作。用锅巴做成的圪渣饼，是阳原的“名贵”糕点，至今已有近五百年的历史。传说，明永乐年间阳原县揣骨疃的一位糕点师傅在制作点心时，随手将剩下的一小块面团捏成了一薄片，经烘烤，烤出了金黄色的薄如纸的点心，一品尝香脆可口，后经反复试验，制出了圪渣饼。在清朝咸丰年间，出任滨州知府的揣骨疃人李增光，曾将揣骨疃圪渣饼进贡朝廷，慈禧人后赞不绝口，从此，圪渣饼成了宫苑膳食的上乘糕点，遐迩闻名。

而在崔国梁的记忆里，母亲做的圪渣饼才是最好吃、最地道的。母亲在做粘饭时，总是多加一勺水，让锅底的锅巴结得厚一点、多一点，然后用拨火棍把灶火的余灰四处摊开，使劲拉着木风箱，吹起似明未灭的草木灰，把锅里的锅巴烘得干干的，焦黄焦黄的，然后用铲子轻轻铲起，在上面撒上盐和辣椒面，这就是小国梁和弟弟妹妹们最爱的美食了。

阳原的油皮也很有名。油皮是豆腐的副产品，在烧煮豆浆时，豆浆表面结成一层蛋白质薄膜，即是油皮。阳原的油皮，据说已经有上千年的历史，无论你怎样揉搓，它都不会有一丝裂缝，更不会掉渣掉角，张张片片都是鹅黄鹅黄的，丝绢般柔曼轻盈。

小时候的崔国梁最喜欢看的就是母亲挑油皮。挑皮的工具是高粱秸秆，心灵手巧的母亲在高粱秸秆上固定一个钉子般的小柄，沿着热气腾腾的锅边，慢慢悉心地揭起豆浆表面的薄膜，然后趁热卷成小卷。那油皮光滑的表面，如透香的凝脂，让人不得不食欲大开、口水欲滴。母亲总是将卷出来的热乎乎的油皮，塞进在锅边眼巴巴看着的小国梁嘴里，不软不硬，淡淡的豆子清香在他的记忆里萦绕了几十年。

北方人吃黄米面糕，南方人吃糯米糕，西部少数民族吃糌粑。吃糕一般都在过年，取其“粘”与“年”、“糕”与“高”的谐音，吃“年糕”，是为了图个年年顺利、步步登高的吉利；而阳原人极爱吃糕，甚至将黄米糕奉为主食，是天天过年、顿顿登高。

黄米糕是将黍子去皮后磨成粉做成的。阳原的土地极适合种植谷黍类作物，产量、质量均属上乘。黍子做成的糕虽然质硬不好消化，但却耐饥抗饿。

有农谚曰“三十里莜面四十里糕”，当地的农民基本上把它作为口粮，因此几乎天天吃糕也就不奇怪了。

普通农家做糕的方法比较简单，做糕时需用温水和面，由于黄米面本身的水分较大，水不能放太多，只要收得住面即可。然后将面散开来放在笼屉上，旺火蒸大约十五分钟出锅，盛在一个大盆里，开始揉面，又叫“揣糕”，揣好的糕极富光泽且很有弹性，最后在表面抹一层麻油，就可以吃了。

有钱人家里吃糕，多用油炸，而且要在里面包红糖或豆馅儿。吃包糖糕时，又烫又甜的糖汁顺嘴角往下流，再伸出舌头四下一转，将嘴唇上的糖汁儿舔干净，满口流香。小国梁家里吃糕，是用铲子铲一块，和着菜一起吃，母亲把大锅的野菜熬成汤，再把切好的糕片扔进去，虽然每个人只能分上几小片，小国梁已经心满意足了，像过年一样高兴。

最让崔国梁难忘的，是母亲熬制的阳原糊糊。张家口很多地方都有喝糊糊的习惯，但阳原的糊糊别有特色。东安县的糊糊是玉米面和莜面混合后熬成的，有点儿黏；蔚县暖泉糊糊以豆面为主，清爽精巧，但不够厚重；正宗的阳原糊糊以玉米面为主，和以少量豆面熬成，入口微苦，还有一股淡淡的土味儿——就是这淡淡的土味儿让崔国梁怀念了一辈子。

还有那桑干河边的桑葚儿，虽然正当结果的时候，河水就干了，依然挡不住满树的紫色晶莹剔透。桑葚也是救命粮，用桑葚和面蒸出的窝头，又香又甜。

崔国梁还记得，初秋时分，和小伙伴们偷了家里吃剩的黄米糕，做成面粘，然后，再把面粘粘到很长的芦苇杆的顶端，轻轻地溜到树荫下，去粘俗称知了的蝉。

仔细地观察这刚刚粘到的、小小的蝉，小国梁总觉得蝉能飞是一件很不可思议的事：黝黑而宽笨的躯体似乎更适合于做地上的爬虫，但蝉的身侧却不和谐地长出了透明的翅膀，可以像鸟儿一样在芳香的空气里飞翔。

直到上了小学堂，从北平来的女先生才告诉小国梁：一只弱小的蝉儿，成长的道路却很漫长，虽然只是从树根走到树梢，短短的一截路，却整整走了一生。在时间上，蝉生命里的苦难与幸福，完全不成比例。十七年的蛰伏，一夏的飞翔，是蝉的一生。一条路，一个季节，以全部的生命力来抵达一个危险的高度，是否值得？可是一代又一代的蝉儿们义无反顾地走着这条老路。蝉儿似乎是乐观的，它边走边唱，唱累了便趴在树枝上，吮吸着昨夜的露水，畅饮着生命的快乐。

刚蜕出来的蝉身是半透明的绿色，很美。可是过了一段时间后，蝉的身体逐渐转黑，越来越丑，而翅膀却在干燥的阳光中颤动着伸展开来，清晰的翅膀晶莹美丽而充满力量。一只透明的蝉蜕，顽强地守护在蝉的身边，像一位慈祥的母亲。其实蝉蜕是蝉的胎衣，到了最后，又做了它回归源头的水晶棺椁。这其中有着怎样的一种痛苦而又奇妙的生命蜕变，我们无法想象。也许只有经过了悲喜交集的蜕变命运，在忍受极大的痛苦之后，才能到达这种尽善的境界。

女先生还说：也许，我们的前世都是一只蝉。

小国梁立即觉得自己变成了一只叫声响亮的蝉。

童年是苦涩的，童年也是幸福的，然而，幸福的时光总是短暂的。

3. 战争中的童年

意大利旅行家马可·波罗曾在他的《马可·波罗游记》中生动描写了永定河（桑干河下游）上的“一座在世界上独一无二的”、西方称为“马可波罗桥”的、中国最大的古代多涵孔圆弧拱桥——卢沟桥。

就是这座卢沟桥，拉开了中国抗日战争的序幕。

1937年7月7日，日军悍然发动卢沟桥事变，日本开始全面侵华，长达8年的抗日战争爆发了。伴随着日本侵略者的铁蹄声，中国大地上的一切都改变了。

这一天，是崔国梁六岁生日。无忧无虑的童年也许就是在这一天画上了句号。

卢沟桥事变后，日军于1937年9月13日占领大同，遂沿同蒲铁路南下，向雁门关、茹越口进攻。与此同时，宣化、新保安、怀来之敌南侵，阳原、蔚县、广灵都被日军占领了。

阳原本是个名不见经传的小县城，但日军在整个晋察冀的后勤基地却一度设在阳原，大量的军备物资都囤积在这里；而在抗日战争打响第一枪之时，八路军就挺进晋察冀，阳原，又成为抗日根据地。扫荡，反扫荡，残酷的争夺战在阳原频繁地上演着。现实是惨烈的。日本鬼子的“铁壁合围”“梳篦清剿”“辗转剔抉”和“杀光、抢光、烧光”的“三光政策”，使阳原县的一个村几乎灭绝。

1938年的夏天，日本鬼子集中了分散在长城、华北、东北的部分军队，以铁路、公路等交通线为依托，实行“以铁路为柱，公路为链，据点为锁”的“囚笼政策”，对抗日根据地进行频繁扫荡，并企图割断太行、晋察冀等抗日根据地的联系。

阳原也在“囚笼”之列。

抗日战争时期，农民的日子本就很艰难，加上日本鬼子的“囚笼政策”，经济上封锁，交通上阻断，互市买卖的取消，日子就难上加难了。小时候还常吃的莜面卷和黄米糕吃不到了，爹娘开始熬杂合面糊糊，包谷面、豆面、黍子面、高粱米等磨在一起的杂合面粗拉拉的噎嗓子，崔国梁刚出生不久的小弟喝不下去，长得面黄肌瘦，日夜啼哭。再后来，杂合面也没有了，只好和村里其他人一样，去摘树叶和挖野菜充饥。几乎所有的树叶以及其他所谓“能吃”的东西，小国梁都吃过。开春后，先吃杨树须、核桃花、柿子花、榆钱儿，还有一些野菜。树叶长出来了，吃树叶。榆树叶、杏树叶、柳树叶，是好吃的；槐树叶、小杨树叶，也不太难吃。慢慢地，这些树叶吃光了，只好采大杨树叶、臭椿树叶，这些树叶真不好吃。但是，有什么办法呢？饥不择食啊！

从春到秋，不见一粒粮食，就吃树叶与野菜，营养严重缺乏，即使是一大碗一大碗地吃，肚子撑得鼓鼓的，也只觉得憋胀，不觉得饱。肠胃、肚皮越来越薄，越来越需要更多的树叶才能填满肚子，像营养缺乏儿童的共同特征。肚子上好像扣着一口大锅，腆腆着，头、四肢和全身，都皮包骨头，就突出一个肚子。可是，总有饿的感觉，没有饱的感觉，还伴有全身无力，头晕眼花。肚子胀得像面鼓，敲起来“砰砰”地响；腿肿得像水桶，脸肿得像猪尿泡，黄得透明。再加上鬼子的封锁，阳原抗日根据地整整三年吃不上一点盐。由于缺盐，浑身瘫软无力，看着孩子饿得连头都抬不起来，爹娘也只能跟着默默流泪。

在崔国梁的记忆里，整个夏天，除了枪炮声，整个世界一片死寂。蝉儿还没能钻出泥土，就被人们掘地三尺，成为救命的粮食。偶尔的幸存者，虽然得以见天日，却被眼前的情景吓呆了：满目疮痍，满目焦土，本该是如荫的树冠，居然没有一片绿叶，只剩下光秃秃的树枝刺目地在烈日下蜷缩着。

整整一个夏天，小国梁没有听到蝉鸣声。

也就是这一年，望子成龙的父母送7岁的小国梁进了村里的小学堂。能活着，已经是福大命大，还有书读，就更是个奇迹。作为抗日根据地的阳原，虽然县城被鬼子占据着，周围却是共产党领导下的抗日根据地，抗日小学像雨后春笋一样纷纷成立，适龄儿童都可以进学校免费读书。

饿着肚子的崔国梁，迈着摇摇晃晃的步伐，顶着呼啸而过的子弹，坚定地走在去学校的路上，他无比珍惜这个得来不易的学习机会。在学堂里，他如饥似渴地学习；回到家，他也争分夺秒地看书。战争时期，和军事有关的物资都被控制。家里没有电，他学会了把棉花搓成捻儿，放到盛了薄薄一层油的小碗里面，做成油灯。没有火柴，他学会用火镰打火石的取火方式：先从锅底上刮一些烟灰，放入一小块旧棉花中，旧棉花外包一把易燃的柴草；一手拿火石，放好火纸，一手拿火镰，在火石上撞击，发出火星，将火纸引着；再将引着火的火纸放入锅底烟灰中，用嘴轻轻地吹，发出火、引着柴。火星落在火绒上，一吹，小火苗就“噌”地燃起来；点着了棉花捻儿，小油灯就点上了，他可以就着昏暗的灯光读一晚上书。

在崔国梁上学读书的日子里，作为晋察冀抗日根据地的一部分，阳原始终处于血与火的抗日战争的最前沿。抗战时期，在晋察冀抗日根据地，拉锯战是常态。除了抓紧点滴时间上课，还要对付日军的“扫荡”。崔国梁记得当时唱过一首歌：“全国动刀兵，一起来出征，你看那大旗呦飘扬多威风。这班兵马哪里来？西北陕甘宁……这班兵马是哪个？朱德毛泽东……”

抗战时期，教学条件极差。各村的学堂，差不多都被日军“扫荡”时放火烧了。没有教室，夏天经常在小树林里上课；没有桌凳，就以膝当桌；一本算术，一本国文，一块石板，几支石笔，就是全部学习用品。即便是在这样艰苦的条件下，崔国梁一天也没有放松自己的学习。

1945年，日本投降，阳原县也终于获得了解放。阳原县的军民们在共产党的领导下，进行了艰苦卓绝的斗争，粉碎了日伪军的多次围剿和层层封锁，为抗日战争的最后胜利做出了巨大的贡献。

8年的抗日终于胜利了。

4.从小学徒到初中生

贫困交加，加上缺医少药，小国梁的父母相继因病去世了，只留下了小国梁和年幼的弟弟妹妹。大哥有自己的家庭，自顾尚且不暇，并没有多少精力来照顾三个同父异母的弟弟妹妹。为了减轻家里的负担，节省一份口粮，崔国梁辍学了，开始了学徒生涯。

崔国梁懂得文化的重要，却无奈现实的残酷。一步三回头，崔国梁恋恋不舍地离开了他学习过一年的阳原私塾和教过他知识、也打过他手心的先生。

为了学一门手艺，将来好安身立命，1945年，崔国梁来到张家口的一个小杂货店里当学徒，这时他只有14岁。

在旧社会，学徒是雇佣劳动者中社会地位最低、劳动范围最广、劳动强度最大的劳动者，也是最受剥削和欺压、最没有生活保障和最起码人格和尊严的一个特殊阶层。

在河北的邢台市博物馆，就收藏着这样一份学徒契约：

立字人 ××，因家贫人多，无法度日，情愿送子 ×× 到邢台文盛德鞋铺当

保證書

旧社会上海一个学徒工的卖身文契——“保证书”

学徒，四年为满。擦桌扫地，提水做饭，只许东家不用，不准本人不干。学徒期间，无身价报酬，学满之后，身价面议。如有违反铺规，任打任骂，私自逃走，罚米十石，投河奔井与掌柜无关。空口无凭，立字为证。

在北京博物馆，则展示了这样一个“铺规”：

一、凡学徒进厂后不许私自外出。

二、学徒期内不许留头发，不许学名称呼，只可小名听唤。

三、学徒期内应以学艺为重不许娶媳妇。

四、见到掌柜要垂手直立，听候教训。不许背手站着。

五、掌柜家有白事，学徒要随晚辈礼俗戴孝。

六、对少掌柜要按长辈尊敬称呼。

七、年节道贺要叩头行礼。

……

学徒就是奴仆，“起得比鸡还早，睡得比狗还晚，干得比牛还多，身份比猪还低”。学徒的随身家什有“五壶四把”之说：所谓“五壶”是茶壶、酒壶、水烟壶、喷壶和夜壶，所谓“四把”是笤帚、掸子、毛巾和抹布。从装水烟、递毛巾到倒夜壶、叠被褥，对掌柜要伺候得无微不至；必须老老实实听话，规规矩矩做事，诚诚恳恳劳动；要眼勤、嘴勤、腿勤。

崔国梁的学徒生活正是如此。说是学徒，崔国梁每天做的就是烧火做饭，端盆倒水的杂活儿，睁眼干到黑，两头不见天，根本谈不上所谓“习技学艺”。然而在繁重的劳动之余，他仍偷偷看书，一遍遍重温着学过的知识。他牢牢记着著名书法家颜真卿的那首《劝学》：“三更灯火五更鸡，正是男儿读书时。黑发不知勤学早，白首方悔读书迟。”

中国有句古话叫“吃得苦中苦，方为人上人”。几年的学徒生活给崔国梁留下终生难忘的印象，由此也锻炼了他不惧艰险、敢于吃苦的顽强精神和脚踏实地、谦虚谨慎的工作作风。

机会总是留给有准备的人。有一天，崔国梁正在院里干活，无意中听说，张家口惟一的、又是公费的中学——察哈尔省立张家口中学校要招考新学生了！

张家口中学校1915年初创，因为校风正，管理严，成绩好，在华北地区小有名气。1937年9月，日本军队侵占张家口，学校被强行关闭，学校资产损失殆尽，师生失业失学流离四方，校园也被侵略军征用为兵营。1946年11月，国民政府重建察哈尔省，恢复张家口中学校，并重建校舍，恢复教育，重新招收学生。

这个消息，对没有钱却渴望读书、心怀报国之志却报国无门的崔国梁来说，可谓是天大的喜讯。

他偷偷地去报了名。

考试那天，他半夜就起床了，扫地、烧火、给掌柜的烧了热水、做好早饭，在一切准备就绪时，天仍是黑漆漆的。崔国梁找出早就准备好的毛笔和砚台，从张家口市的南端急匆匆地步行到城北这所中学的所在地。时值寒冬，当崔国梁终于坐在考堂上时，他惊讶地发现，砚台里的墨已经冻成冰块了，他的手指也已冻得变白发僵、不能弯曲了。崔国梁只得用口中呵出的热气，一点一点地融化砚台里的冻墨；冻僵的手指在尚存暖意的腋窝里暖一暖，满把攥着毛笔答卷。

幸运的是，崔国梁不仅考上了这所公费中学，还直接进入初中二年级就读。苦难换来了甘甜，他终于又可以读书了！

从小学徒到初中生的转变是巨大的。用杜甫那首脍炙人口的《闻官军收河南河北》里的诗句来形容他此刻的心情是再贴切不过了："白日放歌须纵酒""漫卷诗书喜欲狂"。此等欢喜愉悦，在崔国梁的一生中绝不是仅此一回，但绝对是第一次。

崔国梁不用再端茶倒水伺候掌柜，不用再住在小棚子里吃着残羹剩饭，不用再就着炉灶的火光、提心吊胆地偷偷读书，不用再一次次重温那些早已烂熟于心的知识。他可以坐在虽然破旧但却宽敞的课堂里聆听老师的教诲；和同学们在食堂里边吃午饭边讨论功课；宿舍虽然拥挤，但却住着同样心怀祖国、发奋读书的年轻人……

这样的生活，甚至不曾出现在小学徒崔国梁的梦里，而此刻却变成了现实。这让崔国梁明白，什么叫作“知识改变命运”。如果不是爹娘送他读书，如果不是他一直没有放弃学习，他不可能有继续读书的机会；而他唯有更加努力地学习，才能真正改变自己的命运和国家的命运。

作为中国共产党从日寇手中解放的第一座省会城市，中共中央对张家口的建设也极为重视，大批干部从延安调来工作，大批文化研究单位、大专院校及数以百计的文化名人也纷纷迁来。当诗人艾青踏上张家口的土地，还未洗掉身上征尘，便情不自禁地写道：“这是一座人民的城市，这是人民经过了多么长久的艰苦斗争而解放的城市。”“可以自由地呼吸，自由地生活，自由地歌唱……”

而对崔国梁来说，最有吸引力的莫过于张家口集合了十几所大学、一批优秀教师和几百名热心科学技术的爱国青年。尤其是延安自然科学院，尽管几迁校址、几易其名，在人们心中，这所从革命圣地迁来的大学始终笼罩着神圣的光环；而常常开展各种报告会和动员会，更是让这所学校在张家口乃至整个华北地区，无人不知、无人不晓。不知道从什么时候起，这所学校在初中生崔国梁的心里扎下了根。

多年以后，崔国梁如愿以偿地走进了延安自然科学院。它后来更名为华北大学工学院，现在的北京理工大学，这是后话。

5. 苦尽甘来进北平

1948年，崔国梁第一次离开家乡，来到北平，目的地就是坐落在祖家街的北平市市立第三中学校。

祖家街东起赵登禹路，西到育幼胡同，是一条历史悠久的胡同。之所以叫

北京三中是一座历史悠久的老校

“祖家街”，因为这条街路北坐落着降清明将祖大寿家的宅子，祖大寿在这里生活了12年，去世后这里改建为祖家祠堂。祖家祠堂坐北朝南，是典型的清代官僚宅院花园式布局。青砖灰瓦，雕梁画柱，绿树成荫，庄严肃穆，古色古香。门外原有上马石一对。前后院间有一座规模大、设计巧、造型美的垂花门，这座垂花门在北京四合院的垂花门中数一数二，门口两门礅雕刻精美，气派不凡。祠堂正厅建筑保存完好，而北京三中的教学楼就在祖家花园宅院里。

一个祠堂里的学校，一个四合院里的学校，将传统的祠堂和崭新的教学理念结合在一起，使学生既能在现代的教学环境中接受良好教育，又能在古老祠堂中接受古老文化氛围的熏陶，不能不说是一个新旧文化的奇特融合。

北京三中是一所历史悠久的学校，它的前身是清雍正二年（1724年）建立的专收八旗子弟的清宗室右翼宗学堂，当时坐落在西单小石虎胡同。曹雪芹曾在右翼宗学堂供职十年，并在此构思了《红楼梦》。1902年，右翼宗学堂改为八旗右翼中学堂。1912年，又改名为京师公立第三中学校，并搬至祖家街。1950年10月，学校更名为北京市第三中学并得以沿用。

1948年，崔国梁从张家口中学校毕业。同时，他从上千考生中脱颖而出，以优异的成绩考进了北京三中。“远自雍乾世，人才辈辈强”，启功先生的题词形象地描述了这所百年老校的气度。人民艺术家老舍先生1913年就读于此，著名学者罗长培、于光远、徐城北，科技专家郑克扬、夔中羽等也都毕业于北京三中。

这座历史悠久的老校，以“严谨、求实、勤俭、严肃”的优良校风而闻名远近。为了达到“求社会之进化，人类之发展”的教育目的，把学生培养成社会兴国所需人才，学校将学生的行为、思想、能力、生活等方面作为训育的要项，以指导学生的思想和行动。学生在行为方面要服从真理和团体的纪律；在思想方面要有科学的头脑，纠正自私自利狭隘的观念；在能力方面要培养客观观察、判断的能力；生活方面要纠正不良嗜好、养成简朴的习惯等。

由于学校始终把磨练学生的意志品质放在重要位置，故三中的学生无论在旧军阀统治时期，还是在国民党统治时期，或是在抗日战争、解放战争时期，都能坚持真理，主张正义，以旺盛的革命热情，与祖国同呼吸共命运。

不守旧，不古板，重视体育和艺术教育，是北京三中的特色。而“求真、文明、勤奋、健美”的校训也使北京三中在众多的学校中鹤立鸡群，不同凡响，盛名远扬。有思想、有追求、有活力的进步青年心仪和向往这里。崔国梁就是其中的一个。

1948年9月，17岁的崔国梁用大哥资助的路费买了张到北京的车票，他真的走出那个贫瘠落后却养育过他的家乡了。当然有留恋，但是全新的世界、全新的生活召唤着他年轻的心。

初来北京，崔国梁恨不得把整个北京城都看个遍，走个遍。他来到了天安门广场，此时的天安门广场尚未改造扩大，面积较小。站在天安门前的金水桥远望，视野不开阔，有些脏乱的样子，骆驼和骆驼车都可以通过天安门观礼台前——但崔国梁依然为之自豪。

第一次去颐和园，崔国梁印象很深，因为他从未见过这样宏伟的皇家园林。颐和园游人很少，大多数的殿都免费开放，殿内有很多展品，包括慈禧太后的画像，有些原汁原味的意境。

北京的路上看不到几辆汽车，他到哪里都骑自行车，并没觉得远，也没感到累。那时的北京，没有什么高楼大厦，也没有冲天林立的烟囱，天空清澈干净，极目一望，天高地广。下午从长安街往西看，蓝蓝的天空，酱紫色、深蓝色的西山，在瓦蓝瓦蓝的天空陪衬下，没遮没挡。下点小雨，满城的空气里都带着野花的香味儿。

北京的冬天要比现在冷得多，雪下得也大。一般从11月份就下雪了，这雪就积着，一层接一层，直到第二年春天才融化。小孩冬天玩冰车很普遍，就是用一块木板，下面装两条铁片，在压瓷实的雪上滑着玩。北海公园的白塔下，溜冰的人儿来回穿梭，宛如春燕。

在这里，崔国梁如鱼得水，尽情吸收着这丰厚的文化底蕴。他为曹雪芹曾是三中的“员工”而惊讶，也为曹公“十年辛苦不寻常”，写就了“红楼”巨著而感慨；他为自己居然是老舍先生的校友而自豪。哼着《五月的鲜花》，他在作曲者阎述诗坐过的青石凳上坐了坐，看着架上的紫藤开得如云如霞。

远处传来优雅的京腔昆韵，和撕锦裂帛、高亢入云的京韵大鼓一唱一和，一俗一雅，相映成趣。这是三中有别于其他学校的地方，国粹在这里可以大行其道，发扬光大。

北京三中早在1933年制定的《学校训育大纲及实施方案》就明确规定：“其大部分工作在于学生意志的锻炼，锻炼意志唯一方法是在做，而不专注重纸上的规条，务求由动作上养成学生良好之习惯，以确定其意志……”北京三中把磨练学生的意志放在了首位，反对纸上谈兵，提倡身体力行。

崔国梁就是一个坚定的身体力行者。

排球场上，能经常见到崔国梁的身影，他知道，只有同时拥有睿智的头脑和强健的体魄，才能更好地报效祖国。

话剧排练的舞台上，也曾有崔国梁的身影。他深知自己生性腼腆，性格内向，文静有余，活泼不足，惮于在大庭广众之下抛头露面，不善于和各种各样的人打交道。为了使自己胆子大起来、活泼起来，更加具有亲和力，崔国梁大胆地接受了挑战：虽然只是当一个小小的龙套，也心满意足、竭尽全力，表演得有模有样。虽然他没有什么文艺的天分，但他的勇敢和执着，使他的性格有了很大的改变，依然文静却不腼腆，开朗的性格里透着坚毅，这和崔国梁日后在大学里和留学过程中能游刃有余地担任学生会主席，并且能够组织大家举行各种社会活动不无关系。

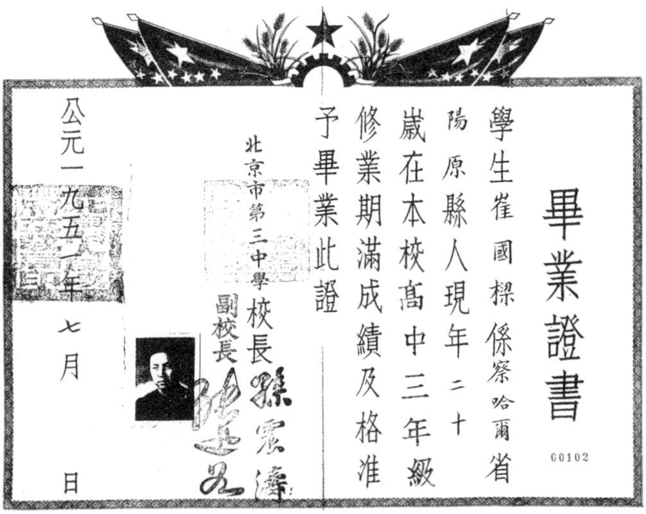

畢業證書

00102

學生崔國樑係察哈爾省陽原縣人現年二十歲在本校高中三年級修業期滿成績及格准予畢業此證

北京市第三中學 校長

副校長

公元一九五一年七月 日

崔国梁的高中毕业证书

高中三年，培养了崔国梁独立思考的能力和勇于实践的行动准则，这为他日后成为一个杰出的科学家打下了坚实的基础。

不久，北平宣告解放，一个新天地展现在他的眼前。他享受到了人民助学金，不用为生活问题而犯愁了，节省下来的钱还可以寄回家接济弟弟妹妹。没有了后顾之忧，他更加勤奋地学习，同时在党的抚育下积极参加社会活动。

崔国梁像鱼儿游进了大海，他要在广阔的新天地中大展身手了！

崔国良

崔国良院士传记

Academician Cui Guoliang's Biography

第二章

红色国防工程师的摇篮

高中毕业的崔国梁，如愿考入他心驰神往的华北大学工学院化学工程系，进入了“红色国防工程师”的摇篮。

1. 革命老区走来“马背大学”

人们常说：等待是一双强有力的翅膀，它抖动着，等时机到来，随即展翅高飞；等待是一叶坚而稳的扁舟，它凝滞着，待时机到来，立刻扬帆远航。等待，充斥着人的一生。如果说人生是由一节一节的长链构成的，那么，等待便是串起这递增长链的圈圈环环。

1951年7月，崔国梁终于等来了人生中最为重要的一天。高中毕业的崔国梁，在北京参加了高考。这次高考，是我国第一次以全国大行政区范围统一招生：统一填写志愿、统一考试、统一录取。在高考志愿表上，崔国梁郑重地填上了“华北大学工学院”。

华北大学工学院是新中国第一所国防工业大学，国家重工业部和教育部都非常重视；学校实行苏联教学法，教学方式比较新颖，师资力量非常雄厚。更重要的是，华北大学工学院是一所来自革命老区的学校，它的前身之一，正是崔国梁初中时期就已在心里扎下了根的延安自然科学院。

1940年9月初，延安自然科学院诞生于中华民族挽救危亡的关键时刻。1945年，日寇投降后，延安自然科学院奉党中央命令进行战略转移。师生120

延安自然科学院旧址

多人从延安出发，沿黄河行进，经过雁北，向东北迁移，由于大多教学器材都由马匹驮运，一路上未停学业，故又叫“马背大学”。经过一个多月的艰辛跋涉，师生们到达了张家口。晋察冀中央局书记、晋察冀军区司令员聂荣臻同志请示中央，将延安自然科学院留在了张家口，为晋察冀边区培养技术人才。随着时局的变化，延安自然科学院在华北等地，几迁校址，几易校名，1946年1月，定名为晋察冀边区工业学校。

此时的崔国梁正在张家口的小杂货店里勤勤恳恳、起五更睡半夜地当学徒。虽然是小小的学徒，崔国梁的目光也时时羡慕地看着这所独特的革命大学。

每天当第一缕阳光照进小杂货店的时候，掌柜一家老小还在暖暖的被窝里，小国梁就抹一把被煤灰弄脏的脸，直起累弯的腰，卸下店铺的门板，擦去柜台上的浮尘。炉火已经燃起红红的火苗，开水壶的盖子被水顶得“噗噗”直响，沏好第一杯新茶，放在锃亮的柜台上，耳边就响起“马背大学”的起床号。

这哪里是普通的起床号呀，在小国梁听来，那是最美的音乐，就像当年在小学堂里唱过的歌曲：“全国动刀兵，一起来出征，你看那大旗呦飘扬多威风。这班兵马哪里来？西北陕甘宁……这班兵马是哪个？朱德毛泽东……”

对小国梁来说，这似乎又是冲锋号和集结号，声声都在召唤着他，让他浑身的热血都沸腾起来了。

在一个人的记忆深处，形象可能会因岁月流逝而淡去，而声音却如闪闪的电波永不消失。“马背大学”就这样深深地印在了崔国梁的脑海里。

延安自然科学院辗转华北办学的同时，晋冀鲁豫边区也于1946年4月成立了北方大学工学院。1948年10月，晋察冀边区工业学校与北方大学工学院合并，成立华北大学工学院。1949年8月，华北大学工学院奉命迁入北平，从主要为革命战争服务，迅速转向为国家工业建设服务。1949年11月，中央人民政府重工业部成立，华北大学工学院直属重工业部领导，创建新中国第一所新型的、正规化的重工业大学，担负起为重工业建设培养高级专门人才的使命；并创立了中国现当代教育史中的几个第一：中国共产党创办的第一所理工科大学、新中国第一所国防工业大学、新中国第一所开展国防科技学科研究生教育的大学。

经中央财经委员会批准，华北大学工学院于1950年面向北京、天津、上海、武汉四个地区，第一次公开独立招生。到了1951年，学院已发展有7个工程学科的系级机构，分别是：机器制造工程学系、内燃机工程学系、电机制造工程学系、航空工程学系、汽车工程学系、化学工程学系、钢铁冶金工程学系。其中5个附有专修科，还另设俄文专修科和一个干部班，有学生1300余人。

1951年，第一志愿报考华北大学工学院的学生占全国报考工科院校学生总数的11.7%，这个比例仅次于清华大学工学院。每个学生允许填报五个志愿，凡五个志愿中有一个报考华北大学工学院者共计4312人，占报考工科院校学生总数的40%，竞争的激烈程度可想而知。

对于崔国梁来说，如今这理想就近在咫尺，是梦想成真、开花结果的时候了。

高考那天，北京正值盛夏，日头火辣辣的，一丝凉风都没有。

第一门考数学，五道题，对信心满满报考理工院校的崔国梁来说，可谓是手到擒来。下午考国文，40分知识性的填空题，60分的作文，崔国梁还记得，作文题目大约是“一生中最激动的事”。

看到这个作文题目，崔国梁不由地停下了笔。此时此刻，能坐在这里恐怕就是崔国梁一生中最激动的事情了。

树上的蝉不停地叫着，句句都是：“知了，知了。”一只金色的蝉蜕挂在高高的树枝上，在阳光的照耀下闪闪发光。

听着清脆的蝉叫声，崔国梁想起在阳原的小学堂里，北京来的女先生告诉他们：我们的前生也许是蝉。

北京三中的生物老师则告诉他的学生们：蝉又叫“十七年蝉”或“周期蝉”，因为这些蝉的幼虫要在地下蛰伏十三年甚至十七年之久，然后才能破土而出。

在这十七年里，蝉默默地生活在地下，常年置身于寒冷、黑暗和孤寂之中，只为有一天可以一飞冲天。

蝉以非凡的毅力，来等待那个遥远无边的理想。

这一天终于到来了。

崔国梁不禁百感交集，星转斗移，月日轮回，自己就似蝉一样，多年的等待，只为了一件事：冲出深深的地下，完成质的飞跃，以获得新生和自由。这是一种痛苦而又愉快的蜕变，是一种悲喜交集的蜕变，是在忍受了极大痛苦之后获得的新生，是生命的蜕变和再生……

1951年，华北大学工学院录取本科学生510人，新生录取成绩在全国名列前茅。华北区高校的录取榜都登载在《人民日报》《光明日报》等大报上，华北大学工学院化学工程系火药专业在全国总共录取了40人，“崔国梁”几个字赫然在列。除了崔国梁之外，后来的爆炸技术专家、中国工程院院士徐更光，长征三号运载火箭第二任总设计师范士合，雷达及信号处理专家、中国工程院院士毛二

华北大学工学院北京黄城根校址（原中法大学校址）

可，也都是华北大学工学院51级的学生。

一个农村的穷孩子，考上大学了，而且是全国重点的国防工业大学，的确是崔国梁一生中最激动的事情了。国梁，国家之栋梁，父母给自己起这个名字的时候，是否想到自己将来真的能成为国家的栋梁？

想起当年当学徒的时候，劳累、屈辱和迷茫，崔国梁并没有气馁，因为他相信，命运一定会鼓励他继续前行。条条大道通罗马，不，应该是条条大路通北京的时候，崔国梁倒没有过多的喜悦。因为他知道，今天，虽然如愿以偿迈进了大学的门槛，但是，只要还有明天，今天就永远是起跑线。

1951年11月，崔国梁入学了，他终于如愿成为了一名大学生。从张家口中学校到北京三中，相隔196千米，而从祖家街到东皇城根，只有短短6千米。这202千米，他走了5年。

崔国梁入学不久，华北大学工学院就更名为“北京工业学院”，明确提出要“逐步发展为国防工业学院或国防工业大学，并使之成为我国国防工业建设中新的高级技术骨干之重要来源”。作为新中国的重点国防工业大学，北京工业学院的培养目标是“红色国防工程师”。这就需要政治觉悟高、专业水平高，即又红又专，这是“基本功中的基本功”。对于军工类尖端专业来说，更是如此。

北京工业学院的军工类尖端专业都不能对外公

开，学校给相关专业都编了班号，崔国梁所在的化学工程系火药专业编号为“5511”。第一个5是指第五专业，51是51级学生，而1是第一班。入学的时候，5511班一共有40名学生，由于学习成绩优秀，同学们推选崔国梁担任学习委员。

中央重工业部副部长刘鼎在1950年曾说过：“华北大学工学院在革命中扎下了根，我们的学校是从延安走来，在太行山发展壮大，从解放区来的高校，同我们的国家政权，同我们的解放事业都是不可分的。学校的发展和我们国家工业的发展是分不开的。”紧接着，他又说：“建立工业化的国家，首先要靠我们的重工业。钢铁工业要在三到五年内恢复。建国三到五年后，我们必须建造大火车制造厂、汽车制造厂，能上天、能入地。”

刘鼎副部长的这席话，为后来入学的崔国梁指明了他一生为之奋斗的目标与方向。从此，他按照自己认准的方向和目标义无反顾地走下去。

2. 为成为“红色国防工程师”而奋斗

“蝉嘶玉树枝，向夕惠风吹。幸入连宵听，应缘饮露知。思深秋欲近，声静夜相宜。不是黄金饰，清香徒尔为。”

20世纪50年代的北京，惠风和畅，满满的幸福感充盈在每个人的心间，人们的心里是那么的激动，每个人的脸上都挂着笑容。

崔国梁亦是如此，他是那样的兴奋，为自己成为从此站起来的中国人感到骄傲，为新中国日新月异的变化而欢欣鼓舞。

北京的冬天漫长而寒冷，每个人都穿着同一个颜色和式样的衣服，唯一的喜庆颜色是“两白一黑”。“一白”是白菜，北京冬天的主菜；另“一白”是白薯，北京冬天唯一的甜点，买两麻袋，吃整整一个冬天；“一黑”是煤，堆在门前院后，整整一个冬天的暖和劲就全靠它了。

仅仅过了两年，到了1952年，北京就发生了翻天覆地的变化，“民以食为天”，单说吃的，豌豆黄、羊眼包子、羊霜肠这些宫廷食品，就都飞入了寻常百姓家。清代《都门竹枝词》写道：“日斜戏散归何处，宴乐居同六和局。三大钱儿买甜花，切糕鬼腿闹喳喳，清晨一碗甜浆粥，才吃茶汤又面茶；凉果糕炸糖耳朵，吊炉烧饼艾窝窝，叉子火烧刚卖得，又听硬面叫饽饽；烧麦馄饨列满盘，新添挂粉好汤圆，爆肚油肝香灌肠，木须黄菜片儿汤。”这些小吃，北京东单食品厂的早点摊上都有。北京有西单、朝内、东单等几大菜市场，蔬菜、鱼肉齐全丰富。

1953年的春天，北京的姑娘们一夜之间仿佛像鲜花一样绽放。布拉吉是20世纪50年代最流行的女性服饰之一，合身的布拉吉有宽松的短袖，有褶皱的裙摆，简单的圆领、碎花、格子和条纹，腰际系一条布带，绝对是一道亮丽的风景线。男人们的中山装是用华达呢做的，裤缝笔挺，工人们也戴起了鸭舌帽。

《莫斯科郊外的夜晚》弥漫在大街小巷，每个人嘴里都在哼着《马丽诺之歌》：“五月美妙五月好，五月让我心欢畅，五月的歌声到处飞扬 ……”

1954年，在长安大戏院，北京人艺的艺术家们演出了北京三中的校友——老舍先生的《龙须沟》和北京三中同学们曾经演过的《伏虎之夜》。

这让北京三中毕业的崔国梁骄傲无比。

1954年夏天，在内政外交一片大好的情况下，毛泽东挥笔写下了《浪淘沙·北戴河》：往事越千年，魏武挥鞭，东临碣石有遗篇。萧瑟秋风今又是，换了人间。

北京城万象更新，镇反、土改、“三反五反”、抗美援朝、第一个五年计划陆续开始；龙须沟填平了、王府井百货大楼建成了、无轨电车通车了……

“人民艺术家”老舍先生激动万分：“纵使我有司马迁和班固的文才与知识，我也说不全，说不好……我爱，我热爱，这个新社会啊！”

崔国梁何尝不和老舍先生一样，激情澎湃，思绪万千，为新社会欢呼，为自己走进了大学的殿堂而欢欣鼓舞。

崔国梁热爱并享受着在大学里的每一天甚至每一分钟，他认为：在北京工业学院学习期间，就是在革命熔炉中接受锻炼的时期，在革命人生中起着关键的、承前启后的历史作用。

培养“红色国防工程师”，需要充足的时间、完善的课程安排和有效的教学方法来保证。北京工业学院本科的学制设置为5年，这样从时间与环节上，都可以较好地保证基础科学理论的系统学习，同时重视掌握适应科学技术发展所需要的知识与技能。

5年里，5511班的同学们一共要上42门课，因为培养目标是总工程师，所以课程设置中不仅有化学这门基础课程，还有很多辅助课程，如建筑概论、安全技术与防火、工业经济、企业管理等；同时，教学计划里还包括很多实习和设计，课业负担相当繁重。

崔国梁在学校里，争分夺秒地在知识的海洋里汲取着养分，学校生活紧张而有序。他每天作息时间紧凑而规律：早上6点起床，然后进行体育锻炼和早自习；7：20早餐，8点—12点上课，下午2点—4点上课，4点—6点劳卫锻炼或自习，晚上7点—10点自由支配，去图书馆，或者回到教室去温习功课。

对北京最初的新鲜感过去以后，崔国梁感到最不方便的是北京城市大，街道多，上一次街既花钱，更花时间。因此，同学们在礼拜天相约出去逛公园、买东西的时候，他都在埋头学习。

由于北京工业学院是供给制，所有的学生都有助学金。学校里设有合作社、理发室、浴室、洗衣房、缝衣部、邮局等，基本上能解决日常生活所需。洗澡有公用浴室，一张浴票只花5分钱。学校礼堂每晚放电影，凭学生证5分钱买一张电影票。学生伙食费每人每月10元5角钱，交钱后每人发一张饭卡，伙食很不错，因为物价便宜，如西红柿5分钱一斤，鸡蛋8分钱一个。学生食堂划饭卡打饭菜，一般两菜一汤。开饭时，厨房大师傅坐在食堂中间，一边一个盛菜的桶。学生每人拿两个饭碗排队打饭，厨房大师傅给每人一份米饭、两小勺菜。汤是煮肉或煮骨头的高汤，加水和菜叶子熬的，一大桶，自己随便盛，米饭不够可以再加，管饱。吃面条时，每个饭桌上一大盆煮好的面条，各人自己捞面条，再到厨房大师傅那里凭划卡加一勺肉酱或炸酱。炒米饭很抢手，上顿剩的米饭加油和葱花炒一下，不多但很香，深受南方同学的欢迎。

就这样，崔国梁每天在宿舍 — 教室 — 食堂三点一线范围内来回转，没有特别的事情，他一般很少外出。在大学期间的5个春节里，他从来没有回过家，都是在学校里度过的。好在过年的时候，学校的食堂也会多做点儿好吃的，让这些苦读的学生们打打牙祭。每月的助学金25元，除去伙食费10元5角钱，还剩下一多半，用来买书和日常生活用品是足够了。从这时起，崔国梁就没有养成乱花钱的习惯，衣着朴素，爱穿布鞋，和几乎所有的老北京家庭一样，有一个独特的“补袜板”。

20世纪50年代初，人们穿的袜子多是棉线做的。线袜吸汗、透气，穿着很舒服，缺点是不禁磨，不够结实。穿不多久，不是磨穿了脚掌，就是磨破了脚后跟，同学们戏谑地称之谓：“前露生姜后露蛋”。穿有补丁袜子的人很多，没有人笑话。补袜子的专用工具是“补袜板”。很像现在的鞋楦子，是木头做的，把袜子套进“补袜板”里补袜子，能把袜子补得平展，穿上后，走路不硌脚、不磨脚。对崔国梁来说，这种“补袜板”是常用工具。

崔国梁觉得生活上克勤克俭是有益无害的。他曾感慨地说：我们这些今天还不能给人民和社会主义建设作贡献、国家人民在我们身上花很多金钱的大学生，如果不埋头苦干、刻苦钻研、艰苦朴素，能于心无愧吗？

北京工业学院课程名目多、涵盖范围广，上课的方式也很新颖。5511班的课堂上，形成了学术问题自由讨论、教学风格相互交融、兼容并蓄的风格：老师讲到哪个章节，就提出几个问题让大家回去准

1953年，5511班同学在北京工业学院化学小院前合影（三排右一为崔国梁）

备，下次课时大家再一起讨论。有时候，同学们还会针对某个问题，各抒己见，争得不可开交。后来，同学们回忆说，这对于活跃学生的思想、增强创新意识非常有帮助。

崔国梁平时性格腼腆文静，见到谁都笑眯眯的，由于有点口吃，故而说起话来，细声细气，平和舒缓，是一个谦谦君子。但在课堂上，一旦为了一个问题和观点争论起来，就变得思维敏捷、口齿流利，让同学们刮目相看。

北京工业学院考试的方式也很有趣，考生不用写字答卷，而是用很时髦的口试，这是由副院长曾毅借鉴法国模式提出来的。崔国梁所学的专业是口试的试点专业之一，作为学习委员，崔国梁帮着教授组织同学，一个一个分别进入考场，抽取考签。考签上是教授事先设计好的题目，内容由易到难，涉及范围很广，每个人抽取的考签内容完全不同，这从根本上杜绝了作弊的可能。抽完签的同学可以准备半个小时，然后和教授面对面，口头回答考签上的问题。老师也会即席提问，甚至会问一些书上没有的内容，这就要求学生要灵活掌握所学知识，不能死读书。曾毅副院长也会经常坐在旁边，听教授问，听学生答。这种方式不仅能够了解学生对知识的掌握程度，而且还锻炼了学生的反应能力和交流沟通能力。尤其对崔国梁来说，更是受益匪浅，这对他以后走上领导岗位，担任重要的技术创新工作奠定了基础。

繁多的课程、新颖的教学方式和考试方式，对于刚入校、习惯了填鸭式教学的同学们来说，是个不小的挑战。此外，学生接受知识的水平和能力参差不齐，作为学习委员，崔国梁不仅自己努力学习，还常常找学习比较吃力的同学谈话，了解他们在学习中遇到的问题，组成一帮一互助小组，请学习比较轻松的同学帮助后进同学，一帮一，对对红。同时，学校也开始实行“辅导答疑制度”。每天晚间自习时，青年辅导教师与学生在一起，学生有问题，随时请教，随时讲解。在学习委员崔国梁和同学们的共同努力下，5511班同学们的学习成绩大大提高，同学之间的感情也越来越融洽。

作为培养“红色国防工程师”的北京工业学院，有着非常优秀的师资队伍。魏思文院长是新中国国防科技教育事业的奠基人。他进行学科建设的指导思想，是以国防工业建设和科研需要设置学科、专业、课程，强调对口、配套、成系列。副院长曾毅早年留学法国，20世纪30年代早期在法国和比利时参加过革命活动，同时，他还是一位著名的数学家。此外，学院还广开渠道吸引人才，化学工程系的张汉良系主任、周发歧教授、荣子兴教授、林鸿植教授、丁儆教授和张国熊教授都是当时非常有名的科学家。

基于强大的师资力量，北京工业学院建立了一系列新型的教学方法。比如坚持教授自主授课的原则；没有指定的教科书，也没有统一的教材和讲义，所有课程均参考国外教材，但要求教师全部自编中文讲义。这是建设中国自己的高等工科教材的开创工作，同时可以节省学生精力，减少语言困难，提高学习效率。

曾毅副院长倡导教授和学生都是学校的主人翁。在北京工业学院，学生和教授乃至院长的关系，都非常密切，学生的意见非常受重视。有一件事，令崔国梁和同学们印象深刻。在一年级的时候，课程安排中有一门高等数学，高数和高中数学相比抽象得多，学习难度大。5511班的高数老师靳世根教授很有学问，但他是浙江人，说话口音浓重，上课时大家都听不明白。这让学习委员崔国梁心里很着急，他连同团支书一起向学生科反映，希望学校能想想办法。没想到，同学们的反映竟然递到了曾毅副院长的案头，大家都知道曾毅是个革命家，殊不知他也是一个很有名的数学家，听说学生听不懂数学课，曾毅马上到5511班来听课、找问题、想办法。下一节高数课，曾毅副院长又亲自陪同学校新派来授课的教授、著名数学家陈荩民来到教室。陈教授开讲后，曾毅副院长又和同学们坐在一起听了一节课，看到同学们求知若渴的年轻面庞上似懂非懂的神情渐渐褪去，才悄悄地从教室后门离开。

1956年的毕业季，5511班毕业了。按照“又红又专”的严格要求，一部分同学陆续转班，最终毕业人数只有28人，其中就有崔国梁。他们是北京工业

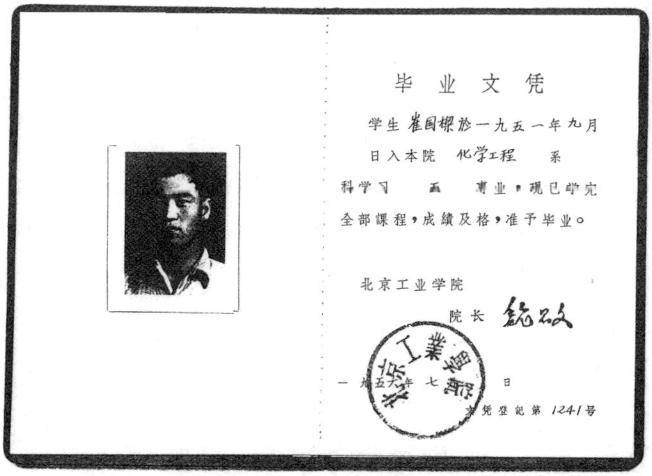
毕业文凭

学生崔国梁於一九五一年九月
日入本院 化学工程 系
科学 专业，现已学完
全部課程，成績及格，准予毕业。

北京工业学院
院长

一九五六年七月 日
文凭登記第1241号

崔国梁的大学毕业文凭

学院培养出的第二批五年制兵工高等工程技术本科生，极大地缓解了当时我国高级军工人才严重短缺的困难。“红色国防工程师”们已经准备就绪，等待为我国兵器工业的教学、科研和生产贡献力量！

3. 实践是检验真理的唯一标准

崔国梁就读的北京工业学院的办学宗旨是“以理论与实际相联系的精神，培养具有高度理论水平、掌握现代科学技术的成就、全心全意为人民服务、从事新民主主义重工业建设的高级工程干部”，这就要求所培养的学生既要具备扎实的基础理论知识，又要完成工程实践能力的基本训练。因此，实践教学是构成教学过程的重要环节。

1952年暑假，学校组织5511班的全体同学去大连化工厂实习，如今的高校都把实习时间放在毕业前夕，而北京工业学院从学生入学开始，就把实习和学习紧密地结合在一起。把学到的知识通过实践来认证，又通过实践来巩固学到的知识。这是多年积累起来的经验。

而实践教学，又细分为校内实验和校外实习两个部分。

华北大学工学院与中法大学合并之初，“中法大学大楼、各系实验室、大礼堂、图书馆、数理化系的图书、设备均归华北大学工学院使用”，在物理和化学方面的实验室得到了很大程度的充实。因为化学系的实验通常要接触很危险的材料，所以管理非常严格，但只要是实验室的使用时间，崔国梁都会呆在那里，孜孜不倦地研究。

做实验可以配合着课程的进度来推进，校外实习就需要较长的、完整的一段时间，需要教职人员做更复杂的协调工作，付出更多的人力物力。曾毅副院长认为，通过工厂实习，学生能够增加感性认识，做到理论和实际相结合。在他的倡导下，北京工业学院一直保持着校外实习的优良传统。5年间，崔国梁和5511班的同学在老师的带领下，一共进行了三次校外实习，这给他留下了深刻的印象。

第一次实习，是5511班在开始学工业化学这门课程之前，结合对化学工业体制的认识进行实习。大一那年的暑假，全班同学坐了很久的火车才抵达大连化工厂。这是崔国梁学习化学一年来第一次下到工厂，他和同学们在负责人员的带领下，首先参观了生产烧碱的大连化工厂。之后，每个同学都被分在不同的车间和规定岗位，在指定的师傅和辅导技术人员的指导下熟悉岗位，了解自己的岗位主要生产什么、需要经过怎样的流程，在工业设计上设备怎么配备、原理是什么，凡是有关的生产、技术问题都要了解。通过实践，化学在崔国梁脑海里不再是枯燥的理论和公式，他开始真正了解，“红色国防工程师”究竟是如何工作、如何运用专业知识来振兴中华的，为建设新中国而学习的想法在他的脑海里也更加清晰了。

来大连的第二天一大早，天还没有大亮，崔国梁就迫不及待地来到了海边。

第一次看到大海，对于生在大平原的崔国梁，是无比惊奇的。在这之前，他无数遍幻想过心目中的大海，回想最多的是高尔基的散文《海燕》：

在苍茫的大海上，狂风卷集着乌云。在乌云和大海之间，海燕像黑色的闪电，在高傲地飞翔。

一会儿翅膀碰着波浪，一会儿箭一般地直冲向乌云，它叫喊着，——就在这鸟儿勇敢的叫喊声里，乌云听出了欢乐。

在这叫喊声里——充满着对暴风雨的渴望！在这叫喊声里，乌云听出了愤怒的力量，热情的火焰和胜利的信心。

……

狂风吼叫……雷声轰响……

一堆堆乌云，像青色的火焰，在无底的大海上燃烧。大海抓住闪电的箭光，把它们熄灭在自己的深渊里。这些闪电的影子，活像一条条火蛇，在大海里蜿蜒游动，一晃就消失了。

——暴风雨！暴风雨就要来啦！

每次读到这里，他都和自己想象中的大海汇合，热血沸腾，不能自已。如今当他真的站在大海边的时候，一股豪气还是闪电般地充满了他的全身。

海天之际，一片红云，一抹亮彩，像一幅水彩画在漫漫展开，崔国梁知道太阳就要从那儿升起了，像生命之源。在他的内心深处突然涌出一种由衷的感动：大海浩瀚无垠，雄浑豪迈，纳江河，容百川，凝重而热烈，庄重而奔腾，汹涌而多情。

潮来了，汹涌的潮水，后浪推前浪，一排排白花花的潮水簇拥着冲过来，声似雷霆万钧，势如万马奔腾。一如生命的流动，流动着亘古的血脉，流动着千古不变的信念。一行行留在沙滩上的脚印，瞬间就被海水抹得无影无踪。

终于，太阳出来了，那映照在浪峰上的霞光，又红又亮，简直就像一团团燃烧着的火焰，闪烁着，滚动着，层层云海被染得橙红鲜亮，海水也被染红了，真是“半江瑟瑟半江红”。

海水拍打在礁石上，溅在了崔国梁的脸上，海水是咸的。咀嚼着大海的味道，崔国梁的心如雨过天晴，豁然开朗。他希望自己像大海一样，拥有海的胸怀，海的柔情，海的气魄，海的豪迈。像大海一样，不管遭受了多少的风风雨雨，经历了多少的历史变迁，却世世代代不变，年年月月依旧，保持着自己的模样，坚持着自己的原则，用浩瀚的胸怀接受世间的千变万化、万事万物，用一样的眼光看着世间冷暖，用一样的脚步走过春夏秋冬……

崔国梁怀着坚定的信心，迈着坚实的步伐，回到了实习的驻地。在整个实习的过程中，他们得到了一个启示，同时也牢牢把握这个原则：实践是检验真理的唯一标准。

一周实习的时间很快就过去了，离开大连的时候，崔国梁再一次来到大海边，面对苍茫的大海，崔国梁少了一份惊喜，多了一份思考。他见到了雨中的大海。

此时的大海却像一位沉静的老人，一点风浪也没有，幽黑的海水和幽黑的天空接在了一起，平滑如镜，形成了一个无边无际的大舞台。雨滴是这舞台上的舞蹈家，跳着桑巴舞，踏着拉丁步，甩着长长的水袖，击起阵阵的薄雾，织起层层的白纱。

雨滴击打在海面上，敲击在崔国梁的耳畔，震撼着崔国梁的胸膛，心仿佛要从嘴里跳出来了，胸膛里犹如万马奔腾。刹那间，他明白了一个真理：人生不是等着暴风雨过去，而是学会在风雨中跳舞。

雨，荡涤了世间的纷杂，荡涤了人间的污秽；大海收纳着世俗的丑恶，还之以平静和祥和。雨和大海，也荡涤和收纳了崔国梁真诚和纯洁的心灵。

回北京以后，崔国梁的眼前还常常浮现出雨中的大海，他更期待下一次的实习了。

1955年夏天，5511班的大部分同学们来到了位于辽宁省一个小山沟里的化工厂，进行第二次也是非常重要的一次实习：专业实习。因为化工厂每个岗位都有定员，无法妥善安排所有同学，班里又分出一个小分队，去黑龙江省密山县的一个推进剂工厂实习。崔国梁和团支书梁树端等十余位同学都在这个小分队里。

坐在前往密山县的大卡车里，所有的人都不约而同地唱起了著名的苏联歌曲《共青团员之歌》："听吧！战斗的号角发出警报，穿好军装拿起武器，青年团员们集合起来踏上征途，万众一心保卫国家，我们再见吧亲爱的妈妈，请你吻别你的儿子吧！再见吧，妈妈！别难过，莫悲伤，祝福我们一路平安吧！"唱到"妈妈"，崔国梁别有一番滋味在心头，他不由得想起了家乡阳原。

密山县的化工厂是日本侵华时期的老厂，软硬件配备都很齐全，素有"新中国火药制造工业基地"

的美称。崔国梁实习的推进剂工厂就在美丽的兴凯湖边上，离城市很远，像个世外桃源。工厂的四周，森林密布、草场繁茂，兴凯湖碧波荡漾。崔国梁一到实习基地，放下背包，顾不得拂去身上的征尘，就一头扑在工厂里，扑在了对推进剂生产技术的学习和掌握上。上班，崔国梁潜心向工人师傅学习技术，认真观察、及时请教；下班，他挑灯夜读，把实践得出的经验和理论结合起来理解。周末的时候，同学们打球、下棋，他也很少参加。像蜜蜂钻进了花丛，拼命地吮吸着知识的花蜜。

尽管实习很辛苦，但却是弥足珍贵的快乐时光。

崔国梁和同学们实习的时候，正值夏末秋初，兴凯湖山石如黛，蓝天如洗，苍松似墨，丹枫胜火，湖岗上各色秋叶，漫山遍野，尽展秋色，五彩斑斓。大兴凯湖烟波浩渺，天水一色，横无际涯，气势磅礴；小兴凯湖温柔恬静，鱼跃鸟飞，沙鸥翔集，满天苍鹭。时有丹顶鹤、灰鹤和天鹅从芦苇荡里飞出。斯水，斯鸟，斯境，沐浴之滋润，通泰之沉静，让人有脱胎换骨的舒畅。中国的版图形同雄鸡，兴凯湖恰好位于这只雄鸡的鸡冠之上，因此有人形象地称它为“鸡冠上的蓝宝石”。

湖边的野葡萄、山里红的红叶子让人心醉，那果子酸酸中透出一丝甜甜的味道。

嚼着酸酸的山里红，班干部们常常坐在兴凯湖畔的树林里开小会。坐在大树墩上，东北的树林里特有的大毛毛虫，经常会像空降兵一样，呼的从树上掉在地上。有时候开着会，虫子就会砸到人的身上。

崔国梁最怕毛毛虫，偏偏有一次他正讲着话，一只肥大的毛毛虫掉到了他背上，他“呀”地一声跳了起来，高声叫着团支书梁树端：“老梁，快帮我把虫子打掉啊！”

梁树端是个爽朗的姑娘，此时早已笑得前仰后合，她还没见过一向温和的学习委员这么胆小。崔国梁白净的脸憋得通红，鼻尖上甚至沁出细密的汗珠。看着平时比自己胆小的女同学，此刻飒爽英姿地帮他把毛毛虫打到地上，再踏上一脚。崔国梁不好意思地笑了，所有的人都笑了，年轻的笑声在树林里回荡着。

这次实习没过多久，崔国梁又一次回到密山县，进行他的毕业实习。这一次，他要实习的岗位是车间的值班主任。因为学校的最终目标是培养总工程师，因而他的毕业设计不止要用到专业知识，还要涉及建立一个工厂所需的管理知识、成本核算等，甚至需要考虑到安全问题、选厂址等问题。四年多的潜心苦读，三次实习的积累，再加上长期实验室的浸泡，崔国梁的毕业设计，拿到了实至名归的优秀。

51级毕业的时候，国家花了很大的力气组织统一的毕业答辩，而这也是我国历史上绝无仅有的一次。北京工业学院化学工程系火药专业的答辩委员会主任是火药专业的鼻祖、兵器部的总工程师。答辩那天，时任发射药局总工程师的李昼堂来了，崔国梁进行专业实习的推进剂工厂的专家练祖颜来了，火药专业有关的专家都来了，因为专家的到来，5511班小小的教室蓬荜生辉。

毕业答辩就在同学们熟悉的教室里进行，但是，看到20多位火药专业的“老祖师”一脸严肃地坐在台下，教室后面还有很多观摩的陌生面孔，同学们的心里很难不起波澜。一方面，大家感觉到学校对专业、对自己的重视，心里的自豪感油然而生，有一种“天将降大任于斯人也”的使命感；另一方面，面对如此多的专家，年轻的学生们心跳加速、手心出汗也是人之常情。

崔国梁的心里也敲着小鼓，但他毕竟已经胸有成竹。崔国梁先介绍了自己的设计，然后，由专家们进行提问。除了技术问题，专家还提出了管理问题、成本核算问题，以及政治问题。崔国梁的毕业设计是关于某火药材料的生产工序设计，论文中详细排出了整个的工艺过程，包括原材料规格，用什么方法来鉴定（非化验手段），实行的工艺，加工的程序，工房的温度、湿度要求，以及安全措施。如生产所需的所有原料设计，要求很严格，标准都是苏联提供的，如果设计有一点误差，都会产生不好的效果。再如生产设备必须设计在高位，排料从上向下排，因为排料速度要快、要利用重力排到下游；同时，这也是最危险的一个工序，必须要设计好安全措施，如何化险为夷，以及发生事故以后怎么救援，无法救援的情况下怎么样让工人快速逃离现场。而在工房布置方面，甚至细化到了管路怎么走，岗位设备多高工人操作才合适等。论文答辩长达两个小时，专家们围绕着他的论文，提出了各种各样的问题，而崔国梁也都条分缕析地一一回答。最终，专家们一致同意：这篇论文，优秀。

4. 大学生活比蜜甜

大学生活让人难以忘怀。书香四溢的图书馆，湖畔小路两旁的杨柳和隐隐约约、古色古香的街灯，为一个问题经常争论得面红耳赤的同学密友，学生宿舍熄灯后被窝里还闪烁着时明时暗的手电筒……

在崔国梁的影集里，有一张特别的合影。照片里是5511班的15个男生，他们身上的衬衫熨得笔挺，扎着不同花纹的领带，有的同学还在衬衫外套了洋气的V领毛线背心。崔国梁站在中间，身上穿的还是那件学校统一发的灰色制服，笑容腼腆。他总是人群中最朴素的一个。

1952年国庆，北京工业学院5511班男生合影（二排左三为崔国梁）

这是1952年的国庆日，同学们都穿上了自己最好的衣服。年轻的男生们比班里的女孩子还要爱俏，在参加完国庆游行之后，十几个人偷偷去了照相馆，合影留念。60年后，新中国天之骄子的青春、热情和骄傲仍然封存在这张老照片里。

新中国成立以后，每个国庆，都是崔国梁最快乐的日子，也是5511班同学最骄傲的日子。北京高校师生“五一”“十一”常参加天安门广场集会游行，接受党和国家领导人检阅。每个大学都组织参与国庆阅兵，朝气蓬勃的年轻学生们排成一个个整齐的方阵，踢着正步、喊着口号走过天安门。他们要参照路边的标兵，确定自己的位置，天安门下面第一列卫兵都是英姿飒爽的战士，第二列就是标兵的队伍。而承担着标兵任务的正是崔国梁和他的同学们，这也是北京工业学院的光荣。

为了圆满完成这光荣的任务，5511班的同学们在体育委员的带领下，训练了无数次。同学们深知身体是革命的本钱，早晨6点，大家都争先恐后地沿着胡同长跑锻炼身体。每天下午5点到晚饭前，是5511班雷打不动的活动时间。同学们会放下书本，自觉地到操场上运动，男同学打篮球，女同学跳绳、打排球，食堂开饭了才恋恋不舍地离开。但国庆前的半个月"特殊时期"，打球时间就变成了训练时间，如何排队，怎么入场、出场，如何找好自己的位置，同学们都练了一遍又一遍，不厌其烦。

白天检阅结束，晚上，大家还要一起去天安门广场上跳集体舞。理工科的男同学，本来就缺乏文艺细胞，让化学物质"起舞"还行，跳集体舞就犯了难。崔国梁来自农村，更没有唱歌、跳舞的基础，跳集体舞让他很发愁。当时，集体舞都是编好的，文艺干事去学，学完了回来教大家。难归难，崔国梁拿出了学习书本知识的劲头，认真地学，积极地参加，跳的劲头可大了。白天在学校跳，吃过晚饭，路灯亮了，就在昏暗的路灯下跳。跳舞的乐曲居然是《找朋友》："找呀找呀找朋友，找到一个好朋友，敬个礼握握手，你是我的好朋友。"

天还没亮，广场大喇叭里的音乐一响，同学们就"闻歌起舞"，有时候跳到天明才回到住处。一位校友写下了这样一首《江城子·忆旧》："昔日初聚北工大，年正少，气方刚，进军科学，整日读书忙。偷闲最喜圆舞曲，同旋转，神飞扬。"

不久，全校又掀起体育"大跃进"高潮："天天上操场，人人受锻炼"。短跑、长跑、跳高、跳远、投掷、平衡木、高低杠、鞍马、游泳、滑冰、健身操都是必修课，要求所有的学生都必须通过一级"劳卫制"的目标，并向二级"劳卫制"迈进，为实现共产主义，炼成钢筋铁骨般的身体。于是，每天早晨同学们都进行长跑，个个争当体育健将。崔国梁的母校——北京三中的校训是"求真、文明、勤奋、健美"，重视体育和艺术教育是北京三中的特色，凭着在北京三中打

团活动日，崔国梁（右一）与同学们在官厅水库留影

下的底子，过个一级“劳卫制”对崔国梁来说是小菜一碟。长期的坚持锻炼为他将来能以超人的意志、健壮的体魄和旺盛的精力，夜以继日地投入到科研工作中去，打下了坚实的健康基础。

在崔国梁的记忆里，大学生活就是这样，大家学习的时候都争分夺秒、认认真真地学，玩的时候也玩得很开心。每年春游是最高兴的事，既尽了兴，又增进了同学间的友谊。过团日的时候，同学们还一起去北海、颐和园、官厅水库游玩，年轻的笑声一路飞扬。

5. 血与火的洗礼

1951年10月，在全国工农业战线开展的爱国增产运动中，揭露出大量的贪污行为和官僚主义问题。特别是1951年年底刘青山、张子善贪污受贿案的揭露，在全国引起极大的震动。于是，一场大规模的轰轰烈烈的“三反”“五反”运动，在全国城乡迅速掀起。全国的各个高校也站在了斗争的最前沿，华工大也不例外。5511班停课了，同学们被学校派到工厂、街道参加“三反”“五反”运动，深入到运动第一线。

崔国梁还记得响遍北京大街小巷的儿歌：“猴皮筋，我会跳，‘三反’‘五反’我知道。反贪污、反浪费，官僚主义也反对。”

“一二三四五，上山打老虎，老虎不吃饭，专吃大坏蛋，大坏蛋！”

“今年过年不拜年，谁要拜年老封建。毛主席号召大生产，贪污分子完了蛋。”

一首首小小的儿歌，折射出当年如火如荼的群众运动。

刘青山、张子善事件，是“三反”运动中暴露出的第一大案。刘青山、张子善是经历过长期革命斗争锻炼的领导干部。在革命战争年代，面对敌人的严刑拷打，他们坚贞不屈，表现出了共产党人的英雄气概。而在和平建设时期，他们却居功自傲，并最终腐化堕落，沦为人民的罪人。尽管他们有过功劳，党也决不姑息，经法院审理，判处两人死刑，执行枪决。

中国共产党人，对清除自身肌体上发生的腐败现象，表现了高度的自觉性和巨大的决心与魄力，真正做到了从高级干部抓起，敢于碰硬，从严治党，毫不留情。从而保持了党的先进性，巩固了党的执政地位，密切了党与人民群众的血肉联系，稳定了社会秩序，推动了新中国社会经济迅速恢复和发展。它为荡涤旧社会遗留下来的贪腐奢靡风气，树立起艰苦奋斗、勤政廉洁的优良作风，移风易俗，巩固新生的人民政权，保障人民当家作主起到了积极作用，为国家进行大规模经济建设创造了良好的社会环境。

崔国梁的心被深深震撼了。

同学们的主要工作是和指定的、有偷税漏税问题的小业主们谈话，了解情况。崔国梁一个人被分在崇文门，调查一个投机倒把的古玩商。有一次，同学钱连蕙结束了在前门的工作去支援他的时候，却看到一向温文尔雅的崔国梁正面对着谈话对象——一个对自己偷税漏税、坑蒙拐骗行径满不在乎，攻击社会主义新生活是“数典忘祖”的古玩商，崔国梁被气得满脸通红，直掉眼泪。崔国梁不会打人，他是个谦谦君子，否则的话，他不会被气哭的。

崔国梁热爱共产党，热爱新中国，他亲眼看到共产党是如何领导人民赶走日本鬼子，打倒国民党反动派，建立起了新中国；解放以后新中国发生了翻天覆地的变化，劳动人民当家做了主人，日子一天比一天好，就像“芝麻开花节节高”。人民喜悦的心情是有目共睹的。记得教经济的老师对他们说：单从老百姓日常生活用品称谓的改变，就能看出社会的进步和生活水平的提高。比如，过去，火柴叫“洋火”，蜡烛叫“洋蜡”，煤油叫“洋油”。现在呢，牙膏是“中华”的，肥皂是“灯塔”的，铅笔是“团结”的。常用的擦脸油有“友谊”“牡丹”和“万紫千红”的……刚生下来的孩子，有叫“国庆”的，叫“新生”的，叫“幸福”的，叫“爱军”的……而过去人家的孩子大多叫“狗剩”“拴荒”“富贵”“有财”……人们缺什么盼什么。

而眼前，这个闭着眼睛说瞎话的古玩商，才是真正的“数典忘祖”，他们不愿意承认解放以后新中国发生的翻天覆地的变化，害怕劳动人民当家做主人。他们留恋旧社会腐朽的生活方式，挖社会主义的墙角，甚至大言不惭地说是资本家养活了工人。

当过学徒、受过剥削的崔国梁最有发言权，是可忍孰不可忍。崔国梁愤怒了，他流下了愤怒的眼泪，这也是他在大学里唯一一次掉眼泪。他不能容忍这样的不法资本家阻碍社会主义发展，阻碍国家经济建设。崔国梁热爱中国共产党，就像歌里唱的“没有共产党就没有新中国”，没有新中国也没有他的今天。

经过“三反”“五反”等一系列政治运动的洗礼，崔国梁不断地走向成熟，开始把自己的前途与国家的命运紧紧地联系在一起，立下了为国为民的志向。一个念头，在崔国梁的脑海里越来越清晰了。

1955年，崔国梁郑重地递交入党申请书。他的入党介绍人，是1952年入党的“老”党员周志春。周志春是从江苏省常州高级中学考入华北大学工学院的，在高中时期，他就常常参加团的活动，还是江苏省第一届团代会的代表，有很强的政治基础。在他眼里，崔国梁“思想意识单纯，个人历史、社会关系简明，在班上表率作用很突出，对党有充分的信任”，因此，当崔国梁请周志春作自己的入党介绍人时，他欣然答应。

在入党介绍人的推荐信里，周志春写道:“崔国梁同志是个优秀的青年团员，组织性、纪律性、责任心、集体观念强；学习、做事态度认真，作风踏实；性情宽厚、谦让，极少与他人纷争。在他1955年提出申请加入中国共产党时，作为他的入党介绍人，对他的入党动机和他对党的共产主义信仰，不具担忧；但他的政治思想敏锐性、斗争性、影响力较差，作为一个学生共产党员，尚需在这些方面再有所提高。当他觉悟到了这些欠缺后，在不长的时间段，有了明显的进步。”

1956年毕业前夕，崔国梁的入党申请提交支部大会表决，与会人员一致同意他加入中国共产党，履行了加入中国共产党的完整程序，崔国梁同志成为了一名中国共产党的预备党员。

崔国梁曾无数次地想象着自己站在鲜红的党旗下，缓缓地举起自己的右手，背诵那早已烂熟于心的誓词："我志愿加入中国共产党，为共产主义奋斗终身，随时准备为党和人民牺牲一切。"

如今，他如愿以偿了。他的眼神无比坚毅，他的精神无比饱满，他的信念无比坚定，他的誓词铿锵有力：哪怕我只是一块砖，也要去构筑祖国繁荣昌盛的大厦；哪怕我只是一颗螺丝钉，也要去铺设民族走向辉煌的路轨；哪怕我只是一颗小草，也要为祖国的春天奉献自己生命的绿色。

拧在一起，我们就是一道闪电，一束火绳！

聚在一起，我们就是整个太阳，整个天空！

站在一起，我们就是用心灵结成的信念不倒的墙！

人生最大的意义是找到实现自身价值的路径，找到通向信仰的方向，并能够为之贡献出自己的力量。崔国梁是幸运的，因为他找到了实现自己一生为之追求信仰的正确道路，从而他的内心更加充实、坚定，就像已经锁定目标的离弦之箭。从今以后，不论在什么地方，处于什么环境，只要听到这信仰誓言的召唤，全身就会涌起青春的热血，内心振奋起信仰的力量。

6. 五载同窗，五十年情重

五载同窗，五十年情重；母校再聚，少年白霜鬓。

如今，5511班已经毕业了半个多世纪。时间如流沙从指缝间悄悄流走，照片里青涩的男孩女孩已经满头银霜；时间是魔法师，将葡萄酿成美酒。同窗情谊经过50多年的沉淀，愈加香浓。

崔国梁是一个细腻的、非常重感情的人，对于同学之间的友谊，他是牢记于心，小心呵护，常常想起，不曾忘记。在他看来，同学们来自五湖四海已是缘分，实属不易，和“百年修得同船渡”的妻子一样都是可遇而不可求。那些靠得住的友谊是今生最温暖的外衣，是靠你的人品和性情打造的。

他把同学间的友谊比作一棵树(TREE)：T是Trust(信任)，R是Respect(尊重)；E是Exchange(交流)，E是Emotional Support(精神支持)。

2000年，北京理工大学70周年校庆，5511班同学旧地重游，在原华北大学工学院大礼堂前合影（后排左二为崔国良）

他是这样想的，也是这样做的。

毕业以后，崔国梁被国家派到苏联学习，他在苏联省吃俭用，攒下了几个卢布，都用来为同学们买专业书和小礼物。崔国梁回国以后，同学们都已经被分配到祖国各地参加工作了，他还一个一个去拜访，给同学们送书和礼物，一个也没有落下。这份情谊，使同学们感念至今。

崔国梁的入党介绍人周志春则回忆起这样一件事。周志春在“反右”的时候受到一些牵连，被开除了党籍。后来，中央开始落实政策，平反各种冤假错案，崔国梁预先知道了这个消息。

周志春回忆道：“那天是8月啊，我记得是大太阳，我们家连电话都没有，他就自己坐公交车，从北理工的东门下车，我们家那个时候住在北门，他冒着大太阳跑到我家，满头大汗，脸红红的，但是他特别高兴，一进门就说‘告诉你们一个好消息！’国梁是给我们送信儿来了，我真的特别感动。他那个时候还有高血压，血压最高的时候到200多，可是他比我还惦记着这件事，这是同学的真情啊。”

而在团支书梁树端的记忆里，即使后来官高位重，崔国梁还是当时那个怕毛毛虫的大男生。梁树端毕业以后就留在北京工业学院当老师，和崔国梁的工作时有交叉，常常会在一些专业会议上相遇。全国性的会议很重视级别，不同级别待遇很不同。

当选院士后，5511班的同学们向崔国良（后排左四）表示祝贺

梁树端回忆说："那时候，崔国梁已经是国家非常重视的专家，我也就是一个普通的技术人员，我们的地位已经很不同了，国梁他就很细心，生怕一些不经意的小事伤害了大家的自尊心，毁了同学的情谊。有一次我们在一个会上相遇了，吃饭的时候，桌位都摆好了，他一定要从主桌偷偷跑到我们这桌来，和我一起同桌进餐；有时候会议结束了，晚上有一些娱乐活动，每个人要去领活动票，国梁就会把我的票一起领来，因为他非要我坐在他身边。这些事儿看起来都不大，但是可以看得出他的心非常细，非常为别人着想，而且说明他非常自谦，从来没有架子。"

1999年，崔国梁当选为中国工程院院士，他的"官位"更高了。但他的大学同学们有什么聚会，只要通知他，他一定会参加。

梁树端说："国梁实在太忙，有时候我们真的不忍心打搅他。但是不告诉他吧，又怕他伤心，因为他是一个非常重感情的人，把同学都看成自己的朋友和亲人。有一次我们同学聚会，他不在北京，但他知道后，马上打电话过来，问

清楚时间，告诉我说：‘如果你们确定时间不变，那我下了飞机还能赶过来。’结果真的是这样，我们都坐定了，他才匆匆忙忙从机场赶过来。”

5511班“官位”最高的崔国梁，仍然时时把老同学放在心里。同学之间谁生病了，或者谁家里有事儿，他都会去关心。同学生病了，他会买了礼物去慰问；他到外地出差，尽管工作很忙，行程匆匆，但只要他有空，都要去外地同学家看看，如果看到同学家有困难，他还要联合其他同学一起帮忙。

有一个在武汉的姓黄的同学，因为政治原因，生活非常坎坷，很晚才结婚，孩子还在上学他就去世了。崔国梁知道后，去武汉出差的时候专程去他家了解情况，和同学们一起资助孩子上学，直到孩子长大成人。在崔国梁看来，一个人一定要竭尽自己所能，让那些比你苦、比你难的人感受到这世上的阳光和美丽。这样的善良常常是无心播种，不经意间，就会开出最美丽的人性之花来。

梁树端也曾经和崔国梁一起去天津探望生病的同学，在火车上，他和梁树端分享着每个同学的近况，唯独不提他自己。

“他对航天有贡献，所以职务不断变化，社会地位也不断提高，但是我们同学都感到他没有变化，我们都觉得他就是我们亲切的老同学。”梁树端说。

在梁树端的“同学聚会小账本”上，这位亲切的老同学总是在凑钱金额上排名第一。崔国梁不当自己是“官儿”，参加同学聚会，他从不用公家的车，都是自己坐公交车去；可凑钱的时候，他又成了“官儿”，50年校庆聚会的时候，家境好的同学交300元，不好的同学交200元，崔国梁交了1000元，在小账本上“名列前茅”。

“他身体一直都不好，有血压高，还有房颤，挺危险的。”说到这里，同是耄耋之年的老同学们神色凝重起来，眼睛里渐渐浮起一层白雾。在他们心里，也一直都惦记着崔国梁，想念他们的学习委员……

刚入校的那个四合院已经被拆了吧？那时候二十几个人挤在一个院里，在一个水龙头底下洗脸，在一个公厕里蹲坑，在一片小天井里迈着笨拙的舞步，在一个昏黄的路灯下读书，在一个蚊帐里追逐喝饱了血、煽不动翅膀的蚊子。

刚到学校时发的捷克产的洋铁缸子还在吗？里面可以放下一份米饭两份菜。有个别同学吃肉包子只吃馅、不吃皮，把包子皮扔在竹筐内。你生气了，告诉大家你小时候吃过的树叶和杂合面，饿肚子的滋味永远也忘不了。

还记得同学们一起坐在白布做成的银幕两边，乐此不疲地欣赏看了一遍又一遍的《列宁在一九一八》《列宁在十月》和《幸福生活》。我们不但学会了歌曲《红莓花儿开》，还常常学着捷尔仁斯基的口吻，让对方“看着我的眼睛”。每当人群拥挤时，总有人喊：“让列宁同志先走！”

还记得在兴凯湖吗？一条毛毛虫掉在了你身上，把你吓得风度全无，又喊又叫。

还记得去大连实习吗？下雨了，同学们都去躲雨了，只有你站在大连的海滩上，像一块能拍起千堆雪的礁石，骄傲地站在那里；像高尔基笔下的海燕，渴望着“让暴风雨来得更猛烈些吧！”

同学们如是回忆着，回忆着那美好的时光，那珍贵的情谊。

在这个世界上，一想到除了亲人之外还有人在关心着我们的灵魂，我们的心灵怎能不燃烧？一想到除了亲人之外还有人在关注着我们的健康和精神世界，这怎能不使我们感到快乐和幸福？一想到除了亲人之外还有人为我们的失败和成就而叹息和祝福，这怎能不使我们感到骄傲和激动？亲情是来自于血缘，而友情却是来自于苍茫人海中的一种美妙的机缘，来自于对彼此荣与辱的分享和分担，来自于彼此对对方人格的尊重和对内心的理解。

崔国梁用真情收获友谊，他是幸福的。

崔国良

崔国良院士传记

Academician Cui Guoliang's Biography

第三章

为航天，时刻准备着

大学毕业后，崔国梁从“万里挑一”的选拔中脱颖而出，赴苏联攻读固体推进剂专业研究生，并如愿取得了副博士学位。

1. “万里挑一”赴苏联

20世纪50至60年代，历史见证了人类最大一次国与国之间的留学生派遣活动。面对来自于西方资本主义世界的封锁，新生的中华人民共和国向苏联、东欧社会主义国家派遣了两万多名留学生，学习先进的管理经验和科学技术，为社会主义建设培养了大批管理和专业人才。这样目的明确、组织严密、规模巨大的国家间人员交流活动在其后再也没有发生过。

成千上万的青年学子在异国的土地上废寝忘食、刻苦钻研，在克服重重困难、学成回国后，无条件地服从分配，愉快地奔向祖国最需要的地方，无私地奉献自己的才智和青春，为振兴中华创造了丰功伟绩，成为社会主义建设的中坚力量。

在他们当中，有的人走上了党和国家的领导岗位，有的人成为一些行业和部门的领导者，有的人成为中国科学院、中国工程院院士，有的人为“两弹一星”的研制成功做出了杰出贡献，有的人成为某一领域的专家和学术带头人。不论声名显赫，还是默默耕耘，他们都把有限的生命奉献给了祖国最瑰丽的建设事业。他们支撑了新中国五十年的建设，他们当中的许多名字，永远铭刻在新中国政治、经济、军事、科学、文化的史册中，铭刻在共和国历史的丰碑上。

崔国梁就是其中的一位。

大学五年，崔国梁把学习当成“党和人民交给自己的任务”，为建设新中国而勤奋学习，学习目的明确，学习态度端正，学习成绩优秀，得到党和国家的信任与培养。因此，大学毕业后，崔国梁通过了严格审查和全面测试，从“万里挑一”中脱颖而出，被遴选为留苏预备生。

新中国成立后，百废待兴，百业待举。新中国面临的首要任务，就是恢复千疮百孔的国民经济，迅速建立起自己的工业，尤其是重工业体系。但是，薄弱的工业基础以及匮乏的科学技术人才成了国家经济建设发展道路上的两只“拦路虎”。面对来自西方国家的封锁，党中央、毛主席高瞻远瞩，决定向苏联、东欧社会主义国家派出大批留学生，学习先进的科学技术和管理经验。

1950年，《中苏友好同盟互助条约》签订，国内迅速掀起全面学习苏联的高潮。“以苏为首、以俄为师”成为新中国成立之初的奋斗目标，“苏联的今天就是我们的明天”这一口号响遍全国。

1951年8月，我国派出留学生380名，其中留苏学生375名，新中国第一次留学高潮的大幕就此拉开。其中，华北大学工学院就占了40人，是向苏联派遣留学人员最多的单位之一。此后，选派毕业生赴苏成了华北大学工学院的传统，到崔国梁毕业那年，这个数字已经翻了好几番。

这是一个睿智的决策。

建国伊始，从炮火和废墟中走出来的新中国的执政者，对于如何从零开始，构建一个全新的国民经济体系几乎没有经验。在这种情况下，走出去、谦虚地学习国外先进经验，是正确的选择。

事实表明，数量巨大的留学生回到国内后，不仅带来了先进的知识和技术，而且迅速充实到生产建设的第一线，极大地加强了技术骨干力量。以这批留苏学生为骨干，新中国自然科学和社会科学诸学科得到了飞跃式发展，也带动了国内生产、科研、教学水平的大幅度提高。

正是因为留苏预备生身上背负着科学兴邦的重大使命，党和国家领导人对这一工作极为重视，中央专门设立了由聂荣臻、李富春、陆定一组成的留学生领导小组，而每年选派人数、选择专业都由周总理亲自审批。当时派送到苏联等东欧社会主义国家留学的中国学生，没有自费生，全部公派，而且都经过了非常严格的选拔。

首先是非常严格的政治审查。有一种说法是“够入党条件，不一定够留苏条件”，可见选拔留苏预备生的政治要求之严格。不仅要求本人历史清楚，政治上完全可靠，思想进步，而且其家庭成员和主要社会关系也不能有政治问题；在选拔进入留苏预备部前，各省市先要进行初审，初审通过后再送高教部终审；进入留苏预备部后，校方还要组织专门人员进行外调，进一步落实学员及其家庭关系的政治背景。同时，还要考察选派人员的思想表现、道德品质等。这种层层审查的过程，被戏称为“小米筛子加细箩”。

其次，学习成绩同样重要。被推荐的人员要在学习或工作期间成绩保持优秀，具备良好的学习能力和培养潜力。除应届高中毕业生以高考成绩为准、仅考核俄语成绩外，其他类型的教育部派出人员，都需要参加国家统一组织的留学生考试。同时，对学历和年龄也有严格的限定：读研究生的，须35周岁以下，大学毕业，成绩优良，有钻研精神；读大学的，须17周岁以上，25周岁以下。

最后，还要过体检这一关。建国初期，许多人还不知体检为何物。教育部协同卫生部，制定了非常严密的体检规范。大到呼吸系统、循环系统疾病，小到砂眼、扁平足，都纳入检查范围。为了避免出现执行中的偏差，1958年卫生部还专门发布了《留学生体格检查标准》，详细规定了三十七个检查项目是否合格的判断标准。

经过重重考核，1956年8月，北京工业学院化学工程系51级有4名同学脱颖而出：火药专业品学兼优、政治可靠的崔国梁和他的同班同学唐觉敏，以及炸药专业的董海山和松全才。崔国梁和唐觉敏同窗五年，感情十分深厚；董海山出生在河北省滦县，和崔国梁是老乡，老乡见老乡自然是极为亲切的。一同被选拔去苏联继续学习的，还有北京工业学院50级化学工程系炸药专业的周起槐和刘宝芬。刘宝芬是化学工程系赴苏的六个人里唯一的女生，她比崔国梁小一岁，但却是他的师姐，腼腆的崔国梁和周师哥关系熟稔，和师姐虽认识却并不熟悉。

崔国梁不会想到，自己有朝一日会成为固体火箭专家，老乡董海山也成为我国第一个塑料粘性炸药的研制者。六个人里出了两位工程院院士，可见，当

北京工业学院化学工程系1956年选拔赴苏的部分同学（从左至右分别为崔国梁、刘宝芬、松全才）

时能够去苏联深造的，都是精英中的精英。崔国梁更不会想到的，聪明漂亮的刘师姐后来成了崔夫人，和他风风雨雨、相濡以沫，携手走过了50多个春秋。

崔国梁沉浸在可以走出国门、去苏联留学的喜悦里。苏联是我们的老大哥，抗日战争有苏联红军的帮助；新中国成立之初，在西方冷战包围下，苏联第一个与我国建交…… 苏联是中国人民心中的社会主义天堂，苏联的革命歌曲是那个时代的最强音。崔国梁深深记得，大家最喜欢唱的除了《莫斯科郊外的晚上》，还有那首《列宁山》：

亲爱的朋友我们都爱列宁山，
让我们迎接黎明的曙光。
从高高山上我们了望四方，
莫斯科的风光多么明朗。
工厂的烟囱高高插入云霄，
克里姆林宫上曙光照耀。
全世界的希望，俄罗斯的心脏，
我们的首都啊 —— 莫斯科。

他在脑海里，已经将克里姆林宫、红场描绘了一遍又一遍，如今可以真真切切地去看看了！

崔国梁一边畅想，一边用心为去苏联留学做认真而充分的准备。

1953年，我国制定了《留苏预备生选拔办法》，规定留学苏联要读预科，国内一年，国外再一年，一共两年。因此，1956年9月，崔国梁离开母校，进入北京俄语学院留苏预备部，学习一年的俄语和政治。

留苏预备部始建于1952年，原址在鲍家街21号，是清朝末年的醇亲王府，那里曾经诞生了大清帝国的倒数第二位皇帝——光绪。作为留苏预备部的王府，还基本保持着原有的格局，空闲的殿堂廊庑经过简单修缮，就成了师生们的课堂。而所谓男生宿舍，就是一个偌大的房间，摆满了上下两层的硬木板床，百十号人挤在一起睡觉。

尽管硬件设施比较简陋，但在教学水平方面，留苏预备部在北京乃至全国的所有高校中都是佼佼者。学校聘请了一部分教学经验丰富的苏联语言专家，中方俄语教员则来自于各校俄文系刚毕业的学生。一进留苏预备部，崔国梁就经历了俄语分班考试。俄语有33个字母，十分复杂，词与词的语法关系和词在句中的语法功能主要通过词性的变化来表示。形式也很复杂：一个名词大多有12个形式，单复数各有6个格；一个形容词有20多个甚至30多个形式;动词形式可有一二百个，包括体、时、态、式、形动词、副动词等。大部分学员来到留苏预备部时，俄语基础都不好；有的人甚至根本没有接触过俄语。要想在不到一年的时间里，初步掌握俄语语法，积累生活、学习所需的基本的单词量，除了死记硬背，没有更好的办法。

崔国梁在大学里学过俄语——因为当时国家“一边倒”的外交政策，英语课都被俄语课取而代之——但大学里的俄语学习主要强调学生的快速阅读能力，同学们的听、说、写能力都很弱。崔国梁的俄语水平不错，但也仅限于阅读专业类的文章。要去苏联学习专业技术，俄语是他亟需攻克的难题。

因而崔国梁和所有学员一样，为自己布置了每天背诵几十个单词的任务。大家想了各种各样的办法帮助自己记忆，其中，谐音记忆法最有效。比如，把俄语的“回家”说成“打毛衣”，把俄语的“星期天”说成“袜子搁在鞋里”，“毛巾”说成“拨拉芹菜”。各种谐音有的形象，有的诙谐，笑闹之间，许多拗口的外语单词就记住了。

俄语中有一个发音近似于“勒”的颤舌音，需要用口腔中的气流持续冲击卷起的舌尖。这对于说话时舌头比较硬的中国人而言，是个不小的困难。有不少学生苦练几个月，舌头都肿痛了，就是发不出来，可是不会发这个音还不行。俄语中还有一个“勒”

的平舌音。有些词就是这一个字母的区别，发音不准确有时会造成词义的曲解。有的同学推荐了一个方法：练发音的时候在口中含一口水。大家一试，还真灵。

为了制造一种强化俄语交流的语言环境，有的班级还规定同学之间、师生之间的交往和生活往来，从早到晚都不能用中文。如果谁说了一句中文，就算犯规，便要扣分。

学习俄语是十分枯燥的，那时候，北京俄语学院几乎没有任何电化教学设备，也很少有图文并茂的原版参考书，教材是教师自己编写的，印刷的纸质也很差。崔国梁每天早晨五点钟就起床读书，天还没亮，可是操场上、角落里、树阴下，已经布满了埋头苦读的身影。早晨八点开始上俄语课，有文法、听写、会话等，除了中午一个小时午休时间，课程一直延续到下午四点。下课后，老师离开了，可是教室里仍然座无虚席，崔国梁和同学们继续上自习，每个人都在高声朗读，教室里声浪滚滚。晚上十点钟，学校准时熄灯。为了不影响别人休息，崔国梁经常借口上厕所溜出房间，厕所门口有很多和他一样“上厕所”的预备生们，大家狭路相逢相视一笑，一起借着厕所门口昏黄的灯光继续学习。崔国梁最期待的是放苏联原版电影的时间，这既是留苏预备生们练习听力的好机会，也是仅有的娱乐活动。

除了紧张的语言学习之外，留苏预备生还需要进行一定的时事政策学习，接受政治思想教育。最让平时吃惯了玉米面窝窝头的崔国梁感到开心的“任务”，就是保证自己的“身体健康”。由于我国人民生活水平较低，很多学生都营养不良，周恩来总理亲自指示：“出国留学生不能搞得面黄肌瘦，国家再穷，也要保证他们的健康。”

在国凋民蔽的建国初期，留苏预备部的伙食几乎可以用“奢侈”来形容：“早餐是六必居咸菜、油炸花生米、烧饼、花卷、油条、棒子面粥、小米粥或大米稀饭。午餐和晚餐都有四个菜，至少一个是重荤，有时还有大对虾。热腾腾的大白面馒头，就在过道两侧摆着。每次吃完饭，大家总要顺手拿一两个，在路上一边走一边吃，又软又甜，后来再没吃过这么好吃的馒头；鸡蛋汤一上就是一大锅，有人居然能从锅底捞出不少整个的鸡蛋……”

1956年，国内物资极度匮乏，开始收粮票、限量控制了。但为保障留苏学生的身体健康，留苏预备班里每顿还是四菜一汤。刘少奇主席对留苏预备生们说：“你们一个人的生活费和学费，相当于二十五到三十户农民全年的劳动收入。”这句话让崔国梁印象深刻。他感到，他们是时代的幸运儿，祖国对他们倾注了无私的关爱，给予了无微不至的关怀，投入了大量的物力和财力，给他们创造了如此好的条件，而他们能够为国家做些什么呢？

刘少奇主席后面的话回答了他的疑问：“你们现在多么幸福，党和人民把你们当成儿女一样关心和爱护，什么都事先替你们想好了，只要求你们努力学习，把苏联的先进科学技术学到手，祖国的繁荣昌盛需要你们贡献力量！”

在留苏预备部，崔国梁成天埋头于硬辅音、软辅音，名词变格、动词变位之中。除了刻苦学习，除了艰苦奋斗，还能怎么回报党和国家的殷殷期望，怎么报答为他提供衣食的二十五到三十户人家呢？崔国梁觉得肩头担子重千金。他并不知道，冥冥之中，他的命运已经和我国的航天事业紧紧联系在一起了，而这一联系，就是一生。

2.“这是决定命运的！”

“五星红旗迎风飘扬，胜利歌声多么响亮。歌唱我们亲爱的祖国，从今走向繁荣富强……”

在整齐嘹亮的歌声中，北京——莫斯科国际特别快车开动了。汽笛长鸣，站台上抹着眼泪送别的亲人和朋友越来越远，肩负着祖国繁荣富强的重任，身着统一服装的中国学子们一路高歌，奔向他们心目中的社会主义天堂。

崔国梁坐在角落里沉思，激昂的歌声已经告一段落，车厢里的喧闹声渐渐止息，他的思绪却越来越绵长。

他和松全才、刘宝芬去莫斯科门捷列夫化工学院，董海山和周起槐去列宁格勒苏维埃化工学院，唯独少了他的同班同学唐觉敏。崔国梁记得那一天，每个人都发了两只崭新的衣箱，他和唐觉敏都很兴奋，听说国家要统一给大家做衣服了。同学们被集中在一起，由裁缝师傅给大家量尺寸，皮鞋厂也来人给每个人量了单鞋和翻毛皮鞋的尺寸。

过了大约一个月，服装陆陆续续地送来了。衣服和鞋子上有每个人的姓名。由于衣服、鞋帽都是量身定制的，每个人穿在身上都合体熨贴。男生的服装包括：冬季的皮领丝棉大衣一件；春秋季的薄呢子夹大衣一件；皮鞋五双；西服两套，一套是天冷时穿的呢料，一套是夏天的凡尔丁料子；中山装两套；衬衣十二件；睡衣一套；毛衣、毛裤一套；皮帽子一顶；实习的工作服一套；领带若干。每人还发了皮拖鞋、梳子、牙刷、牙膏、香皂，还有一把毛刷，用来刷呢料上的灰尘。此外，每人有一床中等厚度的羊毛毯和一件雨衣，还有一个上课时装书本的书包……国家替他们想得多么周全！

崔国梁从来没穿过这么好的衣服，可他背过“慈母手中线，游子身上衣”这句诗。抚摸着中山装柔软

2007年，崔国良（右二）与梁树端（右一）去天津探望唐觉敏（前）和夫人（左一）

细腻的布料，他想起自己早逝的母亲，愿他成为国之栋梁的母亲看不到儿子穿着笔挺的中山装帅气的模样。而祖国这位伟大的母亲用她一点一滴的关爱，一丝一线的付出，让每一位学子从细微之处感到温暖，也深深懂得自己肩上重担的分量。

可是唐觉敏没有领到衣服。他因为“政治问题”被取消了赴苏的资格。崔国梁替自己的好同学感到万分惋惜，但他也坚信，是金子总是会发光的。很快，唐觉敏就离开了留苏预备部，被分配到了天津市化学纤维研究所。正如崔国梁所坚信的那样，唐觉敏并没有因为受到不公正待遇而有一丝怨言，一直兢兢业业、任劳任怨地战斗在第一线。1978年，唐觉敏作为天津市先进工作者出席全国科学技术大会；1980年，他又被评为天津市劳动模范。

“我的同学里，比我优秀的有很多，我只是碰到了机会。”崔国梁常常把这句话挂在嘴边。不可否认，崔国梁的运气一直不错。可是，在机会悄悄降临的时候，能敏锐地感觉到、紧紧地抓住机会，就绝不能仅仅用运气好来解释了。

出国前夕，一个身份神秘的人找到了崔国梁。

“我叫李乃暨，是国防部五院推进剂研究室的室主任。”身形瘦削、眼睛里却闪耀着神采的来人这么自我介绍。

由于研究项目涉及国家机密，国防部五院从成立之初，就被蒙上了一层厚重的面纱。对很多人来说，国防部五院是个闻所未闻的“新衙门”，崔国梁也是第一次听说。于是，李主任详细地向崔国梁解释起来。

1955年10月8日，世界著名的火箭专家钱学森辗转回到了祖国。1956年10月8日，也就是钱学森回国一周年的日子，国防部第五研究院（导弹研究院）在北京成立，代号人民解放军0038部队，钱学森出任国防部五院院长。这是我国导弹、航天事业奠基的历史性纪念日。

20世纪50年代，世界上几个主要大国已经进入了所谓的“原子时代”和“喷气时代”，航天技术也进入了一个新的发展时期。而我国经济还十分落后，工业基础和科学技术力量还很薄弱，为了把有限的人力、物力、财力，集中使用在最重要、最急需、最能影响全局的方面，听取了钱学森等火箭专家的设想之后，党中央做出了重点发展以导弹、原子能为代表的尖端技术的决定。大力发展导弹技术的决策指明了我国国防科学技术的一个重要的主攻方向，对我国的国防建设和科学技术的发展具有重大的战略意义。毛主席一锤定音：“这是决定命运的！”

国防部五院成立后，按照专业分工建立了总设计师室（也称总体设计室）、空气动力研究室、结构强度研究室、发动机研究室、推进剂研究室等10个研究室，可谓“麻雀虽小，五脏俱全”。

听到这里，崔国梁这才明白了来人的身份。和他交谈的这位慈眉善目的师长，正是国防部五院推进剂研究室的主任。他也终于明白，此人眼里为什么一直闪烁着熠熠的神采，这来源于他广阔胸怀中的伟大志向，来源于他对祖国全身心的热爱，来源于他对航天工作的满腔热情。只是，他为什么会找自己呢？

李乃暨仿佛明白崔国梁在想什么，他微微一笑，并没有直接解释，而是向崔国梁介绍了自己的经历。

李乃暨1938年6月从重庆兵工学校毕业，先后就职于长沙兵工署技术司、四川万县兵工署航空兵器技术研究处、重庆兵工署技术司弹道科、南京兵工署研究发展司弹药科，从事弹药专业的研究、试验、生产和管理工作，并参加了火药厂、氯酸钾厂的创建工作。1949年2月至11月，他随军队撤到台湾，在台北兵工署台湾办公处任技术专员。得知中华人民共和国成立后，李乃暨几经周折，终于在1949年年底返回大陆，被分配到沈阳52厂，任工程师。在新中国工作的7年里，他的成绩显著、贡献突出，荣获了东北军工局特等奖，还两次被评为先进工作者，获一等和二等物质奖。

1957年5月，李乃暨被调到国防部五院，开始从事导弹与航天技术工作。接到任命，李乃暨很激动，他懂得导弹技术对我国国防安全的重要性：作为一个幅员辽阔、人口占世界第一位的大国，只有掌握尖端武器，具备核反击能力，才能真正屹立于世界强国之林。而作为弹药方面的专家，他更懂得，看似不起眼的小小药条，对于导弹技术的发展却起着不可或缺的作用。

但等真正到了十室，李乃暨却仿佛被泼了一盆冷水，激动的心情化为担忧。他手下只有19名1956年毕业的大学生和一名秘书，21个人承担着液体推进剂和固体推进剂的研究任务，完全是白手起家。好在李乃暨有着扎实的专业技术和丰富的经验，他带领科技人员边建设、边工作，因陋就简地改建了理化实验室，筹备了必需的仪器设备。

生活和工作的艰苦是可以克服的，人才的缺乏却没办法咬咬牙挺过去。此时，国外对固体燃料火箭发动机技术严加封锁，国内化学工业基础也比较薄弱，与之相关的主要原材料还是空白，起步研究困难重重。十室固体推进剂研究小组只有3名刚走出校门的大学生，都没有学过固体推进剂的专门知识，尽管他们都怀着一腔热情，四处奔波，查找资料，但我国导弹技术研究时间紧、任务重，室主任李乃暨心急如焚。

这也正是李乃暨找到崔国梁的原因。

俗话说，十年树木，百年树人。科学家、专家是一年一年培养出来的，不比盖房修路，加班加点就能抢出来。为了缩短我国导弹技术起步阶段的摸索时间，在国防部五院成立时，我国政府曾就建立和发展我国导弹技术同苏联政府进行了谈判，苏方只同意接收50名火箭专业留学生和提供两发供教学用的P-1模型导弹。

说到这儿，李乃暨才向崔国梁说明了来意。他希望崔国梁去苏联攻读固体火箭推进剂专业，学成

多年以后，崔国良（右）与李乃暨（左）合影

回国后，成为我国航天事业的一份子，为我国固体火箭推进剂的发展贡献力量！看着年轻的脸庞上坚毅的神情，李乃暨知道，崔国梁已经心驰神往。

热血在崔国梁年轻的胸腔中沸腾。他要成为50名火箭专业留学生的一份子了，他找到了为祖国母亲尽绵薄之力的方法，从这一刻起，他的命运和我国航天事业的发展紧紧地联系在一起了！他随即想到，在这个服从国家分配的年代，李主任完全可以直接通过留苏预备部向他下达命令，为什么还要亲自跑一趟呢？因为国家、国防部五院乃至十室对发展固体推进剂极为重视！这是关系到火箭能否上天的头等大事。

激动的同时，崔国梁也感到，他身上的担子更重了。

“到苏联了！”不知是谁第一个喊了起来，猛地将崔国梁从回忆中拉回现实。火车已经晃荡了一天一夜，从北京出发经满洲里，此刻终于到达了中苏边境。虽然要到达莫斯科还要经过七天七夜的长途跋涉，但崔国梁已经来到了他朝思暮想的苏联。

他在心里默默回顾了离开之前，党和国家对留苏预备生们提出的要求，这是他在苏联生活和学习的指南针，一刻也不敢忘记：

第一，一定要充分认识到这是党和人民交给的光

荣而艰巨的学习任务，要加强自身修养，努力成为政治坚定、业务精通、身体健康、全面发展的专门人才。

第二，要严格遵守所在国家的法律，尊重其风俗习惯，做到国际主义和爱国主义的高度一致。

第三，要严肃纪律。要严格执行我使馆关于留学生管理工作的各项规定和制度，认真执行向使馆请示报告制度，自觉用组织纪律约束自己的言论和行动。

第四，要热爱专业，刻苦钻研。

第五，要努力适应所在国的生活方式和所在学校的学习环境。

第六，要加强同本国同学的紧密团结、取长补短、相互学习、共同进步。

第七，要自觉约束恋爱问题，留学期间不准结婚。

到苏联了！到苏联了！每一个人都激动起来。年轻学子的欢呼声响彻车厢，他们唱起苏联歌曲，歌声在荒凉而广阔的苏联大地上回荡，任凭崔国梁再稳重不张扬，这时的他也不过是一个26岁的热血青年，他也喊起来了，唱起来了。在这里，他将要实现理想，放飞希望！

3.“世界是你们的”

“远方啊，有我的理想；不怕山高，不怕路遥，我要去寻找……”

1957年10月，北京正是秋高气爽的好时节，莫斯科的气温已经进入了零下，整个城市看起来都雾蒙蒙的，似乎呼出一口气瞬间都能结成冰。但崔国梁并不觉得冷，也许是因为祖国给添置的厚外套，也许是因为激动的心情还未平复，也许更多的是因为留苏的学长们的热情接待和细致入微的关怀。

抵达莫斯科的第二天，崔国梁和松全才、刘宝芬就在学长的带领下，到苏联科学院主席团的国际合作部办理了注册手续，之后，学长又带着他们熟悉周围环境，了解乘车、购物、买书、寄信等日常生活的一些常识。

初到莫斯科，崔国梁他们看什么都觉得那么新奇，而学长虽然只早来一年，却俨然是个苏联通了。三个新生“叽叽、喳喳”地提出各式各样的问题，学长都一一作答，他告诉崔国梁他们，苏联老百姓对中国人民很友好，莫斯科的社会治安不错，还特别强调说，苏联人有自己的风俗习惯。比如，在与苏联人交谈时，询问他们的年龄、婚姻、工资等私人问题是很不礼貌的。学长还幽默地说，在苏联，人人都觉得自己很年轻，即使遇到老太太，也最好称呼“姑娘”或“小姐”，而不能叫她老太太，否则会遭白眼的。

崔国梁三人被学长的风趣逗笑了，学长没有笑，他告诉三人，这是刘少奇主席的要求。刘少奇在1953年接见留苏预备生的时候，专门提醒同学们一定要注意与苏联人民保持良好关系：

“苏联是我们的友好邻邦，苏联朋友把你们看成是中国人民的代表，所以一举一动都不能丧失国家尊严，不要有损两国人民的友好关系。你们在学校里要和苏联同学打成一片，生活学习住在一起，要尊重苏联人民的风俗习惯。”

学长还告诉崔国梁，在苏联读研究生和本科生不一样，本科生需要上多门

1957年，在门捷列夫化工学院门前，崔国梁（右二）、刘宝芬（右一）和同学们合影

课程，考试通过方能毕业；研究生只需要上三门课程，主要任务则是跟着导师学习、实验，完成论文并通过答辩，才能够毕业。崔国梁的导师叫巴卡耶夫，是固体火箭推进剂专业的知名教授。

还没有见到导师，崔国梁先见到了毛主席。不得不说，崔国梁是幸运的。

1957年11月17日。

一个让万千留苏学子铭记终生的日子。

一个永远载入新中国留学教育史册的日子。

这一天，毛泽东主席在莫斯科大学礼堂接见了中国留苏学生代表，表达了“希望寄托在你们身上”的殷切希望。这一年，毛泽东六十四岁，崔国梁二十六岁，听他讲话的留学生们大多二十四五岁。

这是一个星期天的清晨，莫斯科刚刚下过一场大雪。“雪霁天晴朗”，整座城市银妆素裹，在清朗的阳光下闪着金色的光芒。

就在前一天晚上，莫斯科各大学的中国留学生得到通知，第二天上午全体同学在莫斯科大学礼堂集合，由中宣部部长陆定一向大家做有关国内外形势的报告。一个令人无比振奋的消息如同一缕清风，刹那间掠过所有的校园：毛主席有可能会来看望大家！

大家都知道，11月2日毛主席率中国党政代表团访问苏联，参加十月革命40周年庆祝活动，并出席64国共产党和工人党代表会议。毛主席一生只跨出过两次国门，两次出国都去的是苏联，这是第二次。自从毛主席踏上苏联的国土，大家就像过节一样，兴高采烈地关注着代表团每天的活动。每天上课头一件事，就是买一张《真理报》看看有什么新消息。

早上八点刚过，莫斯科的中国留学生便从四面八方赶到列宁山上。自东向西静静流淌的莫斯科河，如一条温柔的臂弯，呵护着怀抱中精致的克里姆林宫。与克里姆林宫隔河相望的，便是地势高峻的列宁山，举世闻名的莫斯科大学就坐落在列宁山上。

下午三点多，陆定一结束了报告。这时，刘晓大使带来一个喜讯：毛主席将参加一个极其重要的国际会议，会后很有可能要到这里来和同学们见面。大使还没结束讲话，同学们就欢呼起来，把大使的话打断了。大使接着说："但是，这个会议不知道会开到什么时候，有可能开得很晚。"同学们齐声高喊："等到什么时候，我们都愿意！"

下午六点刚过，能够容纳三千人的大礼堂里已是人山人海。大厅的座位上坐满了人，两厢、廊柱之间也都站满了人。很多学生一起挤在礼堂两侧的过道里，甚至干脆在过道上坐了下来。穿着整齐军装的军事留学生被安排在前两排就座，正在茹科夫斯基空军工程学院读书的孙家栋就在其中。在大礼堂翘首以待的，不乏后来投身航天事业的留苏学生，包括曾任航天工业部副部长、国家科委主任、全国政协副主席的宋健，曾任航天工业部副部长、海南省常务副省长的鲍克明，曾任航天工业部副部长、中国航天工业总公司总经理、全国人大常委的刘纪原，曾任航天工业部第一研究院院长、国家劳动部部长、全国人大常委的李伯勇，曾任中国航天工业总公司科技委常委、国家级专家阮崇智等人。

突然间，大礼堂里如疾风般跑进来两个同学，大声说道："毛主席的汽车已经到门口了！"大厅立刻静了下来，大家不约而同地站了起来。隔了两三分钟，又有两个同学匆匆忙忙跑进来通报："毛主席已经到前厅了，脱大衣呢，就来了！"再隔一分钟，又有同学跑进来喊道："毛主席来了！"话音未落，前台入口处的同学一下子向两旁闪开。

毛主席伟岸的身影真的出现了！

大厅里骤然响起雷鸣般的掌声。所有的人都在跳，在笑，在激动地流泪，在疯狂地鼓掌。暴风雨般的掌声此起彼伏，经久不息，激荡在大厅的每一个角落。整座巨大的礼堂如同狂风暴雨中的海洋，激情的巨浪澎湃汹涌，往来奔腾。

毛主席登上大厅前面的讲台，邓小平、彭德怀、乌兰夫、杨尚昆、胡乔木等领导人也鱼贯而入。

毛主席身穿灰色中山服，身材魁梧，红光满面，从台前一端阔步走到另一端，微笑着频频挥手向年轻的学子们致意。

毛主席回到讲台中央，用手向大家一摆，掌声戛然而止。大厅里静得连一根针掉在地上都能听得见。

"同志们！我向你们问好！"台下再次爆发出暴风雨般的掌声。

"世界是你们的！也是我们的，但是归根结底是你们的！"主席的话语几乎被掌声淹没了。

毛主席讲话带有浓重的湖南口音，大部分同学没有听明白。他见同学们露出困惑的神情，便解释说："世界就是 World。"但是留苏学生大多数没有学过英语，仍然听不懂。毛主席便转头问刘晓大使："'世界'用俄文怎么说？"刘晓回答："是米尔。"

毛主席继续说："米尔是你们的，当然，我们还在，也是我们的，但是归根结底是你们的。你们青年人朝气蓬勃，好像早晨八九点钟的太阳。中国的前途最终是你们的，世界的前途也是你们的，希望寄托在你们身上！"这时全场立刻响起"毛主席万岁！中国共产党万岁！"的欢呼声，震耳欲聋的掌声经久不息。

毛主席手一挥，继续教导同学们说："青年人应具备两点，一是朝气蓬勃，二是谦虚谨慎。"在讲话中，毛主席纵论天下，旁征博引，提出了"世界上怕就怕'认真'二字，共产党就最讲认真"的名言。

毛主席的讲话亲切和蔼、风趣幽默。"世界的风向变了。去年气候不大好，今年气候很好。现在世界正在大变，不是西风压倒东风，就是东风压倒西风。你们读过《红楼梦》没有？这句话是林黛玉说的。苏联人造地球卫星上了天，重量七十公斤。刘晓大使体重有没有七十公斤？"刘晓回答："不到，差一点儿。"毛主席风趣地说道："就是说，苏联可以把刘晓大使送上天。美国还做不到嘛！"台下的同学们开怀大笑。

崔国梁在笑声中思索着，苏联人造卫星上天离不开火箭，而火箭能够直冲云霄又离不开发动机和推进剂。李乃暨主任曾告诉他，现在我国还没有掌握固体火箭推进剂的相关技术。这一刻，崔国梁暗暗下定决心，一定要把苏联固体火箭推进剂的技术学到手，有朝一日，我国的人造卫星也能飞上太空！

五十多年过去了，主席的音容笑貌，至今铭刻在每一位有幸亲临现场的学子心中。老人家的谆谆教诲，更成为整整一代留苏学生赤心报国、矢志不渝的动力源泉。

4. 来自中国的副博士

崔国梁就读的门捷列夫化工学院是以苏联著名化学家门捷列夫的名字命名的，他因为发现了元素周期表在化学界乃至世界上都大有名气。和门捷列夫一样，门捷列夫化工学院也大有名气，该校是苏联五个最主要的大学之一。苏联的研究学位分两种，一是博士，二是副博士。前者是很难的，后者要高于欧美国家的硕士，略低于苏联的博士学位。崔国梁此行就是为了获得副博士学位。

入学不久，崔国梁就被导师巴卡耶夫教授请到办公室一叙。作为"中国人民的代表"，俄语又讲得不那么顺畅，导师召见，崔国梁难免紧张。

巴卡耶夫教授是位胖胖的、四十多岁的年轻人，不笑的时候，看起来很严肃。崔国梁的另一位导师是个苏联"姑娘"，眉心中的痣让她看起来慈眉善目，她主要辅助崔国梁学习。

在苏联教授和同学的心里，中国学生是一个很特别的群体。上课的时候，他们永远都坐在第一排。每次上课，苏联同学总是自动将第一排的位置留出来让给中国同学，这几乎成了一条不成文的规矩。在课堂上，遇到苏联学生都回答不上的问题，教授就会叫中国学生回答。如果中国学生答上来了，他们就会批评苏联学生："你们看，一个外国学生都听明白了，你们还不懂。"如果中国学生也答不上来了，

1961年，崔国梁与导师巴卡耶夫（右一）合影

他就会说："看来我没讲清楚，现在再讲一遍。"——中国学生的反应，已经成了教授衡量教学效果的标尺。

考试的时候，中国学生的成绩几乎是清一色的五分，因为他们记得，周恩来总理曾要求大家："我们应该和苏联最优秀的同学一样考五分。四分就差些了。"

对于留苏学生来讲，"五分"决不仅仅是个人的荣耀。这当中，蕴涵了太多对祖国的感恩和承诺。50多年后，和崔国梁同在门捷列夫化工学院的校友李佩珠还为当年自己没有拿到全五分而遗憾，她当时的同学、相伴了50余年的丈夫周吾泰因为全五分，毕业时拿到的是红色的毕业证书，而她因为有一门是四分，拿到的是蓝色的学位证书。在李佩珠眼里，在留苏学生的心里，小小的五分，不仅仅是对他们学习成果的考量，更是拳拳报国之心的象征！

因为语言的障碍，与苏联同学相比，中国学生的五分更加来之不易：每天学习十二三个小时，下课后留在教室自习，教室锁门了就回到宿舍看书；到了周末，其他国家的留学生都结伴出去跳舞、游玩，却几乎没有中国学生的身影。因而在苏联，中国学生几乎成为优秀的代名词。很多苏联的教授，都以拥有中国弟子为荣。不难想象，崔国梁的两位导师见到这个年轻、谦逊又有天赋的中国学生，喜爱之情溢于言表。崔国梁第一次见导师的紧张，也在导师真诚的笑容之中慢慢化解。

崔国良的导师巴卡耶夫教授告诉崔国良，苏联的副博士研究生学制是三年，

对外国留学生是三年半，因为语言问题允许延长一点。而获得副博士学位的条件有二：一是必须通过三门必修课的考试；二是必须完成一篇与副博士水平相当的学术论文——具体地说，副博士水平是指拥有新颖性、独创性和系统性的研究成果。只有具备了这两个条件，并且通过一个七人组成的答辩委员会的答辩，方可获得副博士学位。

1960年，崔国梁（前排右二）与苏联的同学们在一起

1992年，崔国良（右二）与门捷列夫化工学院教研室的友人相聚

学习和考试方法是机动灵活的。研究生不同于大学生，三门必修的课程既不上课，也不指定教科书，考试时间也没有统一规定。这意味着崔国梁可以在论文答辩前选择任何一个适合的时间考试。“只要你认为准备好了，提前告诉我们，我们随时可以为你组织考试。”眉心中有痣的“姑娘”教授笑眯眯地说。

苏联的学位制度非常严格。作为答辩的前提条件，崔国梁必须在杂志上公开发表两篇以上的论文。而毕业答辩是留苏学生需要面对的更大挑战。副博士进行论文答辩时，要提前3个月在苏联的大报上登出答辩通告，只要公众感兴趣都可以参加；同时，学校还要向苏联各学术机构的有关学者发出100份论文摘要。

这样严格的学位制度并没有吓倒崔国梁，在莫斯科的三年半里，他更加扎实地学习理化基础理论，为考试和课题论文做准备。

当时，苏联学术界的整体水平之高，学术精英群体之雄厚，在世界上堪称首屈一指。在门捷列夫化工学院，经常会有某个学者的研究成果报告会。攻读副博士学位不用上课，崔国梁常常会去听各种报告会。一开始，“叽里、咕噜”的俄语就像天书一样，他几乎一点儿都听不懂；后来听懂了，他发现，会场上的同行，甚至同事间会为某个学术观点，在众目睽睽之下争得面红耳赤，丝毫不留情面。真理越辩越明。不论是真知，还是谬误，都在面对面的褒扬针砭中浮出水面。对科学真理的认知，就是在不断的争论和证明中向前推进的。

崔国梁在北京工业学院的师弟谭惠民还清晰地记得，崔国梁回国后的一个暑假，曾回到学校给当时在校的研究生做一个有关高分子物理的讲座。讲座的主讲人是大连化物所请来的专家，崔国梁、松全才和周起槐作为留苏归来的副博士，是讲座的座上宾。谭惠民记得：“哥儿几个为了一个概念起了争执，轮番上台去阐述自己的观点，谁都不服谁，谁也说服不了谁，把大连请来的专家晾在了一边儿。尤其是崔国梁，他着急了会有口吃的毛病，说不出来急得满脸通红，仍然坚持阐述自己的观点，挥舞着粉笔刷刷刷写了一黑板。台下坐着的研究生们本来就没多少机会参加这类讲座，更没见识过专家的观点被如此质疑，都捂着嘴‘嗤嗤’笑。”多年以后，在场的研究生们恐怕已经很难记起这场“轩然大波”所争论的主题是什么，但是专家们对待科学的严谨态度，对学术观点的坚持却对他们未来的学术生涯影响巨大。

崔国梁攻读副博士学位的研究课题是：筛选表面活性物质，改善硝化棉吸收硝化甘油的动力学过程，以提高双基药的均质性，减小其燃速的波动。一方面，他要通过实验解决这一难题；另一方面通过课题研究，掌握基本研究方法，夯实专业基础。

崔国梁住在门捷列夫化工学院的第一宿舍，坐地铁到实验室需要四十分钟。莫斯科一年里有大半年都是冬季，太阳还没出来，天地被大雪的反光照亮，崔国梁已经在去实验室的路上了。在学校里买杯苏联特有的饮料“红水”，加一个列巴，这就是他

1960年，崔国梁与教研室实验员在一起

的早餐。吃完饭天亮了，实验室也到了。赴苏研究生每月有700卢布的生活费，除了购买生活用品，崔国梁的大部分钱都买了专业书，不仅自己学习，回国之后，还分给了5511班的同学们。

在崔国梁的研究中，化学实验是必不可少的。实验没有任何诀窍可言，就是细心、小心、恒心。在研究中，崔国梁必须细心再细心、小心再小心，才能尽可能避免危险，将研究顺利地进行下去。比如硝化甘油，它是一种黄色的油状透明液体，受暴冷暴热、撞击、摩擦都有引起爆炸的危险，爆炸威力惊人，又被称为“液体炸药”。硝化甘油对人体健康也有很大的危害，少量吸收就可能引起剧烈的搏动性头痛，常有恶心、心悸，有时候还会呕吐和肚子疼。长期接触硝化甘油，对身体的慢性危害不可估量。要完成这项研究，崔国梁透支的是自己的身体健康。一次又一次的实验，一个又一个的数据，一次又一次的失败，他靠着对推进剂事业的热爱、对祖国的一片赤诚坚持着。

尽管学业繁重，但崔国梁的时间并不都是在实验室里度过的。

在留苏学生中间，流传着一个笑话般的真实故事，莫斯科装甲兵学院的领导曾召集包括中国、朝鲜、东欧等国家在内的学生干部开会，郑重宣布：“朝鲜、东欧国家的干部请回去传达：考试成绩不合格的学生周末一律不许出去玩儿，否则严肃处理。中国的干部请回去传达：每个周末所有学生不许再看书，必须出去休息。学校将指定专门的教员进行陪同和监督！”由此可见，中国学生埋头苦读的形象给苏联教授的印象之深。而崔国梁，却是德智体美劳全面发展的好学生。

崔国梁在苏联的生活，用丰富多彩来形容也并不为过。“五一”的时候，他和苏联同学们一起游行，用俄语高呼“劳动者万岁”；研究之余，他应教研室同学的邀请，去郊外打猎，拿着猎枪的照片英姿飒爽；苏联的冬天很长，他经常和刘宝芬、松全才一起赏雪景、打雪仗；不忙的时候，他还会和松全才在宿舍里煮饭炒菜，打打牙祭，“顺便”叫上刘宝芬。刚来苏联时，党和国家对留苏学生们提出了七条要求，其中第七条就是：要自觉约束恋爱问题，留学期间不准结婚。不准结婚是“死杠杠”，恋爱是可以的，但要自觉约束。在松全才看来，崔国梁和刘宝芬，一个金童，一个玉女，一个郎才，一个女貌，当然崔国梁也是相貌堂堂，刘宝芬也是

1960年，崔国梁在莫斯科郊外打猎

崔国梁（右一）和同学们一起滑雪

才女一个。共同语言是没得说的，对事业的追求和理解也是不言而喻的。然而除了学习优秀和人品端正，最能吸引女孩子的恐怕是崔国梁的温文尔雅、乐观热情、细心和耐心。崔国梁是谦谦君子，他知道尊重女同志，进行化学实验长期养成的习惯——细心、再细心，使他善于理解别人的心情，能够细心关照自己的师长、同事和学弟学妹，更何况是自己喜欢的女性呢。崔国梁是一个不善于用言语表达的人，但他的一切都通过行动表达出来了。他的一切善意都显得那么自然天成，那么顺理成章，连松全才经常当了“电灯泡”的人也浑然不知。

如今的崔国梁静静地躺在病床上，已经说不出一句话，认不出守候在面前的妻子——刘宝芬。当笔者问及两个人的恋爱经过时，守候在病床前已经两年多的刘宝芬只是茫然地摇摇头，轻轻地回答了

1958年，崔国梁在莫斯科参加五一节游行

1959年，崔国梁（前排右一）在莫斯科参加十月革命节游行

一句“记不得了”。

这种爱不是惊天动地、狂风暴雨式的爱，而是那种轻风潜入梦、春雨细无声的爱，应了那首脍炙人口的歌词——“从来不会想起，永远也不会忘记”。

表面上崔国梁是一个严谨内敛的人，但他却是个乐观开朗、热情似火的人。他热爱生活，热爱集体，热爱大自然，他的留学生涯多姿多彩。

我国驻苏联大使馆留学生管理处经常在假期组织一些较大的参观游览和文化交流活动，比如游览伏尔加河，到雅尔塔度假，参观德国的集中营，开展义务劳动，组织与其他国家的留学生联欢等，崔国梁都会积极地响应和参与。

他们坐船顺着伏尔加河一路游玩，每路过一个城市就下船去参观。一路的游览经历加深了崔国梁对俄国画家列宾的名画《伏尔加河上的纤夫》的理解。在列宁格勒，崔国梁和其他学校的留学生们一起参观了列宁格勒大学、十月革命博物馆、第一届苏维埃会址等旧址，大大地开阔了眼界，增长了见识。

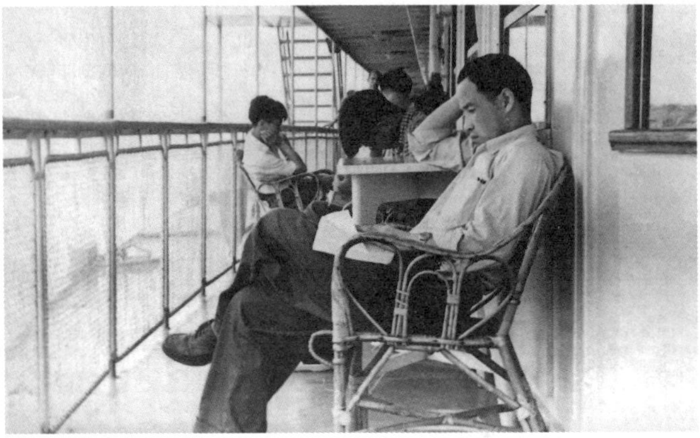

1960年，崔国梁在游艇上看书

1960年，崔国梁（右一）和同学们在苏联卫国战争雕塑前合影

1959年10月1日，中华人民共和国成立十周年。庆祝大典在震天的礼炮和国歌声中开始，天安门广场上举行了盛大的阅兵式和七十万人的大游行。毛泽东主席、刘少奇主席同赫鲁晓夫同志一道登上天安门城楼。人们难掩内心的激动，同声高呼“毛主席万岁！”“中华人民共和国万岁！”“中苏团结万岁！”“全世界人民大团结万岁！”……

在遥远的苏联，远离故土的学子们也心潮澎湃，想为祖国生日献上一份自己的心意。已是门捷列夫化工学院学生会主席的崔国梁和团总支青年委员李佩珠、周吾泰等同学商量，要在学校组织庆祝祖国建国十周年的文艺晚会。

“啊，茂密的山楂树呀，
白花满树开放；
我们的山楂树啊，
它为何要悲伤……”

晚会在女声小合唱《山楂树》中开场，傣族民间舞——孔雀舞艳惊四座，来自越南、朝鲜、罗马尼亚、波兰、捷克、匈牙利等其他社会主义国家的观众的掌声把礼堂的屋顶都要掀翻了。他们哪里知道，这样一台精彩纷呈、妙趣横生的晚会是崔国梁带领中国同学们在短短的十几天里筹备起来的呢！

“没有吃没有穿，自有那敌人送上前；没有枪没有炮，敌人给我们造”，就像歌曲《游击队之歌》里唱的一样，这台晚会没吃没穿，没枪没炮——筹备时间紧张、物质缺乏，也没有敌人送上前，但同学们有勤劳双手和聪明才智。没有化妆师，就借来胭脂水粉自己化妆；没有演出服装，就自己做，李佩珠的妈妈从上海给她寄了件漂亮毛衣，有独舞表演的同学马上照样了打一件，就穿着毛衣跳孔雀舞；没有现成的节目，就利用难得的休息时间排练。同学们八仙过海、各显神通。有个叫崔永堂的男生，平时爱看变戏法，崔国梁灵光一闪，请他在晚会上表演魔术……这是崔永堂第一次上台演出“大变活人”，这让他一辈子都铭记在心；而这个特殊的祖国生日 party，也让崔国梁以及现场的留苏学子们终生难忘。

让崔国梁更难忘的是，1961年4月12日，苏联航天员尤里·加加林搭乘东方1号宇宙飞船飞上了太空，绕地球飞行1小时48分钟后，安全返回地面，成为世界上第一个航天员。赫鲁晓夫做出决定，在莫斯科举行盛大的欢迎加加林返回仪式。学校取消了课程，工厂停止了生产，莫斯科广场上、季米特洛夫街头、列宁大街上……目光所及之处无不人头攒动，人人都想看一眼英雄航天员的风采。“莫斯科！空间！莫斯科！”“空间是我们的，我们是第一！”口号声此起彼伏，震耳欲聋，人们仿佛要用完所有力气才能表达心中的欢喜。

游行队伍里也有相当数量的中国学生，他们的脸上并没有和苏联人相似的笑容。在这之前，他们就知道，祖国和苏联的关系已经岌岌可危，濒临破裂。崔国梁也在游行队伍里，他一向挂着笑容的脸上此刻表情坚毅。他想起了出国之前李乃暨主任的嘱托，而如今，苏联科学家已经把航天员送上了天，我国的航天事业才刚刚起步。崔国梁心急如焚，恨不得立刻完成学业、回到祖国，为我国的航天事业尽绵薄之力。

一个月后，崔国梁申请答辩。他的课题研究取

ПРОВОЖАЯ ДРУЗЕЙ...

Они пришли на нашу кафедру в ноябре 1957 года. Веселый, живой, вечно улыбающийся Сун Цюань-цай и тихая, кроткая, очень милая Лю Бао-фен. Некоторый опыт работы со студентами и аспиранта- школе, работал где-то в торговой сети Пекина Чуй Го-лян. Бао-фен и Цюань-цай — комсомольцы, Го-лян — член Коммунистической партии Китая. Перед приездом в нашу страну все трое сборник статей под редакцией профессоров К. К. Андреева и Ю. Б. Харитона, появившийся у нас свыше 20 лет назад, давно ставший библиографической редкостью, и тщательно переизданный в Китайской Народной рес-

1961年，门捷列夫化工学院校报报道三位中国留学生通过副博士论文答辩（右一为崔国梁，右二为刘宝芬）

得了期待的成果，门捷列夫化工学院的校报上登出了他笑容满面、自信满满的照片。崔国梁成功完成了答辩，获得技术科学副博士学位。时隔三年半，他终于可以回国了。导师巴卡耶夫满意地看着自己的得意门生，送给崔国梁一个珍贵的礼物：能放唱片的收音机和一摞黑色的胶木唱片，唱片里就有《列宁山》和《马丽诺之歌》。

5.“中国已经不再是任人欺负的旧中国了！”

“毛泽东同志，为了维护戴维营会谈的成果，不给西方帝国主义制造任何借口，在导弹、原子弹问题上，我们可能不好再帮你们什么忙了。苏联现有许多专家在中国工作，我们正在考虑撤回问题。”1959年国庆，当天安门广场上礼炮和国歌声齐鸣的时候，当崔国梁和留苏的同学们在礼堂里演出庆祝的时候，天安门城楼上，苏联领导人赫鲁晓夫却对毛主席说了这么一番话。

毛主席不为所动，不冷不热地回答：“这几年来，苏联同志对我们帮助很大，我本人是希望他们能留下来的。当然，实在要走，我们也不阻拦。不过，我希望双方签订的协议大家都要执行！”

双方不欢而散，从此，中苏关系迅速恶化。1960年7月，苏联政府单方面撕毁了同我国签订的343个专家合同和257个科技合同，并很快全部撤走在中国的1390名专家。

苏联在撤走专家时，带走了全部图纸和资料，并停止供应我国建设急需的重要设备，大量减少成套设备和各种设备中关键部件的供应，使我国40多个重工业、国防工业部门，250个工厂企业和事业单位的建设处于停顿、半停顿状态。

我国的经济建设因为苏联专家的撤出，遭受极大的损失。和留苏的大多数同学一样，崔国梁也密切关注着报纸和广播里关于祖国的消息，他已经感觉到苏联对于中国的报道明显减少，周围苏联老师的言语也变得越来越谨慎，但对于究竟发生了怎样的变故，却没有几个人了解内情。

在此之前，为了让留学生们安心学习，中国共产党和中国政府努力掩饰中苏两国间的裂痕。留苏研究生，尤其是1957年苏联同意接收的50名火箭专业留学生，是我国自主研制战略尖端武器的希望，是我国火箭、导弹事业的未来。然而，我国领导人也意识到，留苏学生是一个很特殊的群体，他们常年身处苏联社会中，容易受到当地政治宣传的影响。如果不向大家说明事实真相，这群年轻人就难以在“反修防修”的斗争中站稳脚跟。因而，1960年暑假，在苏联学习的全体留学生分批陆续回国，进行了长达一个月的封闭政治学习。学习期间，同学们在指导教师的带领下，仔细研读了《列宁主义万岁——纪念列宁诞生九十周年》《沿着伟大列宁的道路前进》和《在列宁的革命的旗帜下团结起来》等三篇文章。

《列宁主义万岁——纪念列宁诞生九十周年》1959年4月16日发表在中共中央理论刊物《红旗》杂志上，指出：“为着世界各国人民的利益，在暴力、战争、和平共处这些问题上，都必须粉碎现代修正主义的谬论，坚持马克思列宁主义的观点。”——这篇文章，崔国梁、李佩珠等同学在门捷列夫化工学院每周两次的党员会上学习过、讨论过，对于文章不点名地批判赫鲁晓夫关于和平共处、和平过渡的观点感到很惊讶，但他们谁也不会想到，我国和苏联“老大哥”的关系已经恶化到如此地步了。

直到有一天，全体留学生被召集到中南海开会。对于中苏关系，每个人的心里都有猜测，每个人的脸上都表情凝重，会场的气氛异常压抑。李佩珠远远看到走在研究生队列里的崔国梁和刘宝芬，性格一向活泼开朗的她也只是默默地点了一下头。

兼任外交部长的陈毅副总理给大家做了关于国内和国际形势的讲话。

在留苏学子的印象里，陈老总像个严厉的大家长，语重心长地告诫着他的每一位“孩子”：“你们不要跟着‘修正主义’学坏了，我连我儿子都训了，我要让他回来！”陈老总的儿子陈昊苏1959年6月被保送到北京外国语学院留苏预备部，学习了一年俄语，正准备去苏联的工科大学深造。尽管他的俄语成绩不错，也渴望到异国的天地去经受一番历练，但在父亲的教育下，他仍向党组织表示听从分配，最后没有赴苏联留学，转到了中国科学技术大学无线电系学习。

这一点，崔国梁他们当然都不知道，但他们牢牢记住了陈老总的叮嘱：“你们不要跟‘修正主义’走，你们要好好地为党争气！”

当说到苏联撤走专家、撕毁合同时，陈老总难以抑制心中的愤怒。只见他剑眉倒竖，大声吼道：“你们回去告诉苏联人，我们中国已经不是任人欺负的旧中国了！你们告诉苏联人，中国有句古话，叫作善有善报，恶有恶报，不是不报，时候未到。时候一到，一切要报！”他突然狠狠地一拍桌子，嘴唇抖动着，说不出话来。

同学们谁也没见过陈老总发这么大的脾气。大家屏住呼吸，会场里鸦雀无声。

会后，高教部部长杨秀峰把所有与会者留下。他表情异常严肃地说道：“今天的会议内容，属于高度机密。国内还没传达，连局级干部都没听到。如果谁透露出去，党纪国法处分！”

这次会后，崔国梁才慢慢了解到，原来从1958年起，中苏两国关系就开始出现裂痕了。

1958年4月至7月，苏联先后提出在中国领土和领海上建立中苏共管的长波电台和联合舰队的要求，遭到我国的拒绝；1959年9月，中印边境冲突爆发，苏联领导人发表了偏袒印度的声明；在1960年6月召开的社会主义国家兄弟党代表布加勒斯特会议上，苏联突然挑起对中国共产党的攻击和批判……之后，苏联撕毁合同、终止协议、召回专家，我国航天事业陷入困境，但是中国人决心依靠自己的力量把这一事业继续进行下去。

这次学习之后，大部分在苏联学习航空、航天、造船、化学等军工和尖端专业、即将毕业的学生们都留在国内参加工作。国家为他们考虑得很周到：军工专业是敏感专业，两国关系恶化后苏联不会再提供良好的学习机会；主要课程已经结束，只剩下实习和取得毕业证书，知识已经学到手，拿不拿文凭不重要。另外，这批军工人才有被苏联扣留的风险。

崔国梁知道，这次学习后，留在祖国的同学将马上顶替苏联专家撤走后留下的空缺，而他需要回苏联继续学业。他多么希望尽早投入到我国的航天事业中啊，但他必须回去，把未完成的实验做完，把没学到的知识掌握，尽快拿下副博士学位……这才是他报效祖国最好的方式。

可以想象，当崔国梁从国内返回，再次踏上苏联土地的时候，心情是怎样的复杂。

临行前，在人民大会堂，周恩来总理和朱德委员长又一次接见了他们这批“特殊”的赴苏学子。与陈老总的严厉不同，周总理像一位循循善诱的慈父，他要求崔国梁他们，此次回苏联，要做“身体好、学习好、思想好”的三好学生，而身体好是第一位的。朱德委员长也告诉他们：“要注意安全，学好了知识，祖国等着你们回来！”

1961年，门捷列夫化工学院领导和留苏毕业生合影（前排左一为崔国梁，左七为刘宝芬）

热烈的掌声响起来，这是赴苏学子们报效祖国的决心。克服重重困难、取得优异成绩学成回国后，他们都无条件地服从分配，愉快地奔向祖国最需要的地方，奉献了自己的青春才华、热血乃至生命。不论声名显赫，还是默默耕耘，他们都把有限的生命奉献给了祖国最瑰丽的建设事业。他们的名字，已经并将永远铭刻在共和国历史的丰碑上。

“为祖国工作五十年！”的豪迈誓言，伴随着毛主席接见留苏学生时“希望寄托在你们身上”的讲话，在莫斯科大学礼堂里回荡不息。崔国梁用整整五十年，践行了他的誓言。1961年9月至2011年11月，崔国梁为我国固体火箭推进剂的发展，无私地奉献了自己的青春和才智，为我国的航天事业创造了不可磨灭的丰功伟绩，成为我国固体推进剂研究的中坚力量和领头人。

崔国良

崔国良院士传记

Academician Cui Guoliang's Biography

第四章

宇宙唱响《东方红》

东方红一号卫星发射成功了！厂区的大喇叭里传来《东方红》乐曲，崔国良觉得这歌声特别悦耳，它在向全世界宣告：中国航天事业取得了首次胜利！

1.三十而立

1961年7月7日，崔国梁30岁。

孔子在《论语·为政》中说过："吾十有五，而志于学。三十而立，四十而不惑，五十而知天命，六十而耳顺，七十而从心所欲，不逾矩。"虽然不是人人都能做孔圣人，但后人往往把孔子的这些自我评语，作为人生不同阶段所应达到的理想状态。

30岁这年，是崔国梁人生中非常重要的一年。在"三十而立"的当口，崔国梁做出了三个决定。

第一个决定，是把自己的名字改成了"崔国良"。国梁，国之栋梁，这朴素的名字里饱含着父母对他的殷切期望，他也一直在为此做着不懈的努力。童年时的苦难磨砺，日军铁蹄下的颠沛流离、背井离乡，以及在新中国的学习和生活……30年的酸甜苦辣，让崔国梁形成了稳重而不事张扬的性格，养成了谦虚谨慎的态度。但是，哪有自己说自己是国之栋梁的？他觉得这名字太高调了。何况，他已经30岁了，还没有为国家做出贡献，回报党和人民的抚育和栽培，怎么能称得上是国之栋梁呢？所以，崔国梁去了派出所，把"栋梁"的"梁"改成了"善

30岁的崔国良，风华正茂

良”的“良”。

1961年，崔国良和刘宝芬喜结良缘，这是崔国良30岁那年的第二个决定。他们两人早在大学时就认识了，而爱情的火花却是在莫斯科门捷列夫化工学院的朝夕相处中才慢慢燃起来的。国家规定，留苏学生在苏联要自觉约束恋爱问题，不准结婚。因此，两个人小心地守护着这份爱，直至学成回国。回国后，刘宝芬回到母校北京工业学院继续担任老师；而崔国良呢，新婚燕尔之际便远赴西安，连长子呱呱落地时都未能陪在妻子身边。

投身航天，这是崔国良第三个、也是最重要的一个决定。他迫不及待地投身于固体火箭推进剂的研究之中，想在实践中检验自己近十年的学习成果，为我国固体火箭技术的腾飞贡献力量，这不仅是他对李乃暨主任的承诺，也是他朝思暮想的强国梦！

1961年，崔国良和刘宝芬喜结良缘

新婚的崔国良，很快加入了国防部五院在三机部西安第三研究所（简称西安三所）联合开发固体火箭技术的队伍。

固体火箭也叫固体燃料火箭，是由固体火箭发动机提供飞行动力的飞行体。固体火箭发动机是利用固体推进剂燃烧产生反作用力的动力装置，其核心是固体火箭推进剂。固体火箭之所以能够推举卫星入轨，固体导弹之所以能自动击中目标，正是由于它们有一套类似于人体结构的内部系统。它们有“大脑”，有“眼睛”，而固体火箭发动机就是它们的“心脏”。研究固体火箭发动机，推进剂研究必须先行，将推进剂比作“心脏”中的“血液”恰如其分。

与液体火箭相比，固体火箭具有结构简单、体积小、可靠性高、机动灵活、发射准备时间短、密度比冲高等优点，代表着先进武器的发展方向。国防部五院院长钱学森站在世界航天技术前沿，洞察技术发展动向，深知固体推进技术对我国国防的重要性，力促固体推进技术的发展。

事实上，中国人古时就有飞天梦。以黑火药为能源的中国古代火箭就是一种固体火箭，但直到1956年国防部五院创建时，研究人员对国外已用来研制大型战略导弹的现代固体火箭推进剂却一无所知。

20世纪50年代，以美国为首的西方国家仇视新中国，对我国实行全面封锁；对我国友好的苏联所给予的援助也只限于液体火箭，在固体火箭方面则只字不谈。尽管如此，我国领导人毅然做出战略决策：在苏联援助下创建液体火箭事业的同时，依靠自己的力量发展固体火箭技术。

崔国良正是国家为发展“自己的力量”，被派往苏联学习固体火箭推进剂技术的。与此同时，国防部五院推进剂研究室内的几个年轻人，在北京东山沟简陋的理化实验室里，开始了对固体火箭技术的探索。

这几个年轻人都是刚走出校门的大学生，风华正茂、怀揣理想，凭着对国防尖端技术的一腔热情，他们像大海捞针一样，试图从公开资料的海洋里捞出一些有关固体火箭推进剂的零碎信息。“只要工夫深，铁杵磨成针”，经过长时间的苦苦翻阅，研究人员只发现了“复合推进剂”“贴壁浇注”“星形内孔”等几个专业词汇，没想到，这几个词竟然成了打开固体火箭技术大门的金钥匙。在李乃暨主任的率领下，几位年轻人绞尽脑汁、反复分析，基本搞清了现代固体火箭发动机的概念，认识到其中的关键是一种可浇注到发动机壳体内固化成贴壁药柱的复合固体推进剂。

而复合固体推进剂的成分，国外资料只概括地说它是由固体氧化剂和燃料粘合剂组成；氧化剂采用氯酸钾，后来改用性能更好的过氯酸铵。关于粘合剂，研究人员没能查找到任何资料。后来有人从文献中发现国外在20世纪40年代曾合成过聚硫橡胶。聚硫橡胶是一种液态橡胶，具有良好的流变性能，满足固体推进剂所需要的可浇注性能。经过重重考量，研究人员最终确定，研究就从氯酸钾和聚硫橡胶起步。

他们的研究条件很差，只有东山沟一处的几间土房子和房子里的几个土台子，外加一些烧杯试管之类的瓶瓶罐罐。混合原材料时，没有搅拌的机器设备，大家就用玻璃棒进行人工搅拌，甚至把自己的洗脸盆都用上了；没有浇注设备，研究人员就挽起袖子直接用手搓，谁也不顾及化学材料对人体的危害，以及对皮肤的损伤和腐蚀，一天下来，鼻子被熏得不辨香臭，两手被腐蚀得斑斑点点。

而此时的崔国良，正在苏联的实验室里和硝化甘油并肩奋斗，和化学药物带来的头痛、恶心、呕吐做斗争。

东山沟的年轻人们，比崔国良早了三年体会到成功的喜悦。1958年7月的一天，东山沟的礼堂里特别热闹。人们围着一根只有普通钢笔大小的灰色药条，情绪激动。药条被点燃了，耀眼的火焰立刻腾起，映红了一张张喜悦的面孔。因为胶的黏度太大，混合好的药无法浇注，人们只能用手搓成药条，但这根小小的药条则被称为“中国固体燃料第一芯”，因为它点燃了中国航天固体推进剂事业的“希望之光”。

1959年冬天，国防部五院与从事火炸药研究的西安三所建立了协作关系，联合攻关固体推进剂的浇注问题。西安三所是在苏联专家的帮助下建成的，技术力量雄厚，火药研制安全方面经验丰富，是全国独有的火药研究所。研究人员很快就找出了在聚硫橡胶中添加稀释剂的途径，真空浇注工艺试验成功，为制造壳体粘合式药柱打下了基础。1960年12月，研究人员顺利完成了直径65毫米的小型试验发动机装药的浇注，并成功进行了热试车。试验表明，该推进剂燃烧正常，比冲（每千克推进剂产生的冲量，是推进剂的能量指标）为2010牛顿·秒/千克，这标志着固体推进剂的研究取得了初步成果。

1961年1月，国防科委召开了全国性推进剂规划会议，明确了各种推进剂的近期研究方向和任务，制定了以能量为标志的复合固体推进剂三年发展规划，动员全国为实现规划提出的目标同心协力，分工合作。会后，为集中力量进行攻关，国防部五院从事固体推进剂研究的约100人，在李乃暨的带领下，整建制地迁往西安三所，共同推进固体推进剂事业的发展。

正是因为这个变动，1961年9月，崔国良获得技术科学副博士学位回国后，没有去我国固体推进剂事业的摇篮——东山沟，而是直接去了西安三所报到。国防部五院的研究人员大都是部队编制，在西安三所的协作队伍番号为中国人民解放军0687部队，从此，崔国良穿上了军装，成为了一名军人。

初出茅庐的崔国良被分在了三室10组，从事复合固体推进剂配方的研究。为了尽快了解我国推进剂工作的进展，完成从学生到研究人员的转变，崔国良除了吃饭和睡觉，所有的时间都用来学习。在工作中，他积极向老同志学习，遇到不懂的问题便虚心求教，一点儿都没有苏联归国专家的架子；休息时，他喜欢听老师傅们讲述东山沟的历史，为药条点燃的瞬间喜上眉梢，为同事们被腐蚀的双手而心痛。很快，苏联回来的“崔副博士”就融入了这个大集体，在肖淦、李乃暨等专家的领导下，他和其他研究人员通力合作，对聚硫橡胶推进剂的配方、工艺、性能、分析、测试、原材料等技术进行了拓展性探索，技术上也得到了提高。固体推进剂配方组研究合成出燃速催化剂——碱式亚铬酸铜，编号“502”的复合固体推进剂的基础配方也有所突破，聚硫橡胶推进剂已成功装入直径107毫米的小型试验发动机……

然而，0687部队和西安三所的协作时间并不长。因为西安三所位于西安市，又承担着其他繁重的兵器研究任务，不宜进行推进剂装药厂房的扩建。1961年12月26日，国防部五院向国防科委、国防工办报告：建议将固体发动机研制任务从西安三所分离出来，将其一室、二室的全部人员及四室、标准化室的半数人员调出，与0687部队的人员一起，新建一个归属国防部五院的发动机设计研究所。国防科委、国防工办向中央军委请示后，很快批复同意五院的建议，并要求实施。

国防部五院院长钱学森非常关注固体发动机研究所的筹建工作。1962年2月8日，他给所领导路九牧、肖淦、李乃暨的亲笔信中写道：“固体发动机的专业单位到底成立了，是件大喜事。……人员定下来后，最好能在今年一季度完成搭架子工作；即照您们所设想的研究部、设计部等组织起来，立

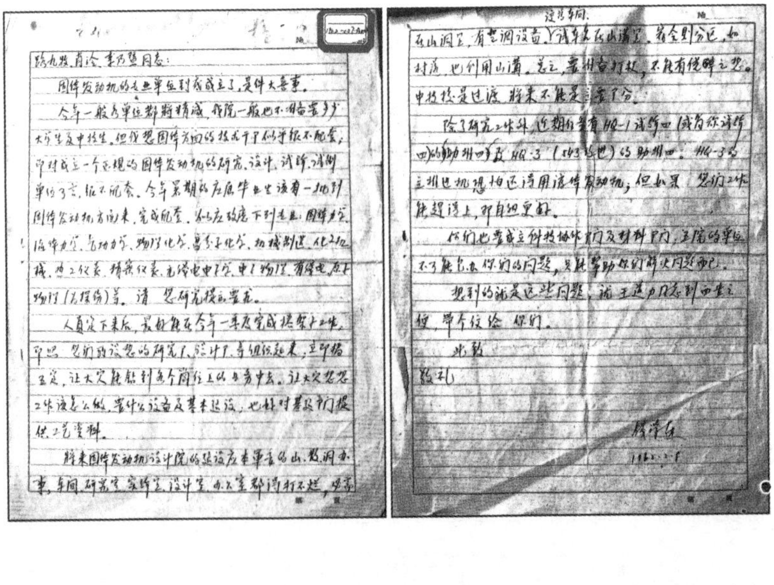

钱学森指导固体发动机研究所组建工作

即搞‘五定’，让大家能钻到各个岗位上的业务中去。让大家想想工作该怎么做，要什么设备及基本建设；也好对基建部门提供工艺资料。将来固体发动机设计院的建设应按照军委的指示办事。…… 你们也要成立科技协作部门及材料部门。……”

在钱学森等院领导的关怀下，我国航天第一个固体发动机研究所的筹备工作有条不紊地进行着：1962年3月20日，0687部队向国防部五院上报了《1962年科研计划》共28项。同年5月，为了论证建所的技术途径，给新基地的工艺设计做准备，0687部队组成了以舒诚为组长的专业发展规划小组，崔国良是小组的一员。在钱学森的指导下，他们到国防科技情报所等单位查阅了大量国外文献资料，进行了多方位调研，比较清晰全面地了解了国外固体火箭发动机技术的发展情况，并在此基础上撰写了固体火箭发动机各个专业发展途径以及对型号发展规划的建议。这是我国固体火箭发动机发展史上第一批重大情报研究成果，这些建议对我国固体火箭发动机的发展产生了重大影响。

1962年7月1日，固体发动机研究所在泸州召开大会，宣布正式成立，番号为中国人民解放军总字750部队。周恩来总理任命薛伟民为政治委员，肖淦为所长。

从此，我国固体火箭事业翻开了新篇章。

2. 锋芒初露

1962年6月，一列军车从西安出发，经宝鸡，翻秦岭，穿越成都平原到达宜宾，再换乘轮船沿长江而下，到达川南重镇 —— 泸州。这正是肖淦大校率领的400余名科技人员和工人组成的中国人民解放军总字750部队，他们就驻扎在泸州东南七八千米外的长江边。站在江边的礁石上，遥望长江和沱江汇合处的汹涌波涛，可以看到点点帆影，这正应了李白的诗句 ——“孤帆远影碧空尽，

泸州旧址

唯见长江天际流”。崔国良的新“家”坐落在长江边的一片桂圆林中，酒香扑鼻的泸州老窖大曲酒厂就在旁边，用张爱萍将军的话说，“北京还找不到这么美丽的地方”。

1962年，我国遭受自然灾害，工作条件很艰苦。新“家”在四川泸州化工专科学校废弃的校园里，空空荡荡、杂草丛生的校园中，几棵小树更显得孤寂。工作场所是一栋三层的教学楼，为数不多的教室被改建成了实验室。实验室不够用，研究人员就在楼梯下、走廊尽头安装仪器设备进行实验。燃速测试房间就是在楼梯下斜拐角处用板子稍加改造成的狭小房间；装药工房则是一个堆放杂物的房间，既没有防爆装置，也没有隔离操作措施。

新成立的研究所几乎没有什么先进设备。从西安三所搬迁过来的关键设备——辗片机，还因为运输能力的不足，丢在了宜宾火车站；从东山沟带到西安、又从西安带到这里的几台“宝贝”，也已经老掉了牙。在这种情况下，同志们只能充分发挥主观能动性，利用现有“设备”开展研究：氧化剂的粉碎，用的是碾玉米面的石碾子；力学性能拉伸试件的制备全是手工面对面操作，合格率只有60%~70%；小批量的试制则是在通风条件很差、无防护措施的条件下，研究人员边流着鼻血边合成的。

然而，就是在这样简陋的条件下，同志们仍然积极开展研究工作，实验室和简易工房经常到深夜还灯火通明。因为大家都知道，1962年5月，钱学森在国防部五院党委常委扩大会议上，传达了聂荣臻元帅“一定要下决心搞固体导弹”的指示；而钱学森关于“世界各国搞洲际导弹均从液体发动机开始，但固体发动机是方向，我国要搞洲际导弹，一定要把大型固体发动机搞出来”的命令，也深深地铭刻在了每个人的心里。

西安三所时期，研究人员正在着力研究编号“502”的聚硫橡胶推进剂的基础配方，崔国良主要负责聚硫橡胶推进剂的燃烧性能的研究。“502”推进剂的制造工艺是先用手工把固体氧化剂和粘合剂混合，制成“面团”，然后在开炼式的混炼机上混炼成片状药，也就是所谓的“辗片”；“辗片”被加入到卧式混合机中，添加稀释剂混合成能流动的药浆，再通过真空浇注、加热固化成型。

随着我国固体推进剂事业的快速发展，发动机直径的增大，辗片工序的缺点日益暴露。如要生产一吨推进剂，必须分一百多批进行“辗片”；要装一锅500立升的药，需要几班人员倒班操作，劳动强度大、生产周期长、质量无法保证。最令人担忧的是，“辗片”工序的危险性特别大，稍有不慎，就会导致燃烧爆炸。此外，“辗片”过程破坏了氧化剂的颗粒尺寸，这也带来了燃速升高和不稳定等问题。

1962年9月，为改善固体推进剂装药的安全性和劳动条件，提高产品的质量和生产效率，在简易的装药工房中，研究人员开始了对取消“辗片”工艺的研究；10月到12月，通过对推进剂药柱的切片、显影及推进剂燃速的检验，终于获得了“辗片”工艺不适用于高氯酸铵复合推进剂的实验结果，为取消“辗片”工艺取得了依据。

然而，取消“辗片”工艺的研究开始不久，750部队在西安845厂的协作队伍就出事了。12月6日，“502”推进剂正在厂里装药，203千克“辗片”被投入到500立升卧式混合机中，研究人员像往常一样往药里添加稀释剂。突然间，爆燃发生了，845厂的陈素梅、韩玉英、王增孝、刘恩科4位同志不幸牺牲，常平西等5位同志重伤，还有4位同志轻伤。这是我国固体推进剂研制史上首次发生的、非常严重的安全事故。事故的直接原因是卧式混合机轴瓦漏药，盘根渗有已固化的硬药，摩擦起火；由于对推进剂危险性的认识不足，防护措施不力，又没有执行严格的定员制度，造成了重大伤亡。

此时，崔国良正在泸州做有关推进剂燃速调节规律的研究，这是一项开创性的基础研究。他研究了高氯酸铵的粒度和粒度分布对推进剂燃速的影响。发现在一般情况下，粒度与燃速呈反比例关系，而且在一定的粒度范围内，这种关系呈线性。在这个基础上，他又研究了催化剂品种与含量对推进剂燃速的影响。发现某些变价金属的氧化物，对燃速有催化作用；而某些碱金属和碱土金属的化合物，对燃速则有抑制作用。同时，他发现燃速催化剂也能导致燃速压强指数发生变化，通过这一途径，甚至可以获得零压强指数（类似双基药的平台效应）和负压强指数的复合推进剂。另外，他还发现催化剂与氧化剂的联合作用具有倍增效应，即二者对于推进剂燃速的共同影响远大于它们各自的影响之和……

就在崔国良沉浸在推进剂的研究之中，探索着与推进剂燃速相关的一个又一个规律时，噩耗传到了泸州。

路九牧政委来到750部队，心情非常沉痛。他告诉大家："就在两天以前，我们在845厂协作的装药生产试验线发生了爆炸，4名同志牺牲，代价惨重。"同志们都惊呆了。虽然在研究固体推进剂的几年中，他们的生活格外艰苦，身体也受到损害，但这些都是可以克服的困难。在自力更生发展我国固体火箭发动机的目标激励下，随着直径65毫米发动机的成功，希望之光被点燃，苦也慢慢变成了甜。可面对如此重大的灾难，他们承受不了，他们难过，他们痛苦，他们自己奉献的只是青春和健康，而同一战壕里的兄弟姐妹们却献出了鲜血和生命！每个人的脸上都挂着悲戚的神情。他们自责，他们愧疚，如果取消"辊片"工艺的难题能够早些突破，如果安全措施能够再完善一些，也许悲剧就不会

原750部队办公楼

发生！

崔国良的心里也在淌血。1961年10月，他就开始研究推进剂的燃烧性能，逐步掌握了高氯酸铵、铝粉及催化剂对固体推进剂燃速影响的规律。事故发生时，这项研究就快要拨开黑暗、见到曙光了啊！

初冬的泸州，天气湿冷湿冷的，薄薄的雾纱弥漫在江面上。俗话说：有雾就有雨。毛毛细雨无声地濡湿了崔国良的头发和脸颊。

崔国良漫步在长江高高的堤坝上，看着脚下那潮起潮落的江水，心里像刀扎一样痛。他在自责，责怪自己没有把一天24小时都用上，没有尽快研究出安全的装药工艺。4条年轻的生命逝去了，他们都是曾经和自己朝夕相处的战友，他们和自己一样，都有父母、爱人和儿女，都有执着的追求、幸福的憧憬，有着美丽的航天梦。此时此刻，崔国良想起了远在北京的妻子和孩子，想起了诸葛亮那首让人痛彻心扉的诗句——“出师未捷身先死，长使英雄泪满襟”。他再也忍不住眼中的泪水，任凭泪水和雨水在他的脸上恣意地流淌。

“嘿唑嘿，我们穿恶浪，一起迎激流；嘿唑嘿，我们爬险滩，齐心又协力……嘿唑嘿。”江中传来的号子声，使崔国良不由联想到在苏联看过的列宾那幅著名油画《伏尔加河的纤夫》。列宾笔下的纤夫是苦难的象征，褴褛的衣衫，疲惫的神情，沉重的劳动和纤夫们不甘心忍受剥削和压迫的愤懑情绪，寄托了作者对劳动人民的深切同情和对剥削者的强烈抗议。而眼前的长江纤夫们，却唱着雄壮激越、豪迈有力的川江号子，迈着坚实有力的步伐，精神抖擞地向前拉着。

望着纤夫们恣肆的身影，听着他们把号子唱成了山歌，在他们隆起的肌肉里，似乎蕴藏着内心的平静，在他们高亢的号子里，明明升腾着生命的希望。纤绳把他们拉在一起，陌生人成了最亲的兄弟；为了一个共同的目标，意志和坚韧凝成了一股力。崔国良豁然开朗，牺牲的战友和不懈奋斗的同志们，都像这长江上的纤夫，慷慨地献出自己，终身与激流搏斗，不进则退，这是航天人永远的、终身的选择。

雨停了，天边现出美丽的彩虹，崔国良迈着坚定的步伐，回到了自己的战斗岗位上。

1963年3月，在对燃速调节规律的研究中，崔国良发现了高氯酸铵粗细粒子的级配，这对推进剂药浆的流变性具有很大的影响，通过选择合适的高氯酸铵粒子级配，可以获得能满足浇注要求的低粘度药浆。他的这项研究，为取消“碾片”工艺、提高装药工艺安全性，提供了有力的技术根据。但他的心中，却在叹惜这个成功来得太迟了。如果，他的研究能够早点儿成功，也许，他的战友们就不会牺牲。可惜，世上的事情从来没有如果。多少年之后，只要和人聊起我国固体推进剂的发展历程，崔国良都会缓缓地、一字一顿地说出这些牺牲的战友的名字，这是他心里的丰碑。

尽管成功来得有些迟，但终归是来了。1963年5月，取消“辗片”工艺的研究获得成功；6月，“502-5B”配方在845厂进行扩大试验，后得到推广使用。“辗片”工艺的取消是我国复合固体推进剂工艺制造史上的第一次重大突破，大大简化了操作，提高了生产效率，降低了风险，为固体推进剂后续安全发展创造了有利条件，成为固体火箭发动机史上的铺路石。

取消“辗片”工艺后，“502-5B”配方顺利通过了直径300毫米发动机的装药，取得了地面热试车的成功。在当时的认知水平和技术条件下，“成功”两个字真的是得来不易。聚硫推进剂和其浇注工艺虽然在实验室里取得了成功，但是要和发动机结合起来却是难关重重：实验室里是小剂量试验，而直径300毫米发动机虽然很小，装药量却不小，研究人员第一个要解决的就是配方的精细化问题。崔国良和他的同事们先后对配方进行了6次重大改进，每次都要做大量的单项试验和综合试验，至少要测试分析300个性能数据，最后，终于将聚硫橡胶推进剂的性能稳定下来。

虽然装有“502－5B”配方的直径300毫米发动机地面热试车成功，研究人员却没有机会松口气。前进的道路并不平坦，新的问题层出不穷，凶猛的拦路虎随即出现——药柱表面出现了裂纹，有的地方甚至出现深深的裂缝。

要说清什么是药柱裂纹，必须从药柱的制作过程说起。

推进剂药柱的制作过程非常复杂。第一步是准备原材料，一种推进剂的配方里有十几种组分，搭配在一起才能满足推进剂所需的性能要求。原材料的准备从制备开始，制备完成的原材料，如金属粉料、氧化剂的粉料、炸药的粉料等，要经过过筛、烘干，以及其他工艺处理后才能使用。

20世纪60年代，研究人员在极其艰苦的条件下研制固体推进剂

原材料准备好之后，就要进行第二步——称量。不同功能基团的物料按照一定的配比混在一起，才能实现推进剂的性能。人们看到的是固体推进剂火箭飞出去的华丽曲线，但真正基础性的、也是最重要的工作，却是推进剂配方的设计，这项工作甚至需要几代人的努力。

第三步是混料。即将制备完成的十几种原材料，按照一定的工艺过程，一种一种混在一起。这些材料要靠粘合剂，也就是研究人员在资料的海洋里淘到的名词——聚硫橡胶混在一起。形象地说，聚硫橡胶就好比芝麻酱，混料就好比往芝麻酱里加盐加糖，最终得到软的、稀的、和水泥一样的药浆，再把药浆浇注到已经准备好的发动机壳体里。发动机里壳体内壁已经涂了绝热层和包覆层，药浆在超真空的情况下，通过重力作用、超真空负压作用等流入壳体，同时除掉药浆里的空气，才能得到致密、无气孔的混料。

浇注完成后，发动机就可以运到烘房里去进行第四步的工作——固化。固化是指将装好药的发动机，在温度恒定的烘箱里烘5 ~ 7天，考虑到热应力等因素的影响，不同的配方所需温度不一样。然后把中心的星形模具拔掉，推进剂就和发动机粘在一起了，再经过必要的整形，燃烧室就完成了。

药柱裂纹就是在固化、拔芯的过程中产生的。药柱在固化过程中、固化后的冷却过程中以及拔芯过程中都受到力的作用，如果推进剂的力学性能不好，或者冷热收缩比较大，就很可能产生裂纹。再者，固体推进剂有专门的药形设计这么一门学问，药柱的形状必须符合弹道燃烧过程的要求。有时候，药的形状设计得曲里拐弯，拔芯的时候药柱里面的弯角受到力的作用，也有可能产生裂纹。

固体推进剂的燃烧速度和燃烧面积是经过精密计算的。药柱有了裂缝，火焰就会顺着裂缝燃烧，这样就造成燃烧面积增大，燃烧速度也不再规律，发动机内部压力过大，极易产生爆燃。这只拦路虎很凶猛，但崔国良就像打虎的武松，这点儿困难可难不倒他。

1963年秋天，固体发动机研究所召开首次技术会议，指出提高“502－5B”配方的力学性能，即提高推进剂延伸率，是解决药柱裂纹的基本途径。此时，已担任推进剂研究室副主任的崔国良，为改进固体复合推进剂配方的力学性能，做了大量的研究工作。经过深入分析，他认识到，药柱在发动机中要经受特殊的加载作用，这使得对其力学性能的要求不仅需要满足一定的强度，而且要满足一定的延伸率。

1964年3月，聚硫橡胶推进剂的延伸率提高到20%以上，直径300毫米发动机药柱的裂纹问题得到初步解决，新的配方被定为“502－5C”，这是我国复合固体推进剂第一个较为成熟的配方，后来改名为“401－1”配方。

可是，“401－1”配方并没有消灭不稳定燃烧这头更加凶猛的拦路虎。

3.“五弟平安”

1962年7月1日固体发动机研究所成立后，700余名研究人员在845厂的协作下，展开了固体火箭发动机的整机研制工作。

最初，研究人员想着要早点为国家做出实质性的贡献，一步到位，研制出实用型发动机，但在实际工作中屡受挫折。直到1964年4月，在固体发动机研究所改制为国防部五院四分院后的规划会上，大家通过总结经验教训，认识到我国的固体火箭技术还处于探索阶段，不宜立刻开展实用型发动机研制，而应通过试验发动机的研制，掌握研制技术、摸索研究规律、总结研制程序、积累研制经验，从而为实用型发动机的研制奠定坚实的基础。此时，300毫米试验发动机已经研制了近两年，本着“摸着石头过河”“先求能用、而后提高”的指导思想，会议决定，把直径300毫米发动机的研制进行到底，走完一个研制全过程（包括飞行试验），以充分暴露其在各种使用条件下可能出现的问题。

首台直径300毫米试验发动机是在1962年秋顺利完成装药的。此时，在845厂建设的试车台尚未完工，研究人员就靠肩扛车拉，硬是把150千克重的发动机运到了五千米外的一个山谷里，把发动机的头部顶在山崖上进行试车，竟然获得了成功。在之后的两年研制过程中，发生了让所有人刻骨铭心的大事故，也遭遇了取消“辗片”工艺、克服药柱裂纹等棘手的技术问题，研究人员殚精竭虑，兵来将挡、水来土掩，老问题被一一解决，新问题却随之出现。

1964年年初，直径107毫米和300毫米发动机在试车过程中所测得的压强曲线和推力曲线呈现出不规则抖动，这种现象被研究人员称为“不稳定燃烧”，危害较大：发动机可能产生剧烈的机械振动、旋转，燃烧室壳体被烧坏甚至爆炸。

为了搞清不稳定燃烧出现的原因，研究人员设计出一种“T”型燃烧室，即燃烧室的形状如字母T，“T”字的两端连接着大量的传感器。研究人员利用“T”型燃烧室做的大量试验，发现不稳定燃烧问题的出现，是由于燃烧室受到扰动，产生了一定振型的频率和声波，当扰动产生的压强振荡频率同燃烧室声场的固有频率一致时，燃烧室的燃气就会产生很大振幅的压强振荡。由此，结论已经浮出水面：这两种发动机的不稳定燃烧是由于燃气高频振荡引起的。

基于这个原因，1964年11月，四分院副院长杨南生召开专门会议进行研究部署，提出了通过多方案探讨抑制振荡燃烧的技术途径。

第一个方案是通过改变药型结构研究对不稳定燃烧的影响。与崔国良一同留苏、同在门捷列夫化工学院、同样学习固体推进剂专业的阮崇智，此时正在845厂协作工作，他和另一位同志尹创新一起，开展了各种药型结构方案的试验，做了六角、八角、十角、十一角等多种药型，进行了200余台直径108毫米和23发300毫米发动机的试验研究和分析，认为单纯改变药柱的形状，难以完全消除不稳定燃烧的问题。

第二个方案由邢球痕和张庆泰负责，他们在星形药柱的各星角腔内添加一个金属片作为消振器，从而有效抑制了振荡燃烧，并得出了这两种发动机产生的不稳定燃烧属于切向不稳定，这是一个认识的飞跃。

1965年5月，装有金属消振器的“GF-01”正样发动机首次在845厂进行常温地面热试车并取得成功，内弹道曲线平稳，标志着我国固体发动机事业取得了阶段性成果。之后，直径300毫米发动机又相继进行了多次试车，以及贮存、冲击、振动、运输等多方面的试验，全部成功。7月至8月，直径300毫米发动机在酒泉基地进行了6次飞行试验考核，无一失败，证明了该发动机结构可靠、工作正常、重现性良好。至此，直径300毫米发动机的研制走完了全过程。虽然直径300毫米发动机综合指标质量比（发动机装药量与总质量之比）很低，而且不具备推力向量控制能力，还不是实用型，但是其研制成功，成为了我国固体发动机技术发展史上的一座里程碑，标志着我国已经具备研制固体复合推进剂火箭发动机的基本能力。

加消振器的方案，虽然有效抑制了振荡燃烧，却大大增加了发动机的消极质量，对发动机性能尤其是质量比影响很大。此外，为了防止金属片被高温烧化，还要在它的表面做涂覆绝热层等处理，工序复杂，这个“头生子”实用意义不大。

研究人员个个摩拳擦掌，都想彻底解决不稳定燃烧的问题。最终拔得头筹的是崔国良，他提出了解决不稳定燃烧的第三个方案，也是最有效、最理想的方案：改进推进剂配方，在其中添加铝粉。

后来的实践证明，小铝粉发挥了大作用。崔国良提出的这个方案，是个一箭双雕的好方案：添加了铝粉的推进剂配方不仅能阻止燃气的切向振荡，又提高了推进剂的能量。但是，能不能在聚硫橡胶推进剂里添加铝粉，在业界引起了很大的争议，这就是我国固体推进剂发展史上著名的“铝水之争”。一部分专家从理论的角度出发，坚持推进剂里不能添加铝粉，而崔国良通过具体的试验证实，添加铝粉是解决不稳定燃烧的根本途径。

早在1963年，崔国良就已经带领顾星若、徐桂林等同志，对在聚硫橡胶推进剂里添加铝粉进行了探索试验工作。他们的目的是寻找提高固体推进剂能量的途径，而将轻金属粉加入推进剂中已经被证明可以提高推进剂热值，是提高其能量水平的途径之一。研究人员在国外的资料中发现有在丁羧推进剂中添加铝粉的记载，开展含铝推进剂研究的初衷也是为配合丁羧推进剂的研制。但是，我国对丁羧胶的了解尚处于探索阶段，没有原材料供应，只能先在聚硫橡胶推进剂里添加铝粉进行试验。谁也没想到，最后竟歪打正着，解决了聚硫橡胶推进剂不稳定燃烧的问题。

当然，这件事说起来容易，做起来却不简单。首先是原材料没有着落。崔国良亲力亲为，数九寒天，奔波在零下几十度的大东北，忽而抚顺，忽而哈尔滨，终于找到了一种铝粉，但却是管道防锈用的片状铝粉，不太适用。后来，几经周折，他才找到了颗粒状的铝粉。

原材料运到泸州，研究才真正开始进行。崔国良带领他的研究团队，花费了3年时间，从搞清楚危险性有多大、怎样加入、铝粉规格及加多少等基础问题起步，开展了大量的探索试验工作，终于取得了在聚硫橡胶推进剂中加入铝粉的初步研究成果。由于没有混合机，研究人员只能通过手工做小药柱来获得数据。关于小药柱的制作，有句话叫“大学生出主意，中专生来操作”，指的是配方的研究、配比等技术工作，由有学问的大学生来完成；具体的、有一定危险性的试制工作，则由中专生来具体操作。但此话对崔国良却是个例外。

冬天的泸州，没有任何取暖设备，为了安全，实验室里不能有明火，冷得像冰窖一样。

夏天的泸州，骄阳似火，天上没有一丝云彩，太阳把地面烤得滚烫滚烫，一股股热浪从地上卷起，火烧火燎地使人感到窒息。整个世界刺眼的亮，令人口焦舌干，头昏眼花。此时密封的实验室，就像个烧透的砖窑，处在这“砖窑”

中的人似乎也成了烧烫的火砖，任你用凉水浇下去，总浇不灭这团火，刚浇下去的凉水立即就化成汗珠，蒸发掉了。

就在这里，崔国良和中专生徐桂林一起，戴着面罩，胸前绑着一块有机玻璃，将铝粉加入推进剂中，用铜勺子在蒸发皿里像揉面一样使劲地揉。汗水像泉水一样，从他们的每一个毛孔里不停地涌出来，然后汇聚成溪水，濡湿他们的衣衫，顺着他们的皮肤流下来，最终流到他们的脚下，随即又被干涸的地面吸了进去，没有留下丝毫的印记。

用手混药不仅吃力，而且危险，尤其是在炎热的夏天。空气又热又闷，划根火柴就能点着了似的。双手被火药腐蚀得皮开肉烂，碰一下都钻心地痛。同事们都心疼地劝崔国良不要亲力亲为，只要在旁边指导一下就可以了。崔国良则风趣地用毛主席的话来为自己“撑腰”：你想知道梨子的滋味，就要亲口尝一尝。

为了知道“梨子”的滋味，为了得到添加铝粉对推进剂力学性能、比冲、燃速等影响的第一手数据，崔国良和徐桂林仍然坚持每天手混10余锅药，铜勺混断了好几把，大拇指上的血泡总是“一波未平一波又起”，手上从来都没有完整的时候。血肉模糊的双手换来了珍贵的数据，与此同时，他们发现，加入铝粉，竟然起到了抑制聚硫橡胶推进剂不稳定燃烧的作用。

这个歪打正着，让崔国良他们欣喜万分。崔国良是个严谨认真的人，他并没有被成功冲昏头脑，为了确保结果的正确性，他们又做了大量的试验证明了这一点，才将研究结果写成报告递给了室主任。没想到的是，这个方案遭到了一部分专家的激烈反对。

美国一篇报告认为，聚硫橡胶体系的推进剂是不能添加铝粉的，否则，聚硫橡胶固化时放出的水和铝粉会发生反应，铝水反应就会产生氢气，氢气会导致药柱的多孔性。有了气孔，药柱就像面包一样，掰开可以看见一个又一个的洞，推进剂的致密性、燃面、燃速等各方面的性能都会受到严重影响。而将铝粉添加到聚硫橡胶推进剂中抑制不稳定燃烧的说法，在国外资料里更是从未见过。从这个角度来说，部分专家的反对不无道理。

然而，崔国良和他的团队已经在铝粉单项研究工作中进行了百余次试验，均没有发生专家所担忧的气孔现象。是轻信外国人的一篇文章，还是相信我们自己的试验结果，研究人员分成了两个阵营，争论很是激烈。

事实胜于雄辩。为了证实自己的试验结果，崔国良当众进行了试验：他们把铝粉加入水中，没有发生铝水反应，没有产生出想象中的氢气；把铝粉置于不同的温度条件下，仍然没有反应，掺了铝粉的药柱结实紧密，就像烙的死面饼，掰开后没有看到一点气泡和窟窿。但是，当铝粉长期浸泡在水中时，的确发生了铝水反应。

反对的人进一步质疑：现在没有反应，不代表以后没有反应；肉眼确实看不见气泡，不代表里面就一定没有气泡。

崔国良明白，对方的质疑是有道理的，出发点都是为了祖国的航天事业。任何一点疏忽和不完美都将产生难以想象的后果。巨大的心理压力使崔国良寝食不安，平日总是带着笑容的脸上透着严肃，轻捷的脚步也变得沉重起来。他一遍遍地梳理着所有的试验过程，一遍遍地反省自己是不是急功近利，创新的脚步是不是走得太快。

巴尔扎克说过一句话："一切使事物的趋于完善，都来自适当的改革。"是的，如今崔国良成了改革家，提出了和外国专家截然相反的结论，这是要担很大风险的。这个风险对个人来说微不足道，但对航天事业来说却是大事。崔国良和同事之间只是善意的辩论，是改革与保守、破除与完善、挑战权威与遵循理论之间的辩论。就是这场辩论，使崔国良承受了巨大的压力。

这个压力是来自内心的。崔国良并不怀疑自己的试验结果，他怀疑的是自己会不会在权威面前低下头，敢不敢把真理坚持下去。"世界上怕就怕'认真'二字，共产党就最讲认真。"崔国良要用更严谨、更科学的方法来解决所有出现的问题，坚持实践是检验真理的唯一标准，在别人提出质疑之前先质疑自己。

崔国良又带领他的团队投入到大量的、艰苦的试验中去。加了铝粉的聚硫橡胶推进剂通过了一系列性能测试，没有问题；用偏光显微镜观察药柱，没有气泡；长期放置的药柱再次进行测试，一切正常。崔国良认为，国外的说法有其道理，但我国生产的铝粉粒度比较粗、纯度比较差，不能简单套用国外的研究结果；再者，我国的聚硫橡胶分子量比较高，国外的聚硫橡胶分子量比较低，分子量比较低的聚硫橡胶和铝粉发生反应，生成的水比较多，反之则水比较少。理论的支持，加上试验的佐证，使崔国良坚信，我国的聚硫橡胶体系推进剂可以添加铝粉，铝粉不仅可以抑制不稳定燃烧，还能提高推进剂的能量。

大量的试验证明，崔国良的发现是有科学依据的、大胆的、有创新的，并且具有很大的挑战性和可行性，但科学的道路不是一帆风顺的。

虽然试验结果一次次地证明了加铝粉的可行性，但双方的争论并没有尘埃落定。由于双方都坚持自己的观点，争论就这样陷入了僵局。熟悉崔国良的人，都知道他是一个与世无争、秉性善良、性情随和的人。他尊敬师长，体恤下属，从来不为自己的一己之私去争长短，也不会为一些鸡毛蒜皮的小事和同事们争得面红耳赤。表面上，他是一个善于“和稀泥”的老好人，但实际上，他是一个不畏权贵、不迷信外国人，有着铮铮硬骨、顶天立地的燕赵好汉。

崔国良认为，实践是检验真理的标准。前方的路虽说艰难，但是自己选择的。自己既然选择了这条路，就要一条道走到“黑”，只有充分发挥自己的智慧和力量，才能看到希望的曙光，为了这一切，付出多少都是值得的。他坚信，总有一条路，是暂时看不见的，但只要一转身，便能找到；在每个人的心里，都有一堵墙，只要奋力推开，就能见到灿烂的阳光。为了这一天，崔国良更是把实验室当成了自己的家。

“铝水之争”僵持了一年多，直到我国推进剂史上最著名的“一一五”会议召开，钱学森对添加铝粉的肯定，才一锤定音。

1965年1月15日至25日，钱学森亲自参加了国防部五院四分院第二次技术工作会议，这是我国第一代航天人在苏联背信弃义、撕毁条约并撤走全部专家的情况下，靠中国人强烈的爱国心和聪明勤奋，在自己建造的中国固体火箭发动机研制基地，取得的一批固体发动机单项技术研究成果即将转入发动机型号研制情况下召开的会议。

钱学森对四分院取得的成绩给予了高度的肯定。他说：“我国固体发动机所取得的成绩，完全是靠自力更生得来的，没有外国援助，没有经过仿制阶段……这是一个伟大的成绩，值得中华民族自豪。”会议的主要任务是讨论解决不稳定燃烧问题的技术途径。钱学森自始至终认真地听取了各位科技工作者的成果报

1965年1月24日，国防部第五研究院四分院第二次技术工作会议全体人员合影（第三排左九为钱学森，第四排左八为崔国良）

告，并做了发言，他说："听了在自制的聚硫橡胶推进剂中加入铝粉的研制报告，我很感兴趣。开始时，课题组冒着生命危险，在碾钵中，捏合铝化高能推进剂。研究了铝粉的含量、尺寸、形状、表面状态等对推进剂的比冲和对抑制不稳定燃烧的影响，特别是打破了外国人认为在聚硫橡胶推进剂中添加铝粉后，会发生铝水反应，而不能添加铝粉的说法。这个基础研究搞得很好，这就叫自力更生，走中国人自己的路。"

钱学森为航天固体火箭发动机事业有了新的进展而高兴和骄傲。同时，他不忘勉励四分院的同志们，为早日强大祖国的国防事业，为我国在世界上成为真正的强国，大踏步地向科学进军，而准备付出更艰辛的努力。

坐在台下的崔国良被钱学森的激情所感染。钱学森的讲话，也给了崔国良和他的团队极大的鼓励。这次会议是我国固体推进剂发展的重要转折点，也是崔国良职业生涯中重要的转折点，他牢牢记住了钱学森的嘱托，要自力更生，走中国人自己的路。

1965年1月22日，一个特别的日子。国防部五院四分院第二次技术工作会议还在进行，由国防部五院改制而来的第七机械工业部公布了部属各单位的名称和代号，国防部五院四分院改称为第七机械工业部第四研究院（简称七机部四院）。崔国良和他的同事们都脱下了军装，他们的工资下调了不少，粮食定量也有所下降，但大家均以大局为重，不计较个人得失，献身航天事业的决心没有动摇。七机部四院上上下下只有一个信念：把工作做好。

1965年2月，四院开始调整组织机构。3月10日，以750部队的推进剂研究室为主，组建了推进剂研究所，代号42所，李乃暨任所长，王世荣和推进剂研究室主任刘国雄任副所长。42所下设配方研究室、原材料使用性能研究室、推进剂性能研究室、理化检验室等四个研究室，崔国良任配方研究室主任。就这样，我国第一个复合固体推进剂研究所在泸州成立了。

代号为“502－5D”的含铝推进剂配方，是42所成立后的第一个攻坚战，具体工作由配方研究室承担。崔国良对配方的研制方案做了周密的安排，由于前期各方面单项研究基础工作已经做得非常扎实，“5D”配方采用了综合－单项－综合的研制方法，在发动机研究所同志们的大力协同下，首先突破了燃烧性能关，通过了“T”形燃烧室的试验，证实了在聚硫橡胶体系的推进剂中加入5%300目以下粒度的铝粉，抑制不稳定燃烧的可行性。之后，崔国良带领研究人员在加入轻质碳酸钙降低燃速、固化剂过氧化铅的质量及硫化温度对推进剂性能的影响方面，开展了大量的研究。经过“大战100天”几乎日日夜夜的苦战，1965年6月，基本完成了“5D”配方的初样。

趁热打铁。7月初，崔国良率领姚家谱和徐桂林，肩负着所领导及42所全所同志的重托，赶赴西安845厂进行“5D”配方的扩大试验。

7月的秦川，小麦被收进了仓房，玉米露出了淡红的细缨，桃林坠满果实，西瓜红瓤黑子，各种蔬菜蓬勃生长，这是生命力最旺盛的季节，也是由春华向秋实转变的过程，丰收的果实似乎就在眼前。然而，崔国良的心里沉甸甸的。

就在三年前一个普通的冬日，就在西安的845厂，500立升卧式混合机爆燃，4位同志献出了年轻的生命。我国固体火箭推进剂配方第一次铩羽就是在845厂，再去845厂试验新的配方，如果失败将意味着什么？每个人都心知肚明。

崔国良深深地感到自己身上的担子有千斤重，但他一贯的科学精神告诉他，只要尊重科学规律，合理安排扩大试验方案，“5D”配方一定会成功，也必须成功。当崔国良一行三人到达845厂时，朱华明、阮崇智等相识多年的老同志、老朋友已经在等他们了。崔国良顾不得和他们寒暄，直入主题，经多次沟通交流，共同商量决定了扩大试验的方案。

没有任何的特殊待遇，崔国良和所有参加试验的同志们同吃同住同劳动。每一次500立升卧式混合机混药，他都在现场监督；多发直径300毫米发动机在高、低温条件下试车，他都在第一线指挥。8月27日，采用“5D”配方装药的首次地面热试车获得技术成功；8月30日，第二台发动机试车，“压力－时间曲线平稳！”“发动机工作正常！”……“5D”配方扩大试验成功了！

成功的喜悦，在崔国良和每一个参加试验的同志们心里充溢；热泪，已经不受控制，在崔国良脸上肆无忌惮地流淌，这是一种无法言说的幸福。可以告慰已经逝去的战友们了，此刻他多么希望时光倒流，他们还活着，和他一起流泪、一起欢笑、一同品尝和享受成功的辉煌。

他要把这个喜讯尽快汇报给在泸州的所领导、带他走上航天之路的李乃暨所长，还有所有为“5D”配方呕心沥血、对其成功望眼欲穿的同志们！写信，不行，太慢；打电话，万一被窃听呢，不安全；打电报吧，是不是需要设个密码？崔国良和徐桂林在邮局里合计着，最终在纸上写了四个字“五弟平安”。对，就是这再简单不过的四个字，像一封温馨的家书般的电报，宣告了我国第一个实用型固体复合推进剂配方研制成功！这一配方不仅彻底清除了不稳定燃烧这个前进路上的拦路虎，而且开辟了我国固体复合推进剂研究的新途径。从此以后，我国固体复合推进剂系列的所有配方，都采用铝粉作为主要组分之一。在这一配方基础上研究成功的一系列聚硫橡胶推进剂后续配方，被用于多种型号固体火箭发动机，满足了不同需求。

后来，“5D”配方更名为“401-2”配方。1966年4月，“401-2”配方通过技术鉴定，性能完全满足发动机的设计要求。1966年年初，装有“401-2”配方推进剂的GF-01A发动机飞行试验成功，1966年9月通过技术鉴定，被批准设计定型。

此刻，崔国良已在固体推进剂的探索路上，走得更远了。

4.春临三线

“五弟平安”的电报发出去没几天，崔国良就收到了来自“家里”的信。李乃暨所长在信里传达了一个让他意想不到的命令：42所整体从泸州搬迁到内蒙古呼和浩特市郊的南地村，你们结束试验后，不要再回泸州了，直接去内蒙古基地报到！

离开泸州时，崔国良、姚家谱、徐桂林三人都以为这只是一趟普通的出差，只带了洗漱用品和两件像样的衣服就出发了，谁曾想，不过两三个月就风云变幻，整个42所就都搬离山清水秀的南国江城泸州，奔赴风吹草低见牛羊的内蒙古了。

崔国良他们并不知道，这次搬迁其实已经筹备了很久。一方面，是因为泸州气候过于潮湿，固体推进剂原材料的保存和装药都非常困难；另一方面，这个选择是对毛主席关于“三线建设”战略构想的重要实践。

三线建设，最早出自1956年毛主席《论十大关系》一文中关于“三线建设”的论述。在文章中，毛主席把全国划分为前线、中间地带和后方三类地区，分别称为一线、二线、三线，其中划定的三线地区为乌鞘岭以东、京广线以西、雁门关以南、韶关以北广大地区。在“要准备打仗”的特定形势下，三线是较为理想的战略后方。20世纪60年代，面对阴云密布的国际形势，毛主席发出了“备战、备荒、为人民”的响亮口号，做出了加快三线建设的紧急指示。三线建设的目的，就是万一一线、二线地区的重要工业设施、军事设施以及国防科研生产单位被敌方摧毁，地处我国腹地的三线依然能够作为战略备份，不影响国家的综合实力。毛主席说“三线建设不好，我睡不好觉”，于是，“骑着毛驴也要上三线”成了最具鼓动性的话语。作为国防力量重要组成部分的国防部五院，也积极开展了第二基地建设。1964年9月，当崔国良等技术人员埋头钻研解决“401-1”配方不稳定燃烧的难题时，四分院副院长亓子宜则率领踏勘小组奔赴三线选址，根据“靠山、分散、隐蔽、进洞”的方针，他为42所选定了内蒙古呼和浩特市郊的南地村。

“毛主席的战士最听党的话，哪里艰苦哪安家。祖国要我守边卡，打起背包就出发。”这首在三线建设时期最流行的歌曲，激励了无数有理想和有激情的年轻人。此时，崔国良接到李乃暨所长要他们三人“直接去内蒙古基地报到”的命令，没有丝毫犹豫。不过，因为出差时没带多少东西，他们连“背包”都不用打“就出发”了。

姚家谱和徐桂林都是单身的小青年，宿舍里没有多少东西。崔国良虽然结了婚，但是妻子并没有跟去泸州生活，他的单身宿舍里东西也不多。细心周到的李乃暨所长安排所里的年轻人去帮忙收拾打包，将他们的东西直接运到了内蒙古。由于物资匮乏，三个人都没什么值钱的东西，只有崔国良有一台从苏联带回来的可以播放唱片的大收音机，他视作珍宝，因为这是苏联导师送给他的珍贵礼物。这礼物在从泸州到内蒙古的路上被磕了几下，碰掉了几块漆皮，这可把崔国良心疼坏了。

在从西安到内蒙古的路上，崔国良到北京匆匆探望了已经快三岁却不肯叫他爸爸的儿子，心里满是内疚和不舍，转身又踏上了去呼和浩特的火车。

火车摇摇晃晃地到了呼和浩特，崔国良他们又按照李乃暨所长写的地址，赶去30千米外的南地村。

和所有初次到达内蒙古基地的同志一样，崔国良被眼前的景象惊呆了：“天苍苍，野茫茫”的“敕勒川”呢？“风吹草低见牛羊”的景象也无处可见。这里都是寸草不生的荒地，根本没有牛羊的影子。这时的内蒙古基地，只是一片黄沙中点缀着几处空壳厂房，几栋集体宿舍楼，一个席棚搭的临时食堂四面透风。不过是10月，这里的气温已经达到零下10度，刚打的饭菜还没吃就已经凉透了，职工们没有地方吃饭，只能就地蹲着吃；一天三餐多半是玉米面窝窝头加土豆和圆白菜，还有“一天二两土”的标配，“今天没吃上，明天帮你补”，咀嚼时都能感到飘落在菜里的细碎沙粒摩擦着牙齿。8个人挤在一个房间里住的单身汉们是幸运的，因为带家眷的职工只能散住在距基地20多里外五路村的老乡家里，在天寒地冻、滴水成冰的日子里，他们要坐大卡车上下班，每天5点钟就要起床提

初到内蒙古，食堂尚未建好，吃饭的条件十分艰苦

前站在路边等，因为村子离公路边还有二三里的路程，如果没赶上车，就只能顶着刺骨的寒风和黄沙，步行20多里地去上班……

内蒙古的生活很艰苦，但是没有人叫苦，人人的眉眼里都是坚韧，基地里看不到一丝沮丧情绪。生活上、工作上的种种困难，并没有难倒这批刚脱下军装的航天人，他们初到内蒙古，就已经以饱满的精力，在这塞北荒原上投入了新的战斗。

崔国良迅速加入到这支充满了朝气的战斗队伍。先来“踩点儿”的刘裕乃告诉崔国良，他刚到南地村的时候，“42所所址尚未选定，上无片瓦，下无寸土，只有389厂借给我们的两栋平房和一栋厂房，以及两家合用的两层理化性能实验楼。厂房仅仅是个空架子，墙壁、地面、水电安装都没有施工……”

“没关系，我们都去给施工队当学徒、打小工！”崔国良这么说，也是这么做的。

实际上，42所的所有人，上至所长，下至刚分来的大学生，这些大部分戴眼镜的白面书生都放下背包、挽起袖子，准备大干一场！运沙子、水泥，挖埋管道的深沟，工房改造在他们的协助下提前完成；上下水没有完工，厂区和生活区的厕所都不能用，研究人员就自己动手，在厂区和生活区挖简易厕所，用

木料打四个柱子，再用草席将四周围住，虽然简陋，但解了燃眉之急；仪器设备运到了，除大型设备外，全靠瘦弱的科技人员用手抬、用肩扛，手被划破了、肩被磨肿了、脚被砸伤了，仍忍着疼痛接着干，没有一个人后退。转眼就到了11月底，42所内蒙古基地已经初具雏形，各室抓紧安装、调试设备，为进行生产准备忙得热火朝天。

漫长的冬季到了，大雪也不甘寂寞，就像边塞诗人岑参写的那样“忽如一夜春风来，千树万树梨花开”，一夜之间染白了南地村。气温下降到了零下20度，但厂区的暖气管道还没有建好。为了不让设备受到损害，42所全员出动，分工承包包扎暖气管道。包暖气管道的主要材料是石棉和石棉布，管道主要都在地沟里，崔国良就和同事们蹲在地沟里，把大捆的石棉撕成一片一片的，按照厚度要求包在暖气管上，再用撕成条状的石棉布将它们紧紧包扎好，最后用铁丝扎紧。石棉纤维又细又脆，撕片和包扎时，细小的纤维随风飞扬，虽然他们穿着工作服，戴着手套、口罩和帽子，捆扎着袖口和裤脚，用毛巾围着脖子，石棉纤维还是无孔不入。也许是工作得太投入了，直到下班回到家里，他才发觉全身又痒又痛，夜里难以入眠。他的同事们也都一样，但大家毫无怨言，第二天又按时投入艰苦的工作。

42所几百号人一条心，盼着赶紧完成厂区的改建，立刻投入新配方的研制工作。人心齐，泰山移！一个又一个暂时性的障碍都成了这帮白面书生的手下败将。不！他们的脸早就被高原强烈的阳光晒黑了，由于风沙的洗礼，皮肤也变得粗糙了，最重要的是，经过这些挑战，他们的心灵变得更加强韧了，我们不该再称这些航天事业的开拓者为“白面书生”了！

1966年春天来临之际，42所的体制框架搭建好了，科研生产等各项工作有条不紊地逐渐展开，荒漠里的基地呈现出一派生机蓬勃的景象，新的战斗打响了！

在“401-2”配方研制的同时，崔国良就安排

2001年，崔国良重返曾经工作了20年的内蒙古

了配方组的另一部分同志，先行开展“401－3”配方的预研工作。这是他的习惯：工作一定要做在前头。如果不是他提前开展加铝粉的工作，不稳定燃烧的难题还不知道什么时候才能被攻克呢！这一次，也是一样。为了适应大型发动机的装药，“401－3”配方将聚硫橡胶体系的固化剂由过氧化铅变为苯醌二肟，同时降低了燃速。1966年年初，尽管由于搬迁，研究工作停滞了一段时间，但在389厂的大力协同下，直径300毫米发动机的装药任务还是按时完成了，并成功进行了热试车。

1966年5月，“401－3”配方继续下厂进行扩大试验，利用一台直径654毫米发动机进行装药。与直径300毫米发动机相比，直径654毫米发动机最突出的特点就是“大”，因此，突破“大型装药”的难关，又摆在了崔国良他们面前。

直径654毫米发动机在内蒙古抢建起来的生产线上完成装药并取得了成功。可是脱模后17天，技术人员发现，药柱的全部星槽都发生了裂纹，配方研制组的同志们都惊呆了，他们将这一问题汇报给了室主任崔国良。崔国良提出，对有裂纹的药柱进行灌浆处理，不要影响试验安排。经过处理的发动机进行了点火试验，工作正常。研制组的同志们松了一口气，但崔国良却没有丝毫松懈，他清楚地知道，灌浆只是一种有效的补救方法，但不是解决裂纹问题的根本方法。崔国良告诫大家，要认识到问题的严重性，不要被暂时的成功蒙蔽了双眼，应继续查找原因，彻底解决问题。

七机部四院负责技术工作的杨南生副院长在南地一线，亲自主持了654毫米发动机药柱裂纹的专题技术会议。会议分析了“401－3”配方及装药工艺、药形设计等因素，并首次提出，用粘弹力学理论分析药柱产生裂纹的内在原因，认识到裂纹是由于推进剂慢速变形下的延伸率偏低，适应不了固化过程中降温时所产生的较大热应力所致。这一分析，进一步提高了我国对固体复合推进剂力学特性中粘弹特性的认识，确立了高温慢速拉伸延伸率这一重要的力学性能指标，只要这项指标达到应有的水平，药柱就不会产生裂纹。崔国良的“把工作做在前头”的习惯，又一次帮助了他。他的研究已经证明，这一特性是由粘合剂体系属于粘弹物质而决定的，在这样的体系中加入适当品种和含量的固化剂和交联剂，以改变体系的高分子网络结构，就可以改善推进剂的力学性能，使它具有适当的延伸率，即可满足浇注制造大型的、高装填分数（药柱体积所占发动机壳体容积的百分数）的装药要求。此外，还可以将体系的交联密度提高到一定的程度，从而满足对装药受大过载的机械性能要求。运用这一成果，彻底攻克了药柱裂纹这个固体发动机向大型化发展的技术难关。

由于时间紧迫，这次会议采纳了该配方课题组提出的将“401－3”配方的固化剂仍用过氧化铅，以此提高推进剂高温慢速下的延伸率方案。在崔国良的指导下，课题组的同志们努力探索，研制出工艺性能良好、高温延伸率达30%~40%的“401－3A、401－3B”配方。1966年9月，经改进的“401－3A”配方成功完成了直径770毫米试验型发动机的装药，药柱完整性好，试车获得成功。在此基础上，直径1400毫米试验型发动机的装药也顺利完成，裂纹现象没有再次出现。12月1日，该发动机在抢建起来的大吨位推力试车台上进行了试车，燃烧稳定，取得了圆满成功。尽管内蒙古的冬天滴水成冰，但崔国良和他的同事们心里却是暖的，因为这一成功意味着“401－3A、401－3B”配方通过了考验，大型装药技术难题初步得到解决。

内蒙古的冬天很长，可是春天的脚步却真的不再遥远了。

5. 红映东方

1967年4月，崔国良和他领导的“401－3”配方组接到了一个光荣任务——继续对“401－3”系列配方进行改进，从而实现它神秘的使命。

要揭开这层神秘的面纱，还要从10年前说起。

1957年10月，苏联发射了人类第一颗人造地球卫星。

1958年1月31日，美国也发射了它的第一颗人造地球卫星。这下，毛主席可着了急。1958年5月，毛主席在党的八大二次会议上，激动得挥舞着大手，声音振聋发聩："我们也要搞人造卫星！""鸡蛋大的我们不放，要放就放个两万公斤的！"——毛主席说的那个"鸡蛋大的"东西，就是美国在4个月前发射的一颗重8.2千克的圆柱体。它是继苏联之后、人类成功发射的第二颗人造地球卫星。

放卫星是国家整体实力的体现。毛主席在天安门上昭示中国人民站起来了之后，又发出了向太空进军的号令。1958年7月1日，他在诗里写道"坐地日行八万里，巡天遥看一千河"。12月底，这位颇具浪漫气质的领袖又写下了"人类而今上太空，但悲不见五洲同"，又一次抒发了苏、美两国的人造地球卫星上天，给其内心所带来的触动。

中共八大二次会议之后，中国科学院按照毛主席的指示，立即把研制人造地球卫星列为1958年的第一项重点任务，代号"581"。"靠天、靠地靠不住，发展人造卫星，必须依靠自己的力量！"这是"581"任务从确立以来，研究人员就始终坚定的信念。

然而，"581"任务的命运却是多舛的。立项第二年，我国经济状况恶化，三年自然灾害接踵而来，中央委员会总书记邓小平分析了国内经济和科技形势，对我国卫星发展战略做了精辟的指示：“现在放卫星与国力不相称，要调整空间技术研究任务。”于是，我国人造地球卫星的研制工作就此放缓了脚步。直到1964年，国家经济形势大有好转之后，中国科学院才再次上书周总理，建议卫星工程再次上马。巧合的是，在这之前不久，毛主席也向周恩来催问过此事。于是，1965年1月，周总理做出批示，请中国科学院提出具体方案，“651”从此取代“581”，成为我国人造卫星任务的代号。由此，中国人造卫星研制工作再次上马。

崔国良和“401-3”配方组接受的光荣任务，正是“651”任务的重要组成部分——长征一号运载火箭第三级发动机所用固体推进剂的配方研制工作。“长征一号”，是七机部一院在中远程导弹的基础上改进而成的，火箭全长29.86米，分为三级，前两级采用曾在导弹上使用的较为成熟的液体火箭发动机，第三级则首次采用由七机部四院自主研发的固体火箭发动机GF-02，这让四院的研究人员们感到十分骄傲。而更让他们自豪的是，即将送我国第一颗人造卫星——东方红一号上天的，正是长征一号运载火箭。崔国良十年来默默积蓄着能量，等待的就是这个机会：依靠中国人自己的力量，将中国自己的人造地球卫星送上天！灌溉了十年，他的梦想终于发出了嫩绿的小芽。

根据长征一号运载火箭总体方案的要求，第三级固体火箭发动机的直径为770毫米，全长约4米，装药量1.8吨，要在距离地面600千米的高空点火，在180次/分钟的旋转条件下工作。该任务难度之大，前所未有，每一个参与研究的人都知道，只能成功，不能失败。

大概我国的卫星研制之路注定要否极才能泰来，重新破土而出的人造地球卫星研制计划又遭遇了“文革”的狂潮。北京卫星设计院的大部分领导都“靠边站”了，很多科学家被定为“牛鬼蛇神”遭批斗，不少科技人员在运动中受到影响。

内蒙古是“文化大革命”10年浩劫的重灾区之一。由于紧邻祖国的首都，“文革”的风暴首先刮到这里，然后演变成遮天蔽日的沙尘暴。

1966年5月，中共中央发出发动“文化大革命”的“五一六通知”后的第5天，中共中央华北局北京前门饭店会议，拉开了内蒙古“文化大革命”的帷幕。随即成立了内蒙古党委文化革命领导小组、“四清”领导小组和生产领导小组，全面取代了内蒙古党委和自治区人民委员会的领导。很快，从学校到机关、人民团体，煽起“文化大革命”狂潮，并在呼和浩特市接连召开数万人参加的群众大会，破“四旧”、斗“黑帮”、“横扫牛鬼蛇神”成为时尚，造成一片混乱局面，“文化大革命”10年浩劫的历史就这样开始了。

从1962年到1966年，内蒙古的经济出现了高速发展的势头。但是“文化大革命”的几年里，其经济遭到了极大的破坏。

内蒙古基地虽然地点偏僻，照例受到“文革”的侵袭。内蒙古刮起的“一月风暴”，打乱了一切秩序。动乱越来越厉害，工作场所常常空无一人，到处是一片狼藉。固体发动机研制工作举步维艰，面临夭折的危险。

崔国良所在的配方研究室是42所乃至七机部四院革命风暴的重点之一，受到了极大的冲击。但是，在光荣的“651”任务前，崔国良扛住了，课题组的同志们也扛住了。他们在党支部的领导下，识大体、顾大局，既克服了技术和物质条件的困难，又顶住了政治运动带来的干扰，积极响应党的号召，全身心地投入到“651”大会战中。

白天，他们要“早请示”“晚汇报”，从灵魂深处闹革命；夜深人静，他们才能抓紧一切时间搞科研、促生产。实在困得不行了，崔国良便要求大家讲个故事提提神。刚从北京回来的小青年，一听要讲故事便来了精神，绘声绘色地讲起了流传在京城乃至全国的《梅花党》。故事的主角居然是1965年归国的李宗仁的老婆郭德洁和被打倒的国家主席刘少奇的夫人王光美，而她俩都是美国中央情报局潜伏于中国大陆的战略特务。黑白之颠倒，是非之混淆，已经达到无以复加的地步。

崔国良不由得想起自己，“文革”一开始，就有人别有用心地质疑起他的父母，甚至诬陷说他的父亲是阳原县的国民党伪县长，原因居然是“穷人家的孩子怎么能上得起学？”这让他感到又可笑又愤怒。幸亏党组织和领导信任他，广大群众信任他，这让他的内心得到了极大的安慰。

外面的高音喇叭不停地播放着“无产阶级文化大革命就是好”的歌曲，“就是好呀！就是好就是好”的歌词单调乏味，尖利刺耳的声音吓跑了蝉，没有蝉叫的夏天是那么的枯燥。苏联导师送给崔国良的能放唱片的收音机也不能听了，被他锁进皮箱、藏在了床底下，以免被当作“苏修特务”的罪证。在颠倒是非的年代，许多去苏联留过学的莘莘学子都被诬陷为“苏修特务”，受到各种不公正待遇。

尽管如此，崔国良还是未能逃脱这一噩运。第一张批判他的大字报，就是以这个收音机作为“苏修特务”的铁证。为此，崔国良一度感到迷惑不解。

很快，他就理解了，这是一个时代的悲剧，不是某个人所能左右的。

崔国良是一个很善于吸取别人的意见和敢于自我解剖的人。从小当学徒的经历，教会了他的隐忍和坚毅；成为学生会主席，使他不仅有了宽大的胸怀，而且学会站在别人的角度去看问题，事事与人为善。每天，他都很认真地去看写给自己的大字报，并且记下写大字报人的名字，这不是为了秋后算账，而是为了看看谁没有给自己写过大字报。他找到没给自己写过大字报的同志，苦口婆心地劝他们赶快写一张批判自己的大字报，以免受到自己的牵连。

很快，按照周总理的指示，对参与“651”任务的单位实行了军事管制，研制工作可以在“抓革命”的同时，继续进行下去了。这让崔国良欣喜万分，他忘记了自己所遭受的不公正待遇和所有不实之词，把“苏修特务”的帽子扔到一边，把百倍的力量和百倍的热情都投入到攻克难关的拼搏中。

通过研究人员的反复实践、大力协同，1967年年底，终于试制出第一台符合“651”要求的固体推进剂发动机。就在马上要进行试车的时候，却不幸出现了药柱和发动机壳体局部脱离的所谓“脱粘”问题。为了不耽误试验进度，他们只好再采用灌浆方法进行补救。1968年1月，这台灌了浆的发动机进行了立式旋转试车，在工作了30多秒后，发动机浑身喷着火，飞出了试车台。

长征一号运载火箭第三级发动机第一次试车就

吊装长征一号运载火箭第三级固体发动机

这样令人惋惜地失败了。对于这次失败，崔国良并不感到意外，因为在试车前夕，他们已经发现了“脱粘”问题。按照正常的工作程序，应该先解决问题，再进行试验。但在这个特殊的年代，科学的态度却成了阻止前进步伐的“拦路虎”，“白卷先生”大行其道，“手上的老茧”就是上大学的明证，“多快好省”“千里马”速度，冲昏了人们的头脑，“梦里不知身是客”，以为卫星和火箭喊口号就能喊上去。崔国良知道，这次失败，是为了不耽误试验进度，抱着侥幸心理，采用灌浆方法进行补救造成的。即便这次侥幸成功，将来的失败也是必然的。他希望失败能告诉所有的人，在科学的道路上，没有捷径可走，也不能抱任何幻想，必须脚踏实地、一步步走出来。

崔国良没有气馁，他仍然坚信成功就在不远处。

失败乃成功之母，而科学试验难免会经历几次失败。但在这个年代，上级领导习惯从阶级斗争这个纲来看问题，并要求追查破坏分子并由其承担责任，这给已经压力很大的发动机研制总负责人杨南生和推进剂配方负责人崔国良又平添了许多压力。尽管如此，他们还是顶住了争议，在默默承受巨大压力的同时，认真分析了失败的原因，结果发现，由于发动机在旋转状态下工作，头部沉积了过多的推进剂燃烧时产生的三氧化二铝，导致发动机头部过热被烧穿，燃气随之向下喷射，将发动机推出了试车台。

总结了失败的经验教训，杨南生和崔国良继续向同一个目标进发。1968年7月，第二台试制GF-02发动机进行了立式旋转试车；11月6日，第三台试制GF-02发动机也进行了试车。经过改进，这两次试车均取得了成功。但试车后的分析表明，发动机头部三氧化二铝沉积量过高仍然是一个非常严重的问题。1969年1月9日，四院决定立即研究减少三氧化二铝沉积的“401-3F”配方，这一重任又落在了崔国良头上。崔国良带领课题组的成员，没日没夜地工作，终于找到了合适的配比：将“401-3B”配方中的铝粉粒度降低到16μ，铝粉含量从9%降低到5%。同时经与火箭总体部门协调后，又略微降低了发动机的旋转速度，这才使三氧化二铝的沉积量减少到合理的程度，并突破了发动机高空点火的难关。

1970年1月17日，GF-02发动机共进行了19次地面试车，其中，高空模拟试车5次，各项技术指标均达到设计要求，发动机进入产品交付状态。直径770毫米发动机的研制成功，可宣称我国的大型固体火箭发动机诞生了。也许是因为这个成功准备得太久，也等了太久，崔国良并没有觉得多么激动，直到雄壮的《东方红》乐曲响彻太空时，他才流下了激动的眼泪。

那一天，是1970年4月24日，是全中国人民都铭记在心的一个普通又伟大的日子。根据气象部门预报，发射指挥部将东方红一号卫星的发射时间定在这

举世瞩目的东方红一号卫星发射成功

天晚上的9点35分。然而，酒泉卫星发射中心从23日起就狂风大作，飞沙走石，乌云密布。还是天公作美，到了预定的发射时间，刮了一天多的大风停了，乌云散了，大颗的星星在深蓝的天幕中眨着眼睛。之后，是长征一号运载火箭拖着烈焰划破了夜空，直冲霄汉，慢慢变成一个小红点儿，消失在天际。在距离地面600千米处，第三级发动机按照预定程序点火，助推卫星准确入轨……9点48分，“发射成功！”发射场现场的广播首先发布了这一喜讯，之后，全国各地的人们欢呼雀跃、敲锣打鼓，自发庆祝东方红一号卫星发射成功。

东方红一号卫星发射成功了！

我国成为继苏联、美国、法国、日本之后第五个能够独立研制和发射卫星的国家！

厂区的大喇叭里传来《东方红》乐曲，崔国良觉得这歌声特别悦耳，它在向全世界宣告：中国航天事

东方红一号卫星成功发射后欢腾的群众

业取得了首次胜利，所有参加聚硫橡胶推进剂研制、生产的人们，也因此定格在中国航天史的华丽幕墙上！

崔国良

崔国良院士传记

Academician Cui Guoliang's Biography

第五章

巨浪滔天，碧海腾蛟龙

1982年10月12日，我国第一代固体潜地导弹“巨浪一号”终于发射成功了！回想着攻关过程中的难忘往事，崔国良的眼睛湿润了。

1. 定叫惊雷震海天

1982年10月12日，我国渤海海域天蓝海碧，风细浪微。万里晴空下，白色的海鸥叫声清脆高亢，翅膀擦着海面，像表演杂技般低空飞翔。清亮的海水在涌动，水面上银光闪闪，煞是好看。然而，看似平静的海面下，有一艘潜艇正在这一带的海底潜航。

崔国良站在指挥所的会议室里，面朝大海，眼前的美景并没有抚平他微颦的眉头。会议室里人头攒动，国防科工委领导和海军首长，以及各工业部门的领导和技术专家云集于此，共同期待着一件大事的发生。他们微笑着互相点头致意，品读着玻璃相框里张爱萍将军视察时写下的诗句——“哪怕狂风激恶浪，定叫惊雷震海天！”“试验突破千重关，操作练就绝妙手”，颇有“谈笑间，樯橹灰飞烟灭”的气势。在熙熙攘攘的人群中，崔国良瘦弱的背影看着有点孤单，他反剪双手，指关节因为用力而泛着浅浅的白色。

他看着海。这片平静的海，和他大学时期在大连看到的海一样，同汇入渤海的怀抱；不同的是，那是他第一次看到海，那片海由此深深嵌入他的记忆中。他的海是暴风骤雨中的一叶孤舟，是划破天际黑暗的一只海燕，那暴雨中的大海让他懂得：人生不是等着暴风雨过去，而是学会在风雨中跳舞。而眼前这片海，太平静，太祥和，沉默的海面下隐藏的是机遇还是危机，没有人知道。

就在5天前，这片以北纬28度13分、东经123度53分为中心，半径35海里的圆形海域，吸引了全世界的目光。从1967年到1982年，我国第一型固体战略弹道导弹、第一型潜射导弹“巨浪一号”已经准备了15年之久，发射时刻终于到来！此次发射如果成功，我国就将成为世界上第五个拥有潜艇水下发射核导弹能力的国家，具备二次核打击能力。这发试验弹，肩负了多么重要的国家使命和人们多么殷切的期盼啊！

然而，10月7日，首次发射试验失败了。

崔国良不会忘记，那一天是也是丽日当空，海天通蓝。他和几百名着装整齐、精神抖擞的参试人员一样，强抑着激动的心情，等待着关键时刻的到来，等待着饱含他们心血、汗水与智慧，象征着成功的橘色火焰绽放蓝天。

崔国良不会忘记，在指挥舰上，他作为“巨浪一号”的副总设计师和第五责任人，站在中央军委秘书长、负责全军武器装备和国防科技工业管理的张爱萍身旁，以及“巨浪一号”总设计师、与他密切合作的老同事、老朋友黄纬禄身边。崔国良心情十分激动，又有一点儿莫名的忐忑，他悄悄地在心里嘲笑自己，怎么像毛头小伙子遇到了心爱的姑娘，心头小鹿乱撞呢！

崔国良不会忘记，一身戎装、神采奕奕的张爱萍下了“发射试验开始”的命令后，一枚潜地导弹似一头矫健的鲸鱼般破水而出，在水面上溅起一片火光后直飞冲天……看起来，成功只有一步之遥，谁知导弹冲出水面约100米高时，突然失去了控制，迅速偏离了预定方向，超出了安全范围，伴随着“嘭”的一声巨响，导弹自毁，残骸碎片纷纷扬扬，跌入大海。

崔国良不会忘记，那一刻，四周的空气仿佛凝滞了，他忽然觉得天昏地转，眼前的海面不再平静，连绵的海浪让他觉得头晕目眩。

“试验失败了”，这个结论像一座大山，重重压在了每个人的心头。15年来，涉及全国19个省市、10个工业部门的109家单位，共计3万多人参与了“巨浪一号”的研制，大家付出了心血与汗水，为什么却换来惨痛的失败呢？崔国良知道，导弹冲出水面100米高才失控自毁，绝不是发动机和推进剂的问题，与自己并没有直接的关系和责任，但他并未感到一丝一毫的轻松。由于这次试验是在公海，我国政府早就发布了禁海通知，很多国家都猜测我国将要在公海进行导弹发射试验，因此，他们密切关注着此次试验，失败所造成的影响可想而知。

这次试验，一共准备了三发试验弹。如果能够及时查找到原因，还有机会在禁海时间内发射第二发来挽回影响…… 崔国良迫切地想找到原因，不，不止是崔国良，每个人都迫切地想在最短的时间里，找到失败的原因。从海下到陆地，从试验基地到北京总部，所有人都调动起来了。负责控制系统、遥测系统、惯性器件等的研制人员用了两天时间来分析数据、排除故障，通过苦苦寻觅、反复审核，终于找到了问题的根源：某个分离插头提前脱落，导致了整个试验的失败。都说航天无小事，可又有谁能想到，就是这么一个小小的细节，会导致15年的心血功亏一篑呢？

5天后，1982年10月12日，经过多种科学论证的第二发试验弹，在万众期盼中踏上了征途。

“风向：×；风速：×级；能见度：×××……”扬声器里传来报告声。近两天刮南风，温度、湿度都偏高，崔国良还站在那里，透过会议室的窗口，可以看到海面上浮动着一层乳白色的雾。他的眉头皱得更紧，能见度不理想对发射有干扰，只有刮北风，才可能把这层雾气吹散，“现在需要请诸葛亮来借北风了！”不知道谁说了句俏皮话，把大家都逗笑了，崔国良也松了眉头，笑了。不是因为俏皮话，而是因为他清楚地看到，远处担负警戒与护卫任务的巡航舰队正以战斗队形乘风破浪，向指定海域驶来——雾渐渐散了。

进入“一小时准备”以后，指挥所里安静下来，没有人再说说笑笑，每个人的表情都透着股严峻劲儿。

“一分钟准备”，扬声器里传来的口令，令现场所有人都屏声静气，无数双眼睛都紧盯着导弹的预定出水区。

突然，眼前蓝缎子似的海面有一处被冲破了，一枚乳白色的导弹从海的深处穿出，飞腾而起！只见火箭尾部喷出一股长长的火焰，猛推着火箭“呼呼”地刺向碧蓝如洗的苍穹。簇拥火箭的浪柱升到二三十米高处四散落回海面，把那

1982年10月12日，我国第一代固体潜地导弹“巨浪一号”终于发射成功了

一处海水激得雪白，犹如蓝莹莹的海里开出一朵硕大的雪莲。

“导弹发射正常！”

“一级发动机点火！”

“导弹两级分离！”

“头体分离正常！”

上次的失误没有出现，但是崔国良心中没有丝毫的松懈，他还在等待“发射成功”的消息。

10分钟之后，喇叭里传来令人振奋的声音：

“末区发现目标！”

“弹头命中预定海域！”

所有人都听到了这两句话，也都知道这两句话所代表的含义。准备了15年，3万多人为之付出心血的我国第一代固体潜地导弹终于发射成功了！指挥所里的首长、专家，潜艇上的海军战士，参与报道的新闻记者，几乎所有知道这一消息的人，全都热血沸腾、欢呼雀跃。人们的心潮和海潮交融着，海的深处和心的深处都在尽情地欢笑，尽情地欢呼。

大海涨潮了，阳光下，海风习习，海浪层层，崔国良还背着手站在窗前，四周的人们在欢呼、在击掌、在大声地笑、在激动地诉说……这一切仿佛都和崔国良没什么关系。他背着手站在窗前，没有人看到，他的热泪从平静的脸上流淌了下来，他没有擦，任由泪水流淌。每个人都知道，这成功得来不易，却没有几个人比他更清楚，这成功来得是多么艰难！人们在为我国航天史上的一次重大成功而欢呼雀跃的时候，海还是沉默着，但这一次，崔国良终于知道了，安静的海面下隐藏着什么，一次次让人欢欣鼓舞的成功背后，是我国航天人为之付出的巨大艰辛和不懈努力，甚至鲜血和生命。

崔国良的思绪飞回了20年前，飞回了内蒙古的南地村，飞回了泸州雾气笼罩的长江边上的“擦耳岩”和“手爬崖”。它们是拉纤上泸州的纤夫们必经的极为险要的地方。

崔国良和他的同事们就像长江上的纤夫，经过了无数的急流险滩，逆流而上，一步一滴汗、一步一个坎，越过“擦耳岩”，在我国航天史的“手爬崖”上留下了自豪的、带血的手印。

往事历历在目，崔国良的眼睛再一次湿润了。

2. 试验突破千重关

早在20世纪60年代，我国就已经成功研制了原子弹和液体地地战略导弹，从而打破了美、苏等超级大国的核垄断，但是液体地地战略导弹的系统较为复杂，发射准备时间长且机动隐蔽性比较差，难以满足我国国防战略发展的需要。为了提高我国战略武器的攻击力和生存能力，就需要研制机动性和生存能力都优于液体导弹的固体战略导弹。

固体战略导弹是导弹发展的一个大趋势，因此，1965年，周总理在中央专委会议上明确提出，要争取提前研制出固体导弹。1967年夏天，周总理在中央专委会议上再次强调，应该提前完成中远程固体导弹的研制，这一指示进一步促进了我国航天人以中程固体潜地导弹起步的决心，这也是我国固体潜地导弹型号研制任务的由来。从此，我国开始了固体潜地导弹“巨浪一号”的研制。

根据中央专委的决定，作为固体火箭型号院的七机部四院组建了第四设计部，开始了固体潜地导弹总体设计的准备工作。杨南生副院长领导着尚未完全组成的总体部会同有关方面，论证确定了相对先进、可行的固体潜地导弹的总体方案。该方案中，第一、二级火箭均采用大型固体推进剂发动机，发动机壳体采用正在试制的超高强度钢，推进剂采用新研制的、比冲更高的推进剂，喷管喉衬采用新的耐烧蚀金属材料，而带安全保险机构的新型点火系统则装有安全自毁装置。

作为推进剂研制工作负责人，崔国良的目光牢牢地聚焦在比冲更高的新型固体推进剂的研制上。1963年，我国就开始了对固体推进剂新品种的探求，崔国良正是负责人之一。固体推进剂组分中的粘合剂，是固体导弹研发的关键环节，因为它既能为导弹的运行提供能量，又能为固体推进剂提供动力学性能。因此，研制推进剂新品种的工作重点，放在了粘合剂的合成上。

这项研究选定了聚丁二烯粘合剂，具体的配方研究是从聚丁二烯丙烯酸，即无规丁羧开始的。1965年，中国科学院长春应用化学研究所（简称“长春应化所”）提出了用丁二烯合成带官能团的低聚物研制固体推进剂的研发思想，研制出了聚丁二烯丙烯酸聚合物，并提供给在泸州的750部队使用。1966年用无规丁羧作为粘合剂研制的固体推进剂“402－1”配方，荣获国防科委重大科技成果二等奖。与刚刚解决不稳定燃烧问题的聚硫橡胶推进剂相比，“402－1”配方能量更高，因此，“巨浪一号”两级固体发动机也计划采用“402－1”配方。

但是，崔国良在研究中发现，在无规丁羧中，羧基是不规则分布的，因而在固化时推进剂的网络结构难以控制，使得推进剂的力学性能不易满足使用要求；还由于低聚物本体粘度大，氧化剂的充填量低，也影响能量的提高。崔国良认为，“402－1”配方并不是“巨浪一号”最理想的选择。实践也证明，他的观点是正确的。后来，“402－1”配方多次在“巨浪一号”全尺寸发动机中装药，但大型装药工艺无法过关，加上其力学性能较差，尤其是低温性能无法满足使用要求。因此，研制新的粘合剂，从而开发出比冲更大、力学性能更好的推进剂新配方迫在眉睫。

然而，也就在此时，“文革”的风暴，席卷了城乡，席卷了人心。内蒙古是浩劫的重灾区之一。崔国良素日里对领导、对前辈尊重有加，对下级和蔼可亲，“群众基础很好”，遮天蔽日的大字报中，有关他的并没有多少，批判大会上也很少提到他的名字。但是，他不能再作为42所201室室主任开展工作，崔国良“靠边站”了。和很多老领导、老科学家相比，他仍然是幸运的，因为他还可以工作，而埋头于实验室搞研究，正是崔国良最擅长的工作。

1968年“212会议”之后，42所决定开展端羧基聚丁二烯粘合剂的研制，决定使用乳液法、溶液法和离子法三种聚合方式进行研制。在中国科学院长春应用化学研究所的大力协同下，崔国良率领研究人员戮力同心，从乳液法开始，展开了对端羧基聚丁二烯推进剂的研究，在合成工艺、合成配方等方面，做了大量的研究工作。1970年6月至9月，结合当时“巨浪一号”固体发动机的要求，以满足使用性能为主，在呼和浩特进行了研究、使用、生产单位三结合的技术攻关，称为“2302”会战。自由基乳液聚合和溶液聚合，同时在内蒙古基地四区进行。但由于溶液聚合需要高温、高压，国内工业化水平低，不易解决，同时，溶液聚合所需的主要原料丁二酸酐和四氢呋喃，在国内均处于小量试制阶段，无法提供大量样品，由于条件限制，溶液聚合试验合成不出可供使用鉴定的样品；而乳液聚合所用的原料，国内基本可以解决，有些原料立足于工业品，在常温、常压下进行，实现工业化比较容易。因此，初步确定“巨浪一号”的两级发动机采用乳液法丁羧推进剂，这就是后来的402-2配方。

尽管方案初步确定，但是原材料没有定型，配方尚不成熟，作为我国第一个中能推进剂，丁羧推进剂的研制之路尚漫漫其修远兮。黎明前的黑暗是最难熬的，对于崔国良和丁羧推进剂的所有研制人员而言，这个体会更加深刻：面对从未预想到的各种问题，不停地试验；“文革”造成研究工作停滞，办公场所常常无人工作，时间都浪费在开会、批斗、贴大字报等无意义的事情上；七机部四院由型号院变成了系统院，原来在院内部就可以解决的研究问题，现在需要开协调会、写书面报告，大大增加了解决问题的时间。

天已经黑得让人找不到方向。也许，黎明就快来了，可是黑暗就是黑暗，即使曙光就在一分钟之后，这一分钟仍是黑色而难熬的。

都说家是最温馨的港湾，支撑崔国良度过这段最艰难、最黑暗日子的，正是他的家人。1968年，崔国良的妻子刘宝芬放弃了在高校待遇优渥的教师工作，调到了风沙漫天的内蒙古，担任42所205室副主任。副主任的头衔还是其次，重要的是，结婚7年，他们终于可以在一起生活了。

所里没有房子，他们两人就分别住在南地的单身宿舍里，只有周六晚上才能站在所里拉白菜、土豆的敞篷大卡车上，到距离南地30千米的呼和浩特市区的招待所住一夜，周日下午再返回南地村，开始新一周的工作。

儿子没有跟着母亲到南地村，考虑到他快要上小学了，崔国良和刘宝芬夫

崔国良和儿子的珍贵合影

妻俩咬咬牙，将6岁的儿子留在了外婆家。刘宝芬从来没离开过儿子，常常因为想念儿子而潸然泪下。但这泪水中也有幸福，她和崔国良终于可以在一起了，肩并肩地为祖国的航天事业而奋斗。他们在工作上配合默契，生活中心心相印，偶尔在实验楼、食堂相遇，也许只是一个关切的眼神，也许是刘宝芬把碗里不多的肉片夹到崔国良的碗里，都会让崔国良觉得，黎明就快来了，眼前的黑暗又算什么呢？

黎明真的就要来了。第一缕曙光，首先降临在崔国良的家里。是的，结婚8年，崔国良和刘宝芬终于有了自己的家。南地村里多了一片新建的“干打垒”，紧挨着村里老乡的房子，科技人员就和村民们混住在一起，难分彼此。这边一排三四户，那边一排三四户，崔国良的家在东红区第二排中间，进来是一个小门厅，拐过来有一间，外头还有一间，这在当地已经算是个“小豪宅”了！

说起来，这“小豪宅”还是崔国良和刘宝芬亲手盖起来的呢。实际上，所有的新房都是科技人员就地取材，在黏土里掺点儿石灰、草棍打成土坯，自己盖成的。黏土、石灰、草棍儿的配比，难不住这些学化学的高才生，晒干了的土坯结实着呢！他们又自己动手，用土坯搭建成墙，留出门窗，家就初现雏形了。这些知识分子们边打着土坯，边忙着考证，说这打土坯的创意，来自于殷商王武丁的至高权臣——大宰相傅说，他不仅是我国殷商时期卓越的政治家、军事家、思想家，还是一位著名的建筑科学家。《孟子·告子下》中所写的“傅说举于版筑之间”正是他的故事，傅说正是在为人筑墙时为武丁访得，举以为相的。不知道是谁开了一句玩笑：也许我们会“举于土坯之间”，我们的固体事业也会“举于土坯之间”呢！所有人都笑了。崔国良看到远处，杨南生副院长骑着他的破自行车，摇摇晃晃地来了。

杨南生正是来找崔国良的。此时42所已经很难正常进行试验了，崔国良也离开了他最心爱的实验室。杨南生看到他最关心的下级“靠边站”，连最基本的试验都无法进行，爱才的他心急如焚，想尽办法将崔国良调到了四院科研处。在此，崔国良可以不受干扰地进行工作，除了技术，他还要负责一些管理、调度工作。丁羧推进剂的配方研究正处在关键时期，崔国良并不愿意花时间去做自己并不熟悉的行政工作，可他知道，杨南生副院长是爱惜他、爱惜技术人才的，他的做法是经过深思熟虑的，是当前形势下最好的选择。想到这儿，崔国良的内心涌起一阵暖流，他为老领导对自己的关爱而感激不尽，觉得自己身上的担子又重了一些，告别了土坯的配方和土坯的创意，离丁羧推进剂的黎明更近了一些。

回忆起来，这黎明前黑暗的时光，可能也是崔国良归国近10年来最幸福的日子。夫妻终于团聚，有了自己的家，工作得以继续开展了……而最让他幸福的是，妻子为他生了个美丽可爱的女儿。儿子出生的时候，崔国良不在身边，这是他第一次看着小小的婴儿慢慢长大。累了的时候，他总是爱瞧着那张红扑扑的小脸儿，怎么也看不够。女儿像他，脾气好、爱笑，晚上也不怎么哭闹，让人省心，只是女儿的身体也随他，比较弱，总让他担着心。

住进“干打垒”的第一年冬天，身体一向比较好的妻子刘宝芬先倒下了。其实，也怪他们太渴望有自己的家了，这“干打垒”建得急，土坯不够干，到了冬

科技人员用自己打的土坯，建起了属于自己的新家“干打垒”

天，家里又潮湿又阴冷，挨着土坯墙的床上、褥子都是亮晶晶的，湿气都冻成冰碴儿了。刘宝芬刚生完孩子不久，身体虚弱，哪挨得住这冰天雪地的冬天呢？她住进了呼和浩特市医院，几个月的小女儿也因感冒、发烧，随后住了进来。

呼和浩特市医院离南地村30多千米，交通很不方便，崔国良只能求助司机班的师傅，搭便车前往医院探望。到了医院，他又不得不在女儿与妻子的病房间跑来跑去。为不让妻子惦记，他还必须瞒着妻子，不让她知道女儿也住院的事实，他抱着小婴儿又当爹又当妈。两个至亲的人都病倒了，自己的工作进展又很迟缓，这也许是崔国良人生中最艰难的时刻，但他克服了家里困难，始终和科技人员一同坚守岗位，尽职尽责，还时常给大家讲课。

古人说，否极泰来。当妻子和女儿相继出院时，丁羧推进剂“402－2”配方的研制也见到了曙光。

自1971年3月“402－2”配方下厂扩大试验以来，先后在389厂的500立升胶化机上扩大6次，装300毫米发动机13发，装300毫米发动机10发，对该配方的全面性能进行了考核。500立升混合工艺和300毫米发动机浇注工艺表明：该配方组分简单，操作容易，药浆流动性、流平性良好。投料时，对环境湿度不敏感，允许在雨天投料。胶化工艺、浇注工艺、固化工艺合理可行，终于可以用全尺寸发动机进行装药试验了。

1971年10月至1975年5月，“402－2”配方在389厂共进行了10次全尺寸发动机装药，其中，“巨浪一号”使用的一级发动机GF-04装了6发、二级发动机GF-05装了4发，共计装药76吨，从历次地面试车来看，没有因推进剂性能差而造成失败。1976年3月，杨南生副院长亲自组织了“402-2”配方向工厂技术交接，配方研制工作告一段落。

“402-2”配方是我国第一个用于大型固体中程战略导弹发动机的推进剂，与无规丁羧“402-1”配方相比，其装药工艺性能令人满意，力学性能尤其是低温性能得到明显改善，对环境湿度不敏感，可以一年四季全天候装药。试验结果表明，“402-2”配方的全面性能已基本达到设计要求，经多次全尺寸发动机试车证明，推进剂配方已经基本可用。

崔国良顾不得高兴，他知道，与溶液法以及美、苏等国家更先进的推进剂研制技术相比，乳液法丁羧推进剂仍存在一些问题，自己还有很多未竟的事业。

3. 发动机的“药”剂师

尽管作为七机部四院科研处处长，崔国良很少再有机会在实验室里真刀实枪地做试验，但在端羧基聚丁二烯推进剂的整个研制过程中，他仍然起到了不可替代的重要作用。说他是“巨浪一号”两级发动机的“药”剂师绝不为过。

1971年10月，“402-2”配方在389厂进行了第一次全尺寸发动机装药，装药的过程很顺利，可是药柱固化之后出了问题——1.4米的全尺寸发动机内部整个脱粘了。

脱粘会造成非常严重的后果。发动机壳体内有绝热层，绝热层里面又有一衬层，衬层直接接触推进剂。原则上，推进剂和衬层之间应该是相溶的，或者说是应该“粘”在一起的，脱粘就是指推进剂和衬层之间裂开了。发动机脱粘的后果是，增加了推进剂的燃面，和一开始设计的一个燃面不同，脱粘的发动机可能有三四个燃面，点火后，火焰就迅速从脱粘的缝里往里面蔓延，瞬间——微秒、毫秒级，整个药柱全部被烧光，发动机便会因承受不了压力而发生爆炸。

这是“402-2”配方第一次装全尺寸发动机，谁都不能预计会出现什么样的问题。脱粘出现后，让从事具体研究的同志一筹莫展。正当研究人员束手无策的时候，他们想到了崔国良。

接到这个烫手的山芋，崔国良立即进行了大量的研究分析，他发现，问题原因在于连普通人都明白的一个生活常识：热胀冷缩。发动机装药完成后，固化温度为70摄氏度左右，无论是发动机壳体、绝热层，还是衬层、推进剂，所有材料受热都会发生膨胀。固化完成后，发动机的温度降到常温，由于热胀冷缩的作用，已经相溶成一体的材料会整体缩小，其中，金属材料如发动机壳体的变形最小，而推进剂的变形最大。脱粘会从最薄弱的环节脱开，也就是说，如果发生脱粘，一定会在推进剂和衬层之间脱开。

搞清了脱粘的原理，崔国良想出了个聪明招儿：在原来的设计中，发动机中只有一层绝热层。他把它变成两层。外面那层厚，起到隔热的作用；里面那层薄一点儿，也能起到隔热的作用。随着温度的降低，里面那层薄一点儿的绝热层会自动张开，给热胀冷缩一个自由的空间，这被称为“人工脱粘”，人为地让发动机释放应力。这样，不管在什么温度下，发动机都不会出现脱粘的现象，这意味着“人工脱粘”方案彻底消除了我国固体发动机向大型化发展过程中遇到的脱粘这一重大技术障碍。

这一次问题解决了。没想到，时隔几年，1.4米发动机再一次出现了脱粘。此次脱粘是“人工脱粘”方案出了问题，还是其他原因？人工脱粘层是由西安的研究所提供的，研究人员立刻启程去了西安，想从人工脱粘层入手找到原因，但是小型试验还原不了大发动机的现象，这个尝试失败了。

烫手山芋又一次交给了崔国良。

“人工脱粘”方案已经实施了很多次，按理说不该出问题。崔国良仔细查看着出现了脱粘的1.4米发动机，陷入了深深的沉思。突然，他发现，紧挨着人工脱粘层上的一圈推进剂药柱全都发黄了，用手指按一下表面，感觉黏黏、软软的，这不是药柱应有的状态。他立刻意识到，从这圈药中可以找到他想要的答案。崔国良小心翼翼地把发黄发黏的药抠了下来，请分析室的研究人员分析药的成分。最后得出结论，由于酸性物质的侵入，导致推进剂的性质发生了改变。

乳液法端羧基聚丁二烯，实际上就是液体橡胶。在橡胶生产过程中，需要添加防老剂。防老剂为酚类防老剂R46，顶端还带一个羟基，正是这个羟基和粘合剂发生了作用，释放出酸性物质，使推进剂无法正常固化。在技术、设备、

1983年，崔国良参加液体橡胶鉴定会

分析手段都很落后的条件下，为解决这个问题，崔国良先后研究、分析了半年多，最终确认了问题产生的原因，并做出了一个大胆的决策："402-2"配方中不再添加防老剂。

液体橡胶中不添加防老剂，又会出现新的问题。橡胶本身储存的时间就短，还会产生研究人员所说的"揭皮"，就像粘鞋的胶，在空气中放置一会儿，胶的表面就会发生固化。端羧基聚丁二烯的中间有一个双键，双键遇到氧气后，发生氧化反应而断开，互相之间交联，之后就形成表面这层皮。为解决"揭皮"的问题，崔国良提出在生产粘合剂时采用混浇工艺，混浇之后再充氮保护，以隔绝氧气，暂时解决了"揭皮"问题。

问题找到了，虽然已经赶不上"巨浪一号"的试验了，但这一发发动机也不能浪费。崔国良指导研究人员，把发动机里发黄发黏的一圈药全部抠掉，然后灌浆，还进行了其他相关的试验并取得了成功。

在整个试验过程中，除了技术上的指导，崔国良严谨的工作态度也给参与分析的研究人员上了一课：有了问题不怕，抓住问题，找出原因，解决问题，最后得出科学的结论，用以指导日后的研究和工作。

尽管脱粘的问题得到了解决，但是乳液法丁羧推进剂本身的缺陷限制了其发展，崔国良将目光投向之前做过的溶液法上。1975年冬天，刚成立3个多月的46所与长春应化所商定在呼和浩特市南地村进行溶液法丁羧粘合剂的合成会战，以提高丁羧推进剂性能。作为46所的第一任所长，崔国良对这项工作格外重视。

早在1970年的“2302”会战时，研究人员就曾用电磁搅拌釜探索过溶液法丁羧粘合剂的合成技术，由于受设备条件和引发剂来源的限制，没有将此作为重点研究，也没有拿到可供使用的样品，加之42所突然搬迁湖北，导致这项工作中断了。1973年，长春应化所又开始研究溶液丁羧胶的合成，并给46所提供了2千克溶液丁羧胶样品做固化试验。

原材料的供应对配方研究起着决定性的作用，这是崔国良经过无数次失败得出的一条经验。他在聚硫橡胶推进剂研究中发现，推进剂质量长期不稳定的主要原因，是二氧化铅质量不稳定；而他也曾为了探究铝粉的粒度大小，数九寒天奔走于东北三省，终于找到了一种合适的铝粉，终结了困扰许久的不稳定燃烧。在崔国良的努力下，聚硫橡胶推进剂一系列配方研究均取得成功，满足了我国第一代固体火箭发动机研制的需要，推动了我国固体火箭事业的创建，而且它的研究实践，为固体复合推进剂的研究开辟了途径，奠定了基础。

随着我国固体火箭技术的进一步发展，聚硫橡胶推进剂品种、能量终究满足不了发展需要，所以探求更高能量的固体推进剂新品种势在必行。而要进行推进剂新品种的研究，对原材料的研究必须先行。

崔国良格外珍惜长春应化所于1973年提供的2千克溶液丁羧胶样品，这之后，长春应化所又分几次提供了十几批不同规格的单体胶用于试验。在崔国良的指导下，46所的研究人员对这些样品进行使用鉴定后认为，溶液丁羧推进剂在力学性能方面比乳液丁羧推进剂有明显改善，由于其胶本体黏度低，可以添加更多的固体组分，从而提高了推进剂的能量，因此，应该作为丁羧粘合剂的一个新品种给予重视和发展。

原材料有了，设备却还没有着落。为筹措聚合设备，崔国良亲自带领46所合成室的研究人员到北京进行采购。由于市场供应匮乏，虽然他们跑了许多设备生产、供应单位，但一些必需的设备仍未能解决。后来，崔国良到国防科委拿到了武器研制需求的介绍信，又带着合成人员到卫生部、商业部进行协商，这些问题才逐一解决。

万事俱备，只欠东风。只要上级一声令下，溶

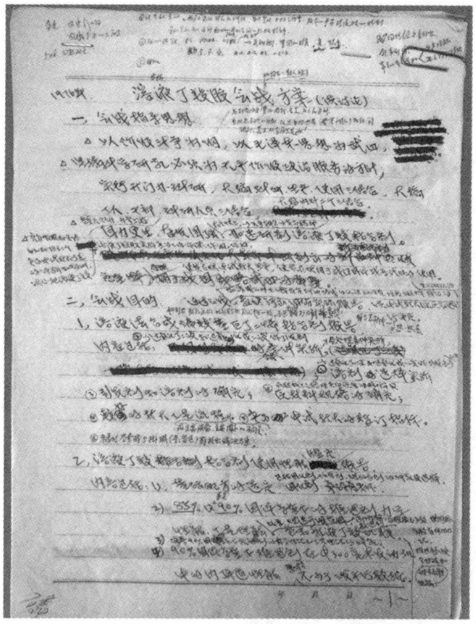

崔国良批示过的《溶液丁羧胶会战方案》（讨论稿）

液法丁羧推进剂的攻关工作就可以上马了。

1975年10月，崔国良为了溶液法丁羧推进剂的研究工作，专门向化工部二局汇报，希望能采取研究、使用、生产单位三结合的方式，在使用单位组织一次技术攻关，召开小试鉴定，再考虑中试扩大。听取汇报的化工部有关人员认为，现在搞三结合太早，因为长春应化所只做了过氧化丁二酸方面的工作，对过氧化戊二酸的工作还没有进行过研究。

攻关工作被叫停，崔国良再一次意识到了原材料的重要性。他一次次奔波于46所和长春应化所之间，终于说服长春应化所进行过氧化戊二酸的研发工作，并在长春应化所的协同下，开展了过氧化戊二酸为引发剂合成溶液丁羧推进剂的研究工作。同时，他也派出业务骨干，到各个研究所搜寻合适的原材料。1976年5月，研究人员刘济威到上海试剂三厂参与原材料研制协作，待了好几个月才回到南地。他没想到，到家的当天晚上，崔国良就从呼和浩特市赶了30千米路到他家中。两个人风尘仆仆，以茶代酒，兴奋地聊起原材料和协作的情况，他们的眼睛炯炯有神，充满了希冀，话题渐渐脱离了寻找原材料的主题，越来越靠近对明天的渴望，他们在讨论我国固体推进剂的光辉未来。

在崔国良的坚持下，溶液丁羧推进剂在短时间内就取得了极大的进展。1976年6月，在北京民族饭店召开的全国固体推进剂会议上，根据溶液丁羧胶初步研究成果，确定溶液丁羧为新型固体导弹型号所用推进剂的粘合剂之一。1977年4月，四院在西安召开的新型固体导弹型号预研工作会议上，再次确定了新型固体导弹型号第一级发动机采用溶液丁羧推进剂，并上报七机部。尽管新型固体导弹型号最终因种种原因没有使用溶液丁羧推进剂，但崔国良在推进我国推进剂新品种的更新换代过程中，起到了决定性的作用。

4. 受命于临危之时

作为我国第一型固体潜地弹道导弹，"巨浪一号"开拓性的意义用三个关键词可以概括：固体、潜地、弹道导弹。其中，"固体"指"巨浪一号"的动力装置是固体推进剂发动机，和液体推进剂发动机不同的是，固体推进剂发动机具有体积小、质量轻、机动性好、发射准备时间短等优点。也因此，固体导弹不需要射前加注推进剂，隐蔽性好，可以在行进中作战，特别是具备远洋作战能力。"潜地"是指导弹由潜艇水下发射，然后打击地面、陆上目标。"弹道导弹"是指导弹按照预定飞行弹道飞行。由于"巨浪一号"通过潜艇在水下航行过程中发射，发射点是运动的，因此，必须实时测量发射点坐标，对数据进行实时弹道计算，起飞以后数据才能确定，导弹便按照预定弹道飞行。

由此可见，作为导弹的"心脏"，固体推进剂发动机的研究可谓是重中之重。"巨浪一号"一级发动机是我国当时有型号背景的固体火箭发动机中体积最大的，技术难度大，预研成果少，无国外经验可借鉴，可以说是摸着石头过河，因此，发动机的研制成为"巨浪一号"能否成功的关键。

"巨浪一号"两级大型固体推进剂发动机非常复杂，所用的材料就多达近百种，有200多个规格，材料供应涉及化工、冶金、轻工、石油、机械、兵器、航天等多个系统的50多个单位，而且它们几乎都有特殊的性能要求，这意味着材料本身的研制也具有相当的难度。何况大部分材料与发动机同步开展研制，这对于本来难度就很大的发动机研制而言，更是雪上加霜。

这两种发动机的研制在1967年全面铺开。“文革”期间，四院副院长、总工程师杨南生带领科技人员，克服重重困难，在政治环境和自然环境都很恶劣的呼和浩特远郊的荒原上，完成了“巨浪一号”两级固体火箭发动机的模样研制，为以后的研制工作奠定了基础。1976年粉碎“四人帮”后，中国大地拨乱反正，百废待兴。彰显着我国国防实力的航天事业在受到严重破坏后，也面临着机遇和挑战。中央决策的“三抓”任务，是中国航天重新崛起的重要标志，其中的“一抓”就是“巨浪一号”。

航天产品是严格地按照模样阶段（M）、初样阶段（C）、试样阶段（S）、定型阶段（D）的研制程序开展的。1976年，处于模样阶段的“巨浪一号”两级发动机只是通过了方案试验，很多关键技术还没有突破，不同状态下的点火热试车、各种环境下的例行试验还没有开展。

固体火箭发动机的研制特点是：在没有最后定型前，每个不同的研制阶段中发动机结构和性能的变化，都要通过全尺寸发动机地面点火试验来验证方案的正确性，所以，“巨浪一号”两级固体发动机差不多需要做几十次全尺寸点火试验才有可能最后定型。在这种情况下，每组织一批发动机投产大约需要半年时间，而且在一种技术状态没有经过热试车之前，第二台发动机还不能装配，完全是串联式的研制流程。

有人说，“固体发动机是炸出来的”，这话一点也不过分。从初样阶段开始，试验站就经常传出发动机爆炸和穿火的巨大声响，尤其是一级发动机，从头部烧蚀、筒体穿火，到尾部喷管飞出，每一次试车失败的故障点都不一样。每次发动机试验失败，都要找到发动机的穿火点或爆炸点，进行故障原因分折。技术人员要从内蒙古半米高的草丛中，找出飞得四散的一块块燃烧的金属和非金属残骸，并从中找到发动机的穿火点或爆炸点，这犹如大海捞针，难度可想而知。

试验的一次次失败，技术状态的一次次更改，总是拖延着导弹总体研制的进度，这引起了国防科委和七机部的关注。郑天翔部长指示科研生产局局长钱维崧要盯在四院内蒙古基地抓发动机的研发工作，因此，钱维崧每次到内蒙古，一待就是几个月。而由于三线建设和更大型发动机的研制需要，与崔国良密切合作的老战友、“巨浪一号”两级固体推进剂发动机的负责人杨南生副院长带着一批技术人员，被调往西安，研制工作陷入了群龙无首的混乱局面。

就在这个紧急关头，崔国良临危受命，七机部四院总工程师、“巨浪一号”副总设计师的重任落在

七机部四院（内蒙古指挥部）
原办公大楼

了他的肩上。这是荣誉，是党和人民对他的信任，也是肩上沉重的责任。崔国良知道，这意味着更困难、更复杂的工作，等待着他去决策、去解决。

固体火箭发动机设计和生产，涉及到很多学科和专业，如机械设计、热力学、燃烧理论、塑性力学、金属材料等。崔国良是推进剂专家，从苏联回国后长期从事推进剂配方的研究工作。然而，推进剂配方设计只是固体火箭发动机这个庞大、复杂工程的一个分系统。而其他许多专业知识是他不熟悉、甚至从来没有接触过的。为了挑起总工程师的重担，他一边深入基层，在实践中学习，一边还要自学发动机设计理论和相关知识。

1978年，崔国良和刘宝芬的家从南地搬到了呼和浩特市，四院机关的办公室也在城里。早于崔国良调到院机关情报室工作的刘宝芬很高兴，她以为，崔国良不用再挤一个多小时的班车去南地上班了。在这以前，刘宝芬偶尔会和崔国良一起挤班车去南地办事，班车里既没有暖气，也没有空调，冬天车里就像冰窖，夏天满车的人挤在一起，热得透不过气来。她并不指望丈夫有多少时间照顾家里，只是心疼他，如果每天能多出一个小时的休息时间，这对一个起早贪黑工作的年近半百的老人是多么地重要。然而她错了，崔国良比以前更忙了，他就像一个上紧了发条的钟表，一旦走起来便无法停下来。

崔国良上任了，工作人员却很难在办公室找到他。他们的“崔总”每天要到

30多千米以外的科研生产和试验基地深入现场，就地协调和处理技术问题。研制工作存在的问题很多，研制每向前推进一步，都有意想不到的问题发生。例如，技术状态变化问题、壳体或喷管加工问题、推进剂配方的燃速调节问题、药柱缺陷探伤问题、试车内弹道曲线异常问题等，常常是按下葫芦起了瓢，研究人员在电话里又汇报不清楚，只能等着崔国良去现场处理、协调。一次，“巨浪一号”第一级发动机前顶盖拧上去之后，显示密封圈压缩量差，如此进行点火试车，可能造成发动机头部穿火，从而导致试车失败。经查，螺纹的外径和内径符合设计要求，问题究竟出在哪里呢？有人提出是螺纹中径出了问题，为了验证这种说法是否正确，崔国良亲自查看了现场，又查找了机械设计的相关资料，最终做出了正确的决策，确保了试车成功。

总工程师在一线亲自解决技术问题，不分大小，事必躬亲。在这种环境和条件下，在技术上没有吃透、还有很多未知的技术关键没有攻克之前，只有这样深入细致的工作作风，才能推动研制工作的进展。有人形象地说：“崔总简直就像一个大调度。”这话非常准确地评价了崔国良的工作状态和工作作风。对此，奉郑天翔部长之令，在内蒙古基地蹲点的钱维崧深有感触地说：“我们抓‘巨浪一号’是从螺钉、螺帽抓起的。”

就这样，崔国良几乎天天都要在相隔几千米的各厂、所、站奔波，哪里有问题，哪里就能看到他的身影。他患有高血压，身边的工作人员经常看到他一边吃着降压药，一边还在坚持工作。受崔国良的影响，机关管计划调度、质量、工艺的同志们，也几乎不在办公室里待着，自发挤班车到试验厂、所，跟随崔国良处理各自分管的工作。中午，他和机关的工作人员都不回家，每个人都用饭盒带着家里准备的饭菜，到调度室煤气炉的蒸锅上热一热再吃。打开饭盒，各家的饭菜几乎都一样，崔国良也没有特殊供应，一样的玉米面窝窝头，一样的炒土豆丝、炒大白菜。崔国良和大家有说有笑，一边吃着简单的饭菜，一边讨论工作问题或聊聊家常。崔国良既是行政领导又是总工程师，但待人十分谦和，没有一点架子，技术上也非常民主，与技术人员之间没有干部和群众之分，与大家同甘共苦。虽然条件艰苦，但有“崔总”身体力行，带领着大家为一个共同目标奋斗，大家都不以为苦，反以为乐，心甘情愿跟着他干，无怨无悔。

在研制过程中，大大小小的问题不计其数，由于通信不发达，崔国良纵然有三头六臂，也没办法完全了解一天的研制工作中出现的所有问题。为了尽快解决问题、不延误研发进度，崔国良想了个办法，他要求调度室每天出一份研制快报，当天晚上必须送到他的手中，以便第二天能直接处理研制中的问题。研制快报需每天手写，调度员高崇武每天都要骑着调度室的挎斗摩托车，到南地调度室去协调各厂、所、站的生产、配套、总装、试验等工作，晚上再把当天出现的问题整理出来，送到崔国良办公室或家中。而崔国良没有一次拖延耽搁，第二天都能根据问题去现场或者召开各种分析会或评审会，或者直接到生产车间、实验室、试车台，现场解决问题。

就这样，崔国良白天辗转在科研生产第一线，晚上在办公室查看研制快报，学习知识，钻研理论，并用理论知识指导实际，常常工作到深夜。机关的工作人员经常看到他的办公室灯火通明，他在孜孜不倦地学习、思考。不管学习到多晚，第二天照常去南地处理、协调技术问题。他不是铁人，不是不知道辛苦，只是深深懂得自己肩上的担子有多重；他承担着党的信任和委托，他没有退路，只有前行；他觉得自己就是一个纤夫，逆水行舟的时候，崔国良用自己的智慧和汗水，与同伴们用无声的默契来保证所拉的航天事业的大船不搁浅，不触礁；他们要用自己全身的力气、所有的血汗来保持前进的脚步。崔国良心里暗暗发誓：拼了命，也要完成党和人民交付的重任！

5. 鞠躬尽瘁为“巨浪”

粉碎“四人帮”后，“巨浪一号”两级固体推进剂发动机的研制工作有了新转机。1978年年初，在十年动乱中历尽曲折、艰难前进的固体推进剂发动机的第一级通过了全程试验，5月结束了初样研制。紧接着，在“巨浪一号”副总设计师崔国良的组织下，固体推进剂发动机在试样研制中，一举突破了壳体强度关以及一级发动机推力向量控制关。这些成功，与崔国良近乎忘我的拼命工作是分不开的。

为了使“巨浪一号”能够早日飞行，无论严寒酷暑还是日晒雨淋，崔国良都坚守在科研生产第一线。此时已是内蒙古七机局副局长兼总工程师的崔国良和大伙一样天天挤班车，年轻人给他让座，他均婉言谢绝。虽然崔国良从未抱怨过一句，但管后勤的同志们心里还是犯起了嘀咕。整个内蒙古七机局都没几辆小轿车，经过协调，后勤部门将一辆使用多年的上海牌小轿车派给崔国良使用。此后，崔国良的车每每路过班车站的时候，速度会慢慢缓下来，车窗会慢慢摇下来。崔国良总觉得，自己一人坐一辆车是很奢侈的事情，他想尽量多捎一些同志，捎一段路是一段路。

让同志们印象更深的，是坐在摩托车挎斗里的崔国良。崔国良总是奔波在路上，即使是破旧的上海牌小轿车，有时也不能保证他使用。大家很难记清有多少次，崔国良是乘着调度室的挎斗摩托车往返于各厂、所、站之间了。内蒙古冬天原野上的北风，吹到脸上如同刀割，他呼出的哈气在嘴上、眉毛上、皮帽子上结了冰霜，迎着呼啸的狂风岿然不动，像一位出征战士的雕像；内蒙古高原的夏天，太阳一晒，干热的气浪能有40摄氏度，摩托车挎斗里就像个大蒸笼一般，扶着的铁架摸上去都烫手，崔国良全然不顾，总是一步就跨进车斗，汗水湿透了衣襟他也毫无怨言。

有一次，已经安装在试车台上的第一级发动机压力传感器标定出现问题，可能会影响到试车按计划点火。听到这个消息，崔国良立即赶往现场。天空已是阴云密布，很快就要下雨。内蒙古夏天的暴雨很是吓人，炎热干旱的地方，雨水不下则已，一旦下起来，往往就是暴雨加冰雹，鸡蛋大小的冰雹甚至会将蔬菜大棚打成筛子、把小轿车的玻璃砸出个洞，暴雨会将土路冲毁，使土坯房倒塌，发生山体滑坡、泥石流等严重灾害也不是危言耸听。第一级发动机所在的试车台离调度室还有三四千米，是最偏远的试验站，调度室里的同志们都劝崔国良等雨停了再去，但崔国良等不及了，他立刻命令“摩托车司机”高崇武：“去！赶快开车，我们马上赶到现场。”高崇武了解崔国良的脾气，他不敢劝阻，也不敢耽搁片刻，只能将车开得快一点儿、稳一点儿、再快一点儿……

摩托车在通向试验站的路上飞驰，还没到试验站便雷电交加，空旷的荒野上，没有村庄和任何可以避雨的遮挡物，闪电从空中冲向地面，把昏暗的大地照得雪亮…… 高崇武知道，雷雨中行驶在旷野中是最容易遭到雷击的，十分危险。但是，没有办法，只能硬着头皮向前冲。到了试验站，崔国良和高崇武身上的衣服全湿透了。大家看到他们冒着暴雨来到现场，纷纷拥上前来，有的递毛巾给他们擦头上的雨水，有的脱下自己的工作服给他们披上…… 而崔国良却先把毛巾递给身边的高崇武："快擦干，别感冒了。"眼神里满是深深的歉意，如果可以，他宁愿一个人淋雨。这就是崔国良，心里想的总是别人，恰恰没有他自己。

当天晚上，崔国良就发烧了，但他全然不顾，第二天又准时出现在试验站的工作现场。

还有一次，"巨浪一号"第二级发动机交付到南京总装厂进行总装对接时，由于吊车起吊时突然失控，发动机在距离弧形架30~40厘米的高度突然坠落。

这是一台准备进行飞行试验的发动机，必须保证万无一失。这一突然坠落，使研究人员乱了阵脚。发动机在出厂前都要进行测试动态力学性能的冲击试验，主要通过测定冲断一定形状的试样所消耗的功，来确定发动机在经受外力冲撞

"巨浪一号"飞行试验现场

时的安全性、可靠性和有效性。一般来说，轻微的冲击如发动机运输过程中的颠簸等并不会影响发动机的状态，可发动机高空坠落要比做冲击试验时的状态恶劣得多，经过这次猛烈的冲击，发动机燃烧室内部结构有无变化，绝热层和药柱界面之间是否脱粘，都成为未知数。为了保证飞行试验成功，发动机必须从千里之外的南京再运回呼和浩特做模拟冲击试验，然后用直线加速器进行探伤，最后确认发动机内部的质量状态是否满足飞行试验的要求。

20世纪70年代末、80年代初，我国还没有技术归零的标准，但崔国良果断决策，无论如何也要做发动机故障复现试验。由于吊车是在起吊和行进中失灵的，发动机既受到纵向冲击，又受到横向冲击，因而进行故障复现试验的难度可想而知。为了能准确模拟这种故障状态，崔国良和研究人员设计了缜密的故障复现方案：在露天用大吊车吊起发动机，然后有意操纵吊车失控，使发动机猛然落到卡车平板的弧形架上，此时，正在运行的卡车也突然刹车，造成发动机纵向和横向同时受到冲击，然后，再把发动机拉回探伤间，由研究人员进行直线加速拍片探伤。崔国良坚持发动机必须要进行反复冲击和探伤，直到彻底做到心中有数，才能结束模拟试验。

此时正值10月底，内蒙古已天寒地冻，故障复现试验每天都要在露天连续进行十几个小时。崔国良每天都要到现场指挥试验，他要亲自掌握第一手资料，眼见为实，才能做到心中有数、正确决策。在呼啸的北风中，崔国良一站就是几个小时，手脚都冻僵了。他不停地搓手、跺脚，同事们劝他回屋暖和一下，他总是笑着拒绝，坚持等到试验结束才肯进屋烤烤火、喝口热水。由于内蒙古基地进行了充分的复现试验，最终保证了发动机飞行试验的成功。

崔国良总是这样废寝忘食、夜以继日地工作，这对他的健康伤害很大。由于长期处于脑力和体力的极度疲劳中，崔国良身边的工作人员都感到他走路有时不稳，说话也不太连贯，大家劝他休息，他却总是笑笑，很轻松地说："没关系，高血压老毛病了，吃点降压药就好了，现在研制工作这么紧张，我怎么能休息呢！"看着他步履蹒跚的身影，大家又感动、又担心，只能在心里默默地祝福他身体健康。然而，可怕的事还是发生了。

"巨浪一号"第一级固体发动机有四个喷管摆动，技术难度大、关键技术多，因此在设计上采用四个喷管与后盖形成组合体方案，组合体再装配在燃烧室后开口上。这对直径1.2米的大后盖密封结构要求非常高，在发动机工作热胀变形时，也应保证密封效果绝对可靠，否则就会因穿火而导致失败。

在崔国良的主持下，研究人员对密封结构进行了多次改进，经过多次点火试验后，基本确定了较为可靠的密封结构设计方案，但该方案必须通过地面点火试验才能最终确定。此次试验，关系到第一发“巨浪一号”陆基飞行试验，以及“巨浪一号”全武器系统的研制进度能否按时间节点进行，只能成功，不能失败。如果地面点火试验成功，第一级发动机就可以按此技术状态研制生产，保证“巨浪一号”全武器系统的研制进度；而一旦失败，后果可想而知。国防科委、七机部领导都密切关注这次试验，崔国良没有退路。

第一级固体发动机运到了试验站。在50吨试车台上，发动机经过保温、吊装、水平调试之后，还要安装推力、应变等传感器，并经过传感器标定、测试仪器调试、合练等工序，才可以正式进行点火试验。这三天的准备时间对崔国良而言，既短暂又漫长。他期待成功的到来，盼望着凝结了无数人心血的发动机顺利通过“期末大考”，圆满完成光荣而神圣的使命，不拖“巨浪一号”研制进度的后腿。这成功来得太慢，等待的时间太漫长；三天时间又太短暂，这三天里，他寝食难安、提心吊胆，每天都要到试验现场了解和掌握第一手资料，出现问题马上召集开会、现场解决问题，如果时间再长一点儿，也许他们会做得更好，发动机会飞得更美！

在万众瞩目之下，“巨浪一号”的第一级固体发动机终于要点火试验了。

总控制台的发令员发出了“倒计时！ 10、9、8、……3、2、1”口令时，所有人都屏住了呼吸，等待着那惊天动地的轰鸣。

“点火！”

突然间，一条巨大的火龙从试车台喷出，从100米的导流槽冲天而起，向空中弥漫。短短的61秒，对现场的人来说，却仿如61年，成功或失败，在此一举！

可想而知，崔国良要承受的责任和压力，比别人更大。他陪同钱维崧局长站在测试室里，两眼紧紧盯着示波器上打印出的纸带上的推力曲线，推力曲线慢慢地在试车声的消失中回到零位，这意味着，试车成功了！

人群中发出热烈的欢呼声，崔国良仍然一动不动，两眼仍然紧盯着归于零位的推力曲线，仿佛不敢相信眼前的一切。突然，他跑起来了，一步一瘸地从测试室向坡上的试车台跑去。他围着试车台上还冒着浓烈呛人气味的发动机，仔细地观察着，像对待自己的孩子一样，用手抚摸着还发热的发动机壳体，兴奋地对工作人员说："绝热效果很好，发动机头部用手摸还是凉的。"崔国良长长地出了一口气，他笑了，多少个不眠之夜，多少次技术方案的决策，多少次往返于各厂、所、站的奔波，今天总算有了完满的结果，他应该笑，应该欢呼，他内心的喜悦那么巨大，又怎是笑和欢呼可以表达的！

这时，太阳已经西斜，崔国良招呼钱维崧和高崇武在那辆黑色上海牌小轿车后排的座位坐好，自己则缓缓地坐到副驾驶座位上。终于可以返回呼和浩特、在家好好睡上一觉了！小轿车迎着夕阳欢快地飞奔着，西边的晚霞照在崔国良的脸上，他的脸色显得红润而光亮。按照他平时的习惯，工作了一天，下午在回家的车上总要闭目小憩。可今天，崔国良却异常兴奋，他似乎不觉得累，还不停地说着话，讲发动机技术上的一些问题和处理方案。车快开到城里了，钱维崧和高崇武发现崔国良讲话开始断断续续，脸上、额头上渗出一层细微的汗珠。他们都以为崔国良累了，长期的压力、绷紧的神经和废寝忘食的工作，他就是个铁人也该累了。

小轿车停在崔国良家门口，他没有下车，而是用尽全身力气打开了车门，头歪到了一旁。开车的高师傅吓坏了，他快速从车上下来，绕到右边，试图扶崔国良下车，但崔国良已经站不起来了。高崇武和钱维崧也下了车，一起扶住已经昏迷的崔国良。

事不宜迟。钱维崧立即报告七机部领导，七机部领导又立即报告国防科委领导，国防科委领导马上指示内蒙古军区253医院组成医疗组，对崔国良进行抢救。

妻子刘宝芬还在机关开会，不在家。崔国良11岁的女儿正在院里和小朋友们做游戏，等着妈妈下班回来做晚饭。在她的记忆里，自己生病时，爸爸总会买来水果罐头喂她吃，虽说生病很难受，可是难得有水果吃，所以，生病也是甜味儿的。而爸爸是顶天立地的，爸爸是从来不会生病的。而现在，突然有小朋友叫她的名字："志红，快去看看你爸爸怎么了？"—— 爸爸就躺在眼前的小轿车里，车门打开，可是爸爸已经不能自己下车了。经常来家中和爸爸谈工作的高叔叔和钱伯伯一脸紧张，钱伯伯问她："志红，你能找到妈妈吗？"她点点头，拼命地跑，跑到妈妈办公的大楼，可是妈妈并不在她去过的办公室里，她找不到妈妈了。

爸爸憔悴的脸一直在小志红的眼前浮现，她又伤心，又害怕，一边哭着，一边跑回爸爸身边，她要守护着爸爸。不知道过了多久，刘宝芬终于回来了，高师傅立刻开车，把崔国良送到内蒙古军区253医院紧急抢救。小志红记得，爸爸在担架上躺着，想说什么却一句话也说不出来，他的嘴有些歪、嘴唇干裂，身边的妈妈一直用手绢沾着水，轻柔地为爸爸擦拭嘴唇上的裂纹。志红的心，因为妈妈的镇定和安抚，渐渐平静了下来。

崔国良一直患有高血压，这次昏迷是由于疲劳及用脑过度造成的右脑出血。由于抢救及时，昏迷

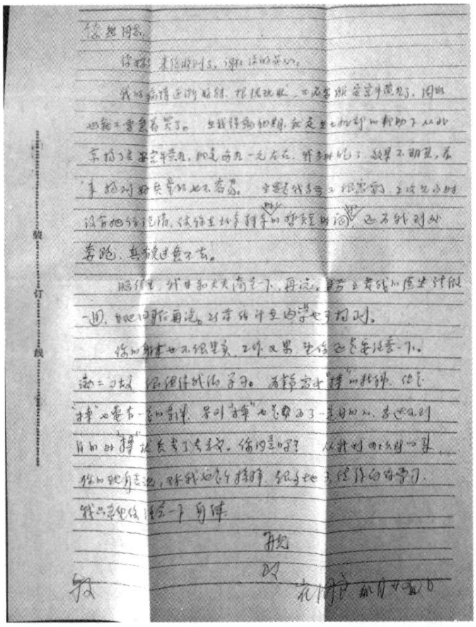

崔国良在生病卧床期间，写给老朋友、老同事李德然的信件，嘱咐他要注意身体

了一天一夜后，崔国良苏醒过来，顾不上安抚守在身边的妻女，第一句话就问："发动机内弹道曲线正常吗？"在场的人无不感动，含着眼泪告诉他，计算参数符合设计要求，请崔总放心，好好养病。

在三个月的休养期间，机关工作人员自发排了个陪床名单，轮流到医院陪护崔国良。崔国良总是惦记着研制工作进展情况，除了仔细询问每个陪床的工作人员，还经常把代理他工作的副总工程师邵爱民叫到医院，听取汇报并做指示。三个月后，崔国良在医院再也待不下去了，在医生的允许下，回家继续休养。可出院没几天，他就又出现在内蒙古基地各厂、所、站了。

1981年6月17日，我国首发"巨浪一号"固体潜地弹道导弹在经过漫长而艰苦的研制后，按照研制工作的总体部署，首先要在陆地发射台上进行飞行试验，再进行核潜艇水下发射试验。陆地发射获得圆满成功，我国第一发固体战略导弹飞起来了，这对拖着病体仍在坚持工作的崔国良来说是最高的回报和安慰。

有些事情，只有经历了，才有穿透心扉的体验。回首往事，崔国良不觉得有什么遗憾，那走过的路，那熬过的夜晚，那越过的"擦耳岩"，那爬过的"手爬崖"，是艰难，也是幸福；是风险，也是刺激；是付出，也是收获；是痛苦，也是喜悦。

解放軍報
JIEFANGJUN BAO
新华社公告
正当全国军民认真学习、贯彻党的十二大精神之际
我国向预定海域发射运载火箭成功
中共中央、国务院、中央军委发电祝贺
希望参加研制和发射试验的同志们认真总结经验，戒骄戒躁，再接再厉，努力奋斗，进一步提高各自的业务水平，为国防科技、国防工业攀登新的高峰，为实现国防现代化作出新的贡献！
热烈祝贺潜艇发射运载火箭成功

1982年10月17日的《解放军报》，整版报道了“巨浪一号”发射成功的消息

大海落潮了，金色的夕阳把海水照射得通体透亮，大海的落潮悄无声息，不像涨潮时的咆哮和凶猛，没有卷起千堆雪的壮观和豪气，一切都归于平静，仿佛什么都没有发生过。

然而，每一次攻克难关，每一次试验成功，跋山涉水，历尽艰难，终于取得最后的成功，这点点滴滴，祖国记得，人民也记得。

1982年10月16日，中共中央、国务院、中央军委发来贺电，“巨浪一号”发射成功，“是党的独立自主、自力更生方针的又一胜利，标志着我国运载火箭技术又有了新的发展”。中央军委副秘书长张爱萍指出：“我国战略核武器不仅将有陆上机动能力，而且又将有海上机动能力，这是一个质的变化。”张爱萍在接见崔国良时说：“这次试验成功，在技术上是一次飞跃，你们在内蒙古艰苦创业，流血流汗，成功地研制出了我国自己的固体发动机，我向大家表示感谢。”

1985年，“巨浪一号”固体潜地战略武器及潜艇

水下发射，获国家科技进步特等奖；“巨浪一号”导弹第一级和第二级固体推进剂发动机，获国家科技进步一等奖；两级发动机共获国防科工委重大科技成果一、二等奖6项，三等奖12项。

然而，成功的喜悦只是刹那间的火花，很快就消失了，崔国良刚轻松了一点的肩膀又沉重起来，沉甸甸的责任感再次压在了他的心头。崔国良深知：科学在发展，祖国在前进，新的时代日新月异，没有时间驻足欣赏成功的花朵，来不及品尝胜利的美酒，一项项课题、一个个难关需要破解和攻克，必须开足马力，快马加鞭。

“攻城不怕坚，攻书莫畏难。科学有险阻，苦战能过关。”这是开国元勋叶剑英写下的一首诗，也是崔国良一生追求的终极目标，他将又一次扬帆起航。

崔国良

崔国良院士传记

Academician Cui Guoliang's Biography

第六章

将卫星推向准静止轨道

丁羟推进剂是在崔国良的带领下，由四位平均年龄不过30岁的年轻人研发出来的，它见证了我国“三抓”任务的胜利完成。

1. 留下了一百单八将

1975年8月下旬的一天，玫瑰色的晚霞染红了呼和浩特南地的胜利村。和崔国良住的“干打垒”差不多，胜利村里都是用土坯垒起来的平房，又小又窄，所以人们便给它起了个更形象也更亲切的名字——“鸡窝村”。

46所员工隋之进的家就在“鸡窝村”里，这会儿，一家人正坐在自家小院里，有说有笑地吃晚饭。他一抬头，突然看见一张熟悉的面孔，“呦！ 这不是在单位大会上见过的洋博士所长吗！ 他为什么会来到我这个小卒的家中？”隋之进很是惊讶，赶紧站起来和笑眯眯的洋所长握手。

洋所长当然不姓洋，他姓崔，名国良，因为在苏联留学取得了副博士学位，又是新成立的46所的第一任所长，所以，所里的职工都开玩笑地说他是个“洋所长”。

“崔所长，尝尝新下来的玉米吧！”隋之进从盘子里拿出一穗刚煮好的玉米递给他，崔国良并不客气，接过去啃了几口便大声赞扬：“很嫩，很好吃！”这一刻，年轻的隋之进觉得自己仿佛回到了农村老家，崔所长就像老家的邻居，那样的朴实，那样的亲切，他没有想到，这个洋博士所长竟然如此平易近人。

两个人边吃边聊，技术人员的话题总是离不开老本行，崔国良从生活中的柴、米、油、盐、酱、醋问起，聊着聊着，还是聊回了工作，聊回了46所、配方试验和固体推进剂的发展方向。

“你参加工作时间不长，对咱们46所还太不了解吧？”看着隋之进频频点头，崔国良神秘地说：“咱们所可不简单呢，虽然最初只有一百单八将，可是各个都是好汉呐！”

这一百单八将和崔国良一样，可谓是我国固体推进剂的开拓者，他们大多是刚一毕业，就被分到了长江天际流的泸州，抑或大漠孤烟直的内蒙古工作。年轻人听党的话，打起背包就来到42所，并很快承担起当时型号所需的三个系列中低能推进剂的研究任务。

一场会议改变了他们的命运。

1968年，极“左”思潮泛滥，七机部四院内蒙古基地召开了高能固体推进剂技术途径论证会。会上邀请了17个单位参加，选定了十大攻坚任务，并上报了国防科委和国防工办。上级领导指示，要抓好高能推进剂的研究和探索工作，并决定把湖北412建设工程作为42所新址，也就是我国高能固体推进剂的研究基地。

412建设工程原是为中国科学院大连化学物理研究所设计建造的，因体制调整划归七机部接管。这个建在山沟里的42所新址，是“备战、备荒、为人民”，“山、散、洞”政策的产物，动用了数千名民工劈山修路、筑堤建房，用了4年时间才非常艰难地建成的。

1970年8月15日，国防科委召开计划会议，会上有人不切实际地提出，我国的尖端技术要三年赶上、五年超过西方先进工业国家，要求42所的科研人员在一年半之内完成高能固体推进剂可供全尺寸发动机装药的任务。此时，我国低能固体推进剂的研制还没有完全过关，而因为原材料的短缺，中能固体推进

位于湖北郭峪山沟里的42所旧址，
现在成了航天教育基地

剂说是刚刚入门也并不为过，高能固体推进剂又要上马，时间紧、任务重，迫使内蒙古基地的领导和军管会做出了固体推进剂研究人员迅速迁往湖北的决定，要求42所80%的技术骨干在几天之内迅速开拔。于是，正在从事中、低能固体推进剂研究的技术人员，不得不放下手头的工作，草草收兵，闪电般地转移到了湖北谷城庙滩镇一个叫作"郭峪"的深山沟里。

1970年10月，崔国良在院机关科研处工作，因而不在南迁的人员之列。之前和他一起共事的42所大部分同志都走了，留守的一百余人一边收拾行囊，一边继续工作，就等待着领导一声令下，离开漫天风沙的内蒙古，迁往山清水秀的南方，与第一批迁走的同志会合。然而，中、低能固体推进剂的研制过程远远比想象中的艰难，遇到的问题也比想象中的要多得多。某型号两级发动机装药出现裂纹、脱粘，导致地面试车失败；返回式卫星上的制动式火箭发动机使用的推进剂，力学性能一直达不到要求；389厂在装药的时候，发生立式工房大爆炸，损失惨重。在如此严酷的现实面前，杨南生副院长终于下了决心，留下的同志必须继续驻守内蒙古，解决中、低能固体推进剂研制过程中存在的问题，"雁南飞"的梦碎了。

面对十分简陋的设备和空空荡荡的实验室，以及一系列棘手的问题，留下的同志们并没有灰心，他们戏谑地称自己为"一百单八将"，摩拳擦掌，不做出一番成绩来决不罢休。他们怀着强烈的责任心和一腔爱国热情，从固体事业大局出发，安心塞外，扎根荒漠，开始了十分艰难的攻坚战。

“一百单八将”中的一小部分人去了389厂的装药车间，大部分人组成了推进剂研究室，研究室下设5个专业组。依靠着“南飞”的同志们没带走的胶化机、拉伸机、燃速仪等设备，研究人员开始攻克中、低能固体推进剂装药过程中的种种问题，一百来个人承担了多个型号、十余种发动机的研制和生产任务。当推进剂各种配方下厂装药时，研究人员也参与投料工作，和389厂的工人师傅一起埋头苦干。长年累月的紧张工作，而且长期接触有毒化工药品，不少同志白血球严重下降，肝功能受到损害，甚至有人出现了血液中毒，但是他们谁也没有患得患失，而是团结一致，奋力拼搏，将自己的青春默默献给了固体推进剂事业。

直到1973年元旦，“一百单八将”才真正有了自己的组织、自己的名字——46室。之后，46室又演变为46所。

隋之进发现，崔所长说到留下来的同志们的艰辛委屈，眼睛里竟泛起泪光；而说到问题解决、研究取得突破，他又笑得像个孩子。也是啊，隋之进早就听说，崔国良虽然工作在院机关，但实际上一直奔波在固体推进剂研究的第一线，和“一百单八将”

同甘共苦，是我国中、低能固体推进剂研究的领头人，其中的酸甜苦辣，他也再清楚不过了。而隋之进和其他46所职工都不知道的是，46室能够升格为46所，从而使我国固体推进剂的研究重心转移到中能固体推进剂这条合时宜的正确道路上来，也是这位“洋所长”一手促成的，而这一切又要从湖北郭峪深山沟里打响的高能战役说起。

奔赴湖北的技术骨干，在深山沟里安了家，就立刻投入到高能固体推进剂的研究中去了，工作是从新型原材料的研制开始的。1970年年底，42所派出了70余名技术骨干，到武汉参加有十余个单位参加的“325会战”，主攻方向是高能原材料的合成；同时，42所原材料研究室还组织了精兵强将，开展了氟氮化合物、三氢化铝等重点项目的合成研究；分析、测试室的同志们紧密配合原材料的研制工作，创建了多种分析和测试方法，对中间体及最终产物

2011年，崔国良（前排中）重返42所，和当年一起奋斗的老同事、老朋友合影留念

进行分析鉴定……

崔国良虽然身在内蒙古，却一直关注着42所高能推进剂的研制进展。1973年，在杨南生副院长的指示下，崔国良带着两名同志，悄悄去了湖北的郭峪山沟，开展了全面的调研工作。

调研结果令他非常惊讶。经过昔日同事们的艰苦努力，氟碳粘合剂、氟氮粘合剂、氟氮增塑剂、硝仿肼、三氧化铝等样品已经“横空出世”，并在两个配方室中开展了原材料之间的相容性等配方途径探索试验研究。然而，这些高能组分虽然含能较高，但它们的化学活性太大，在稳定性、安全性等方面均无法满足固体推进剂的技术要求。而且，由于高能原材料大多属于易燃、易爆且有毒物质，而研究人员认识不清、重视不够，导致会战前前后后发生了16起事故，仅1971年就发生事故12起，牺牲1人，重伤4人，轻伤20余人。

夜色如浓稠的墨砚，深沉得化不开，偶尔几声蝉鸣奏响在寂静的深山里，也迅速融化在风中。夜已深，大山里的家家户户早就熄了灯，忙碌了一天的技术人员早已进入了梦乡。崔国良还坐在台灯下，他睡不着。看着身边已经睡熟了的同事们，听着平稳而均匀的呼吸声，“他们在山沟里走了一天，调研了一天，是该好好休息一下了。”崔国良欣慰地想。

他也在山沟里走了一天，调研了一天，可是他睡不着，也不能睡。

此时崔国良的心情很沉重。他意识到，在型号任务重、要求高的当前，中能固体推进剂才应是推进剂研究的中流砥柱，片面、过高地追求能量只会事倍功半，这也是违背一切产品制造的普遍规律的；追求事物的先进性必须兼顾其现实性、可靠性、经济性，才能获得真正的社会价值，反之则可能花费巨大的人力、物力，甚至付出生命的代价。

此时已是“文革”末期，虽然“大跃进”的无厘头式的盲目和狂热已渐行渐远，但它的残余依然在人们的脑海里顽固地存在着，扰乱着人们的正常思维。

人们宁愿相信一些不可能发生的事情，相信人定胜天，相信“人有多大胆、地有多大产”，而把科学和实事求是当作前进的绊脚石。

崔国良是一个科学家，科学家的良心不能让他对眼前的现实熟视无睹。崔国良是一名共产党员，一个共产党员的职责也让他必须说实话，说真话，哪怕是戴上“右倾”的帽子。

台灯下，他奋笔疾书，把调研的情况一五一十地写进了报告，呈报到了杨南生副院长的案头。也正是他的这份资料详实、观点鲜明的报告说服了杨南生。杨南生留住了内蒙古等待“南飞”的技术人员，稳固了中能固体推进剂的基础。基于此，1975年4月25日至5月4日，在呼和浩特召开的复合固体推进剂专业会议上，提出了“集中力量巩固提高中能推进剂的性能，研制工作要做深做细、深挖潜力、缩短研制周期”的要求，并指出“目前，我国的型号任务立足于中能推进剂，而中能配方的研究工作尚很繁重，因此我们要迅速加强46室的组织领导和人员设备的落实，同时也要389厂、7416厂分担一部分中能配方的提高和改进工作”。

崔国良非常敬重的杨南生副院长

之后，46室在人员和设备方面得到了充实，生产、生活条件等得到了改善，并且还增设了机加车间，完善了图书情报工作，加强了政治工作机构，后勤工作也设专人负责。随着条件的成熟，1975年8月18日，在46室的基础上，我国第一个中能固体推进剂研究所在内蒙古基地呼和浩特市正式成立，上级决定由崔国良任临时领导小组负责人。

中能固体推进剂研究所正是隋之进所在的第七机械工业部第四研究院第46所，而崔国良，就是那个“洋所长”。

2. 新官上任三把火

都说“新官上任三把火”，崔国良上任的第一把火，点燃的是我国中能固体推进剂新配方的研发火炬。这就是崔国良会坐在隋之进家的小院里唠家常的原因。

“小隋啊，你参加工作时间不太长，我建议你在丁羟推进剂上多做些工作。”崔国良讲明了他的想法，看似无意，实则深思熟虑。他语重心长地和隋之进解释原因，“国外资料对丁羟推进剂的报道很多，现在，咱们国内的长春应化所的岳国粹研究员已经合成出了丁羟胶，正在推进剂领域推广应用，我认为，我们应该开展端羟基聚丁二烯固体推进剂，也就是丁羟推进剂的研究工作……”

崔国良是一位严谨缜密的科学家，也是一位有超前意识、敢想敢做的先行者。虽然他反对冒进，反对不切实际地追求“高、大、全”，但他也深知世界的风云变幻、国家的快速发展不允许他亦步亦趋，必须放眼全球，不能只把目光停留在目前正在攻关的丁羧推进剂上，机不可失，时不待我。

崔国良一直关注着国外推进剂的发展情况，四年多的留苏生涯，使他阅读起俄语资料来毫不费力。在浩如烟海的资料里，他好多次读到“丁羟推进剂”这个新名词，并对此产生了浓厚的兴趣。妻子刘宝芬在院里的情报室工作，对各国推进剂的新进展，她甚至比崔国良了解得更清楚。因此，晚上在家，他们的聊天内容也总是围绕着推进剂，最近，妻子常提到的也是丁羟推进剂：美国正在研究丁羟推进剂，丁羟推进剂不需添加稀释剂，丁羟推进剂已经浇注了固体火箭发动机……有了妻子的帮助，崔国良更是如虎添翼。他知道，与所里正在下大力气研究的丁羧推进剂相比，丁羟推进剂具有更高的能量和安全性，应该也必须加以研究；而作为把控大局的领导，他也清楚，坚持推进丁羟推进剂的研究，和当年自己坚持在聚硫橡胶推进剂里添加铝粉一样，阻力重重。

一个新事物的出现，总是会面对无穷无尽的质疑。丁羧推进剂的研究正在紧要关头，任务繁重，要按期上型号，“巨浪一号”等着它们扬帆远航，一飞冲天。46所共六个室，有四个半室的人都在围着它打转，没人愿意花心思到一个新生的、还不知道会不会成功的配方上来。有些人心里还有自己的小九九，毕竟丁羧推进剂要用在“巨浪一号”上，成功了可是青史留名的事儿啊，别说这个丁羟推进剂研制不一定能成功，就是成功了，谁知道能不能最终用在型号上？配方定了型，最后却没有用上，其实是常事儿。

年轻人，脑袋里的框框少，血气方刚，敢冲敢闯。世界终归是年轻人的，就像年轻的丁羟推进剂一样。崔国良这么想着，心里有了主意。

隋之进果然不含糊，他听了“洋所长”的话，毫不犹豫地答应了下来。

除了负总责的崔国良，三十岁出头的隋之进在我国丁羟推进剂配方研究的四位人员中，是最年长的人了。我国固体推进剂的中坚力量、大名鼎鼎的丁羟推进剂就是在崔国良的带领下，由四位平均年龄不过三十岁的年轻人研发出来的。研究小组的组长是隋之进，组员分别是刚从上海复旦大学化学系毕业分配到46所工作的大学生赫明鲲、女大学生张桂兰和在42所南迁时留下的一名女工人赵凤玲。

新配方的研究工作定了下来，崔国良开始烧他的第二把火。他针对无政府主义造成的后果及陈年旧习，组织制定了46所的规章制度，对所里的“吃大锅饭”现象开了刀。在这个时代，如果没有勇气和见识，这些措施还真制定不出来呢。在崔国良的领导下，46所的科研和生产很快有了起色。

第三把火是一把和科研工作不搭界的火。作为一所之长，崔国良不仅要领导所里的科研工作，还要从硬件方面保障科研工作的开展。

由于46所是在四院内蒙古基地46室的基础上成立的，各项工作如科研所的组织机构，型号配置，中层领导干部的配置，以及技术人员的引进，实验室和工房的建设，玻璃仪器、化学试剂和设备的采购，后勤保证等一系列工作都要在

46所原办公楼

短期内做好，从一个研究室扩大到一个研究所，任务是非常繁重的。

46所从研究室扩大成了研究所，之前闲置的生产厂房、实验室、办公室都被大量征用。有些厂房暖气设备老化，水垢沉积到水管中，1.2寸的管子里，水垢的厚度竟达8毫米！10月底11月初，内蒙古的天气越来越冷，崔国良特别着急，他一次次和四院机关反映，为了不耽误科研生产的进程，他又亲自带领四院机关的干部，穿着水暖工的工作服，每天开地沟、安暖气、改进暖气设备。暖气维修的队伍里有处长，有科员，十来个人在天寒地冻的户外干了大概10天，终于在供暖期之前把所有供暖设备更新了一遍，做到了如期供暖。

暖气修好了，确保了大家工作、生活不再受冻，崔国良又琢磨上了大家伙儿的吃住。46所初创时期人员较少，住房还不是一个特别困难的问题。之前因为工作的调动，崔国良的家早就搬到了四院机关。调回46所后，他也一样成了回不了家的“单身青年”——为了工作，他和新分来的大学毕业生一样，住所里的单身宿舍。年轻人四人一间，他和党委书记李泰源两个人住一间，这是他仅有的特殊待遇。

俗话说，人是铁，饭是钢，一顿不吃饿得慌。46所没有自己的食堂，一开始，46室也就二三十人，还可以在389厂的食堂里凑合一下。1975年8月，46所已经扩大到100人，以后又慢慢扩大到了二三百人，而职工食堂从场地到资金、设备都成问题，这是所长崔国良最大的心病。

崔国良是个不善言辞的人，尤其不擅长向上级领导提要求、讲条件，但想到所里年轻的职工们在有毒有害的环境里加班加点地工作，还吃不上一口热乎饭，他咬咬牙，堵在领导办公室门口，要来政策、筹足经费，终于建起了职工食堂。

1976年的神州大地，各处物资都严重匮乏，食堂虽然有了，炊事员也难为无米之炊，做不出什么有油水的菜来。崔国良是个细心的所长，他嘱咐炊事员，要按照大家口味去做，其他的由他来想办法。

内蒙古虽然粗粮比较多，但46所是化工单位，油、糖的配额都比地方群众高，细粮也相对多一些，细粮里掺上玉米面，包馄饨、包饺子、蒸馒头，炊事员变着花样做，大家也吃得很开心。主食已经算得上丰盛了，蔬菜和肉的供应却十分困难，崔国良希望他的职工每天都能吃到蔬菜和肉。在崔国良的支持下，46所仅有的一辆大卡车，在不运送发动机的时候总是东奔西跑，主要就是给大家拉菜买肉，连小朋友看到卡车呼啸而过时，都知道中午食堂又会做好吃的了。

运气好的时候，后勤部门还能从辽宁、山西买到苹果，一人可以分到一筐，有时还分大米、油、鱼。多年以后，当年的大学毕业生早已白发成霜，但他们还记得当年是如何将冻得硬邦邦的鱼用热水化开，煎鱼的香味家家户户都闻得到，小孩子们兴奋地又蹦又跳。而在崔国良看来，这还不够。作为技术人员出身的所长，他最知道化工战线的科研人员有多辛苦，只要有机会，他就想方设法地改善大家的生活。

后来，崔国良又发现了一个公开的秘密：内蒙古地方领导都爱来看46所的发动机试车。这实在不能算是个秘密，剧烈的轰鸣声，长长的火焰从喷管中狂飙而出……发动机试车是相当壮观的，这是我国社会主义发展的伟大成就，谁会不爱看呢。发现了这一点之后，每次一有试验，崔国良就以“看试车”的名义，请当地卫生局、粮食局的领导到46所参观，让地方政府充分了解化工战线职工生活的艰苦、试验工作的艰辛，从而为职工在生活待遇上争取到更多的关怀和补助。此时此刻，被发动机震耳的轰鸣声撩拨得热血沸腾、被航天人无私奉献的精神感动得热泪盈眶的各级领导们，哪一个也不是铁石心肠，欣然许诺，当场拍板，慷慨解囊，鱼水情深。每一次试车都像一场热烈的联欢会，而且变成了46所的保留节目，既完成了科学知识的普及和宣传，又得到了地方领导的理解和支持，还鼓舞了科研人员的士气和信心，三全其美，何乐而不为？“洋所长”也有“土办法”，他的灵活性、他的洞察力和他的亲和力对46所在艰苦的条件下生存、发展、壮大起到了决定性的作用。

当然，在这个年代，无论崔国良如何努力，能吃到鱼的时候终归是数得过来的，同志们在内蒙古吃得最多的还是土豆白菜。但也许就是那似有似无萦绕在记忆里几十年煎鱼的香气，使他们回忆起当年，嘴角总是洋溢着笑容。他们都感念，崔所长为了大家能吃得好一点儿、住得舒服一点儿，花了无数的心思。

作为一名国内知名的科学家、学术带头人，崔国良除了关心科研生产，还挖空心思为职工谋福利。衣食住行，凡是他能解决的都为大家考虑到了。也难怪，他会受到全所职工的尊敬和爱戴，而当他受了委屈，几十年之后大家还在为他鸣不平，而他自己或许都已经将这些不快忘到九霄云外了。

现在的人可能无法想象，没有桌子、椅子、柜子，什么家具都没有的房间怎么能叫家，又如何能生活呢？可那就是46所职工的家，家徒四壁，几乎什么都没有。内蒙古草高树稀，木材很少，崔国良让后勤部门从东北拉来了一批水曲柳，又找木匠打了一批大木箱子、五斗柜等常用的家具。因为木材有限，家具也有限，单身职工一人分了一个大木箱子，成了家的职工只能按一定标准，分别分了五斗柜或三屉桌，而崔国良自己，却什么都没领。

这样竟也惹来了麻烦。有一天，崔国良一到办公楼，就看到楼道里围满了人，人们指指点点说着什么。有人在看热闹，可大多数的人显得愤愤不平。“文革”还未结束，人们习惯于用大字报来表达不满，崔国良也被贴过一些大字报，无非是“修正主义”和一些无关痛痒的问题，大伙儿早就熟视无睹。可是这一次不同，虽然又是一张大字报，可这次画的是崔国良的画像，戴着一副眼镜，眼镜上一边写着柜子，一边写着桌子，底下写着“崔国良”三个字。他明白了，这是有人对家具的分配不满呢！

僧多粥少，不可能每个人都能分到一套家具，崔国良自己也是家徒四壁。他第一次看到自己的画像，确切地说是漫画，虽然没有故意丑化，只是夸张了一下而已，仍然让他难受不已。他是一个洁身自爱、有强烈自尊心的人，非常看重别人对自己的评价，这张漫画真的让他伤心了。

崔国良什么也没说，默默地走进了自己的办公室，把自己关在了里面。这是少有的现象，围在楼道里的同志们有点心慌了，他们从来没有见过崔所长这么伤心过。在他们的记忆里，崔国良是一个很爱笑的人，在他的脸上不论什么时候，都洋溢着灿烂的笑容。即便是在最危难、最关键的时刻，只要看见他和蔼的微笑，每个人的心就会安静下来，一股泰山压顶不弯腰的豪气直冲云天。

围在楼道里的同志们骚动起来，脾气急躁的同志要去找画漫画的人讨个说法。就在这时，办公室的门开了，崔国良神清气闲地走出来，看着大家微微一笑，这个笑容是大家熟悉的，坦然、平静、豁达、自信。他走到大字报面前，又认真地看了看自己的漫画，像孩子般开心地笑了，而且自言自语道：画得挺像的，神似形也似。

要为他讨说法的同志不干了：有本事当面说，贴什么大字报？

崔国良又笑了：他没有匿名，他画了画，就等于告诉我们他是谁了。画画比直接说出来好，画画直观，还能充分发挥我们的想象力，是一种艺术的软性批评。他能给我画漫画，一是了解我，要不然画不了这么像，既然了解我，就知道我会认真考虑，而不会打击报复。再者就是这位同志家里情况的确困难，实在没办法了，才会贴大字报，我应该把工作做得更细致一点，对这样困难的同志给予多一点的照顾和帮助……

这就是崔国良。他的处事哲学，永远站在别人的角度去考虑问题，永远替别人着想。自己受的委屈，靠自己博大的胸怀去默默地化解。在他看来，即便是别人朝你扔石头，也不要扔回去，留着日后做建高楼的基石吧！

30多年后，很多当时在场的同志说起这件事，都还在为他们敬爱的崔所长感到委屈。在不少人家里，至今还保留着崔所长当年为他们打的水曲柳的大立柜和五斗柜。而且他们也都不约而同地提起，崔国良每每回到46所，都会问起

46所的老同志家里，还在使用当年发的五斗柜

画漫画同志的近况，有时甚至还会亲自去探望。

这样的心胸，就像崔国良年轻时候最爱的大海，海纳百川，有容乃大。就像他最喜欢的范仲淹诗句：不以物喜，不以己悲；登高望远，宠辱皆忘；把酒临风，其喜洋洋者矣。

3. 两手抓，两手都很硬

1975年冬，“文革”还未结束，我国经济领域、科学领域都受到严重的破坏，发展停滞不前，航天系统也是“文革”的重灾区之一。可在同志们的记忆里，在崔国良的领导下，46所的科研工作几乎没有受到社会政治背景的影响。

一方面，崔国良紧抓我国的型号生产和预研工作，基础科学技术研究也没有中断，这些都取得了卓越的成绩。另一方面，除了搞试验，崔国良鼓励年轻人也要多学习理论基础知识。在他的带动下，

46所学术氛围十分浓厚，很多年轻人为了节省时间读书，晚上就住在办公室。46所的科研生产大楼几乎彻夜灯火通明，成了内蒙古基地的一景。

丁羟推进剂的研制正是在这样的背景下开展的。而崔国良坚持推进丁羟推进剂研究的最大原因，正是美国资料里报道的：丁羟推进剂配方中无需添加稀释剂。

当时，无论是丁羧推进剂，还是聚氨酯推进剂，在研制过程中，都要添加苯乙烯作为稀释剂。一方面，稀释剂可以降低药浆的粘度，从而使药浆变稀，增加流动性，易于浇注；另一方面，苯乙烯毒性很大，对人体有伤害，而且对推进剂的能量没有任何贡献，在固化过程中还需要把稀释剂抽掉，但仍有大量的残存，增加了发动机的消极质量。

能不能去掉稀释剂呢？研究人员尝试不添加稀释剂，但给推进剂的成型工作带来了很大的困难——就像揉面一样，水少了面团会干，难以操作；但面粉少水多，馒头就不瓷实。

丁羟推进剂的优点之一就是配方内不用添加稀释剂，这一点，很快就得到了研究小组的证实。不仅如此，无须加入苯乙烯就能制作出来的丁羟推进剂药条，固体含量、密度、热焓值都更好，能量比丁羧推进剂要高3%。此时，整个四院只在东门有一台北京738厂在20世纪60年代生产的DJS-6型计算

46所简陋的实验室

机，内存资源仅32K，赫明鲲正是用这台计算机，夜以继日地计算了好久，才得出了这让支持的人欣喜、让反对的人心服口服的能量指标。

不用说，最高兴的人当然是崔国良。事实证明了他的坚持是正确的。

崔国良在丁羟推进剂研究过程中投入了很多心血。他参加了每一次工作讨论会，不仅经常给研究人员讲解理论、传授研究经验，而且一有时间，他就穿着深蓝色的工作服，到实验室和大家一起做配方试验，进行配方组分预混、清理胶化机，亲力亲为。

隋之进还记得，崔所长给他上了印象深刻的一课。以前做完试验，年轻人都用棉纱布清理做药的盆盆罐罐。有一次，他们正在清理器皿，崔国良来到了实验室。“这样做不好，你们应该用残药将盆擦干净。”崔国良边说边挽起袖子来示范，“就像和面一样，和完面用面团才能把盆完全清理干净。配方里十几种组分，有的份量非常小，如果盆擦不干净，药的成分就会发生变化，影响药的性能。”崔国良耐心地解释道，手里的盆也被擦得干干净净了。接着，崔国良还给大家说了个笑话：“你们知道吗？过去新媳妇进家门，是要接受婆婆考试的，考试的项目就是和面，合格的媳妇和完面，必须做到‘三光’—— 面光，手光，盆光。大家互相看看，你们是不是合格的媳妇呀。”几位年轻人看看自己，又看看对方，都笑了起来。崔所长在研究上的严谨认真，影响了46所一代又一代的科研人员。

在崔国良的指导下，丁羟推进剂的研究工作进展很快。到1976年年底，经过一年多的研究，丁羟推进剂基础配方的主要性能都优于丁羧推进剂和聚醚聚氨酯推进剂，接下来的工作就是进行直径300毫米发动机的装药工作了。

由于研究时间短，丁羟推进剂本身的固体含量又高，研究人员对丁羟推进剂的特性也不是完全熟悉，五发发动机均出现了不同程度的脱粘现象。崔国良参与了整个装药的过程，一发现脱粘现象，他当机立断，采取灌浆方式来解决脱粘的问题。

有人曾经生动地描述过固体推进剂的危险性，如果一个小钢球在推进剂表面滑半米，推进剂就可能爆炸。直径300毫米的发动机是圆形的，如果灌浆，需要研究人员用勺子一勺一勺地往发动机壳体和药柱的缝隙中灌。

在崔国良的指导下，赫明鲲每天下班后就来到实验室，一勺一勺地往发动机里灌浆，用了20多天才将发动机灌完。之后，这五发发动机进行了点火试车，均取得了成功。可以说，到这一步，丁羟推进剂的配方研制工作已经基本成功了。

崔国良的决定是基于他对丁羟推进剂特性的了解。除了能量高、不需要添加稀释剂外，他们还发现丁羟推进剂有一个显著的优点：安全性好。研究人员曾经把丁羟推进剂药柱放在46所后面的山坡上，用半自动步枪射击，子弹穿过药柱留下了一个小孔，药柱都没有发生燃烧和爆炸。这可谓是个意外之喜。

而这些，都是丁羟研究小组的几位同志加班加点、废寝忘食的成果啊！然而，这样努力工作的同志不只有他们，在崔国良等所领导的支持和鼓励下，大家都以努力工作、学习理论为己任，年轻人下班以后在办公区看书、学外语、做试验，不同研究室的人互相交流白天的工作心得；热火朝天的讨论也感染了所里的青年工人，他们在工作之余，也开始积极复习功课，准备高考；同时，这样的工作氛围也影响了老同事，他们吃完晚饭，又从家中骑车来到办公室，和住在单身宿舍的崔国良以及加班加点的年轻人共同讨论、共同成长。

崔国良读书的时候，养成了每天锻炼的好习惯，他也将这一习惯带到了46所。他知道，化学试剂对人体侵害很严重，因而，研究人员除了要吃好、休息好以外，文体活动也是必不可少的。为了搞好群众的文体生活，崔国良几次请示上级领导，终于在46所办公楼前后和实验区修建了一个篮球场、一个排球场和几个羽毛球场，并购置了相应的体育器材。

46所年轻人多，每天上午10点后有20分钟的休息时间，时间一到，大伙就争先恐后地往楼下跑，占场地、建队伍，排球比赛立刻就开始了，来晚的同志只能排队等着。崔国良不忙的时候，也会参与到排球比赛中来，虽然他已经40多岁了，但仍然能

46所的老同事们聚在一起，庆祝崔国良（前排右四）80岁生日

打全场，大家都乐于和他一队。他过硬的排球技术让小青年们大开眼界，殊不知他在北京三中上高中时，就是排球场上的一名健将。后来，46所老老少少的研究人员的运动细胞都被调动起来了，一个排球场不够用，就又开辟了一个。再后来，其他的实验区也开始建球场、买器材。46所带动了整个基地的体育运动。

身体是革命的本钱，崔国良常常这样告诫同事们。他告诉大家：腾不出时间锻炼，迟早会被迫腾出时间生病。真正改变命运的，并不是我们的机遇，而是我们的态度。热爱生活是一种态度，积极进取也是一种态度；尊重生命是一种态度，爱护自己的健康也是一种态度。人生有三样东西无法挽留——生命、时间和爱，所以我们能做的就是去珍惜。只有同时拥有睿智的头脑和强健的体魄，才能最好地报效祖国。

4.“欢迎你到新疆来！”

这是一次震动全球的外交活动。1972年2月21日，全世界观众在第一时间从电视上看到了这一幕：美国总统尼克松和中国总理周恩来的手跨过太平洋握在了一起。然而，把这一新闻传遍世界的却是美国的通信卫星。事后，周总理指示有关部门，我们也要搞自己的通信卫星。

1975年，在国防科委主任张爱萍的主持下，经过充分的调查研究和反复讨论，制定了我国战略导弹和航天技术新的发展规划，确定了我国20世纪80年代前期主要的发展目标，即“三抓”任务：向太平洋预定海域发射液体远程弹道导弹、发射地球同步轨道试验通信卫星、从水下发射固体战略导弹。

1977年9月，党中央正式批准“三抓”任务规划。除了液体远程弹道导弹，其他两项任务都和崔国良密切相关：从水下发射的固体战略导弹正是崔国良担任第五责任人的“巨浪一号”，而地球同步轨道试验通信卫星“东方红二号”远地点发动机则采用了46所自主研发的丁羟推进剂。

远地点发动机的作用，是将试验卫星从大椭圆转移轨道精确地推进到准静止轨道，它是卫星实现同步定点的关键之一。据有关资料报道，国外在发射静止轨道卫星过程中，曾多次发生远地点发动机不点火或工作不正常，而导致整个发射失败的情况。因此，在东方红二号通信卫星的总体方案中，对远地点发

地球同步轨道试验通信卫星
“东方红二号”

动机在性能和精度方面的要求比过去研制的固体推进剂发动机都高得多，特别是要求发动机在更高的空间轨道环境运行更长的时间后，仍然能够可靠地点火和工作。

为了满足这些要求，“东方红二号”远地点固体推进剂发动机采用了一些必不可少的新技术，如发动机壳体采用强度高、质量轻的玻璃钢壳体方案。由于卫星的总体布局要求，远地点发动机被设计成为一个短粗胖体，燃烧室类似于一个扁平的柿子形状，这种形状给玻璃钢纤维的缠绕带来了很大困难。研究人员经过多次摸索、改进工艺，消除了缠绕过程中经常发生的质量问题，使燃烧室壳体的强度完全符合设计要求。

在固体推进剂方面，“东方红二号”远地点发动机计划使用丁羧推进剂。1977年4月，46所604室负责丁羧推进剂研发的同志们，在西安进行“东方红二号”远地点发动机的装药过程中发现，丁羧推进剂无法满足“东方红二号”远地点发动机的能量要求。也就是说，原计划被推翻，丁羧推进剂不可能将“东方红二号”送到同步轨道了。虽然此刻的西安已经入春，但研究人员的心里却是寒冰一片，付出了那么多的心血和努力，结果却是这样！

比他们心里更着急的，是必须统筹全局的崔国良。在丁羧推进剂装药过程中，从研究人员打回内

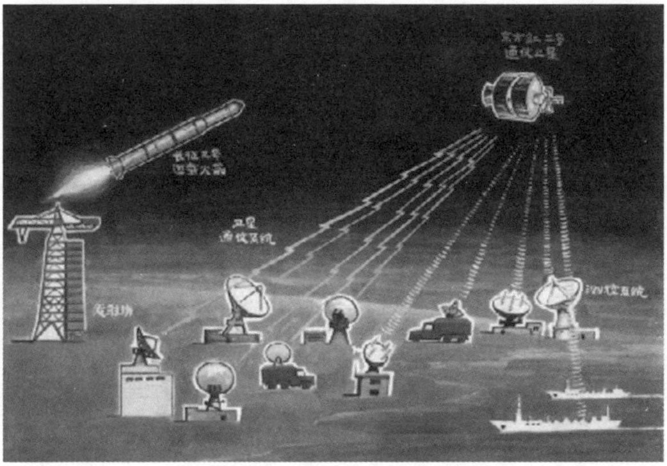

“东方红二号”工作示意图

蒙古的一个又一个电话里，崔国良已经意识到可能存在的问题。他知道，“东方红二号”远地点发动机必须采用能量比较大的推进剂，丁羧推进剂无法保证发动机在真空环境下点火启动的可靠性，而新研究的丁羟推进剂能量大、易引燃、燃烧性能稳定，是更理想的选择。然而，崔国良也知道，如果一开始贸然提出更换推进剂，将会面临很大的阻挠；何况，丁羟推进剂也在研究初期，还不足够成熟，发射“东方红二号”通信卫星可是大事！ 一方面，他坚持和丁羟研究小组一起开会、做试验、解决问题，积极推进丁羟推进剂的研究进程；另一方面，他把想法藏在心里，只是告诉丁羟课题组的研究人员，做好随时出差的准备。这就是崔国良，他从不打无准备之仗。

也许之前众人都对他坚持进行丁羟推进剂配方的研究充满了疑问和顾虑，而如今，事实会给他们一个解答。

6月初，丁羟推进剂配方的研究小组也来到了西安，他们是来7416厂进行配方扩大试验的，丁羟推进剂配方到底能不能用于“东方红二号”远地点发动机装药，要试验结果来说话。

直到出差当天，隋之进和赫明鲲都不知道，当时只有崔所长大力支持的丁羟推进剂，从预研到试车成功不过用了一年多时间的丁羟推进剂，将要上型号了！而且，这还是在和倾全所之力、研制了十多年的丁羧推进剂的性能“PK”中领了先，靠自己的“本事”上的型号！

好事多磨，这话一点儿不假。在实验室里各项指标都正常的丁羟推进剂，到了西安，突然出问题了。按照流程，研究人员要将做好的推进剂药浆浇到一个铝的方坯盒里，等到固化完成之后，再将推进剂药块切成小丁，准备进行力学性能等相关参数的测定。

然而，就在固化这一步出了问题。做好的药浆浇注到方坯盒里之后，迟迟无法固化。研究人员又进一步调整参数、加大固化剂的含量，做了好多次试验，仍然是失败。

夏天的西安，如同一个大火炉。隋之进和赫明鲲就在蒸笼一样的车间里坚持试验，满头大汗也根本顾不得擦。说也奇怪，这推进剂就跟有灵气儿似的，也和人一样，表面总是有一层朦朦胧胧的水珠。

扩大试验进行不下去了。隋之进把电话打回了内蒙古，在他心里，只要和崔所长汇报了，就没有解决不了的事儿。

“崔所长，我认为推进剂无法固化，和我们使用的原材料有关。不是一个厂家的材料，配方参数就会有变化，再加上西安天气比内蒙古潮湿得多，也妨碍了推进剂的固化。”

这正是崔国良一直在思考的问题。和丁羧推进剂相比，丁羟推进剂的优点特别多，但是，它也有个致命的缺点：怕水。在丁羟推进剂的固化过程中，固化剂本应和丁羟胶的OH反应，OH和水（H_2O）结构相近，一旦推进剂中有水，固化剂就会和水产生反应，影响丁羟胶的交联程度。而丁羧推进剂的固化过程中则不存在这个问题。

崔国良略一沉吟，当即拍板：“你们先去想办法买台除湿机，解决潮湿的问题。我这就让所里的大卡车给你们拉咱们用的原料过去，我随后就到，看看到底是什么问题。扩大试验必须成功，不能失败！”

隋之进还不知道，丁羟推进剂将肩负起丁羧推进剂没能扛起的责任。

卡车拉着原料到西安的时候，崔国良也到了。

隋之进像吃了颗定心丸，看到崔所长在，他就安心了。

经过崔国良和7416厂专家的“会诊”，以及两个多月的配方调试试验，研究小组认为，该配方性能可以满足扩大装药，经7416厂领导同意，决定在1977年7月中旬，扩大投料装“东方红二号”远地点发动机。

这是我国自主研发的丁羟推进剂首次在型号发动机上扩大装药。为了满足通信卫星对远地点发动机总冲误差、推力偏斜、推力横移等精度要求，在研制过程中采取了多种控制装药精度的措施：用高精度秤严格控制装药量，尽可能减小加工误差；为了提高装填系数，发动机装药还采用先进的药型。

崔国良得知投料日期后，马上又从气温凉爽的呼和浩特赶往炎热的7416厂，指导年轻人选定投料配方参数，以确保装药万无一失。李乃暨到了，杨南生到了，肖淦到了，武仲璋到了，阮崇智到了，所有和我国固体推进剂共同成长的老领导、老专家们都来到了西安，从早晨盯到晚上，连吃饭都在车间里。460千克药从胶化到浇注，再到固化、发动机试车，丁羟推进剂扩大试验获得了圆满成功！

1984年4月8日，长征三号运载火箭成功发射我国第一颗地球同步轨道试验通信卫星“东方红二号”

这标志着46所丁羟推进剂已经成功应用于东方红二号通信卫星的远地点发动机，试车现场沸腾了。

在1978年到1982年间的研究过程中，远地点发动机总共进行了45次地面试车，其中10次高空模拟试车。到1983年9月，开始交付产品。后来，该远地点发动机及其改进型，在我国系列通信卫星、气象卫星发射中屡建奇功，获国家质量金奖。

1984年4月8日，我国第一颗地球同步轨道试验通信卫星“东方红二号”发射升空，长征三号运载火箭把卫星送入转移轨道，星上远地点发动机受地面测控站遥控，在地面发出点火指令后，远地点发动机立即按指令点火工作，将卫星送入准静止轨道，成功定点于东经125度赤道上空。

东方红二号通信卫星的发射成功，也标志着我国航天“三抓”任务胜利完成。张爱萍称赞“三抓”任务为“一鸣惊人，再鸣震全球，三鸣震寰宇”。东方红二号通信卫星果真是不负众望，震了寰宇！

4月17日晚上，乌鲁木齐市十几万群众怀着喜悦的心情分别围坐在电视机旁，首次看到了由东方红二号通信卫星转播的中央电视台节目：《新闻联播》、电视剧、商品广告…… 图像清晰，声音响亮。在此之前，新疆、内蒙古、西藏等

光明日報
GUANGMING RIBAO
1984年4月19日 星期四

社会主义现代化建设的一个重大成就 独立自主、自力更生方针的又一重大胜利

我国试验通信卫星四月十六日定点成功
中共中央国务院中央军委致电热烈祝贺

试验通信卫星发射成功，标志着我国航天技术有了新的飞跃。这是参加研制、试验的全体同志在党中央、国务院、中央军委领导下，团结一致，百折不挠，刻苦钻研，辛勤劳动的成果。这对于加速我国社会主义现代化建设的进程具有重大意义，对于全国人民也是极大的鼓舞

热烈的祝贺 重要的启示

1984年4月19日的《光明日报》头版头条报道了“东方红二号”定点成功的消息

边远地区的人民群众只能看到一个星期以前的电视新闻报道，这一回，当大家第一次同步看到北京的电视节目时，连连称赞“亚克西”“亚克西”。

4月18日上午10点整，国防部部长张爱萍拿起了电话机，与新疆维吾尔自治区第一书记王恩茂开始了北京和新疆的第一次卫星通话。

电话接通了，张爱萍部长首先发问：“恩茂同志吗？”

“我是。”电话里传来了王恩茂书记清晰的声音，一点儿也不像是在千里之外。

张爱萍非常兴奋，他扔下事先准备好的讲稿大声说：“我和你订一个私交，哈密瓜上市了不要忘了告诉我！”

王恩茂书记的回答和所有热情的新疆人一样：“到时候欢迎你到新疆来！”

摄像机、录像机拍下了这一珍贵的镜头，我国自己的通信卫星“东方红二号”又把这一画面传播到我国的锦绣大地上。

自1982年“巨浪一号”的发射成功，到1984年东方红二号通信卫星的发射成功，只有短短的两年时间，中国航天向世界证明了中国的存在和强大。又有多少人知道，从1963年研究丁羧推进剂到1975年研究丁羟推进剂，崔国良顶住了多大的压力，付出了多少心血。而如今，当听到张爱萍部长和王恩茂书记的对话时，他笑了。他仿佛嗅到了哈密瓜浓郁的香味，尝到了哈密瓜沁人心脾的甘甜，看到了新疆各族人民的笑脸。就凭这，所有的痛苦和付出都值了。崔国良又把目光盯在了下一个目标上。

崔国良院士传记

Academician Cui Guoliang's Biography

第七章 无限风光在险峰

高能固体推进剂的问世，缩短了我国固体推进技术与国外先进水平的差距，并为我国固体推进技术的进一步发展，奠定了坚实的基础。

1. 向更高能量进军

1985年是一个不太平常的年份，我国科技界发生了一些可圈可点的事情：

1月1日，新年头一天，中华人民共和国正式成为国际原子能机构成员国。

2月20日，中国南极长城科学考察站建成，冰雪覆盖的极地第一次升起了鲜红的五星红旗。

2月22日，中国农业科学院畜牧研究所进行奶牛冷冻胚胎移植首次获得成功。

5月6日，美国挑战者号航天飞机完成了它的第7次飞行。在本次飞行中，美籍华人王赣骏博士成功地进行了液滴动力学实验。

6月4日，中央军委主席邓小平宣布中国政府裁军100万。裁军后中国军队中的科技成分将会得到加强。

7月1日，我国开始实行新的工资制度。体力劳动者收入大幅增加，不经意间就大大超过了每天“绞尽脑汁”的脑力工作者。于是，一个奇怪现象出现了，搞导弹的没有卖茶叶蛋的挣得多。一个叫“脑体倒挂”的名词应运而生，这让一些“自命清高”的知识分子沮丧不已，也让一直奋斗在科技第一线的科学家们一

1985年2月20日，中国南极长城科学考察站建成

度陷入了困惑。

9月14日，国家科委拟订了“星火计划”，“星火计划”是经国家批准实施的第一个依靠科学技术促进农村经济发展的计划。之所以叫“星火计划”，是因为中国的一句谚语“星星之火，可以燎原”，意为科技的星星之火，必将燃遍中国农村大地。

……

也就在这一年，崔国良携妻女一路风尘，从西安回到了北京。

24年前，崔国良离开了北京，他告别新婚妻子和他们刚刚组建起的小家，只身一人奔赴西安三所，开始从事固体推进剂的研究工作。从西安到泸州，从泸州又转战内蒙古，从内蒙古再次调任西安，这一走就是24年。如今，就像一个轮回，崔国良又从西安被调回北京，这个他决定献身航天事业的地方。

站在北京的大街上，崔国良有点惶惑，记忆中那些犹如迷宫的、名字稀奇古怪的胡同不见了，取而代之的是高耸云天的宏伟建筑。

国家图书馆1985年开工，于1987年建成，成为国内最大的图书馆；长城饭店、昆仑饭店、王府饭店一批豪华五星级饭店如雨后春笋般破土拱芽，呈现在人们面前。高208米的京广中心大厦鹤立鸡群，傲视群雄。

看着一座座宏伟建筑，感受着首都日新月异的变化，崔国良的心里却有些遗憾，他第一次认识北京就是从这些胡同开始的。1948年，他第一次离开家乡，来到北平，目的地就是坐落在祖家街的北平市市立第三中学校。祖家街东起赵登禹路，西到育幼胡同，就是一条历史悠久的胡同；而三中的教学楼就在祖家花园宅院里，一个在四合院里的学校。

上大学的时候，早上晨练，同学们也常常排成一列，沿着弯弯曲曲的胡同往前跑。北京的胡同，窄窄的、细细的、不急不缓地伸展着，似乎没有尽头。胡同两边的四合院，都敞着门，一股股做饭的香气从里面飘出来。细长的路边，杨树、槐树、柳树，不慌不忙地摆动着枝条。两棵树之间，拴着晾衣服的绳子，绳上飘着鲜亮的衣裳。跑一路看一路风景，跑多远也不觉得累。

如今，这一切都被拔地而起的的新楼遮住了，甚至取代了，崔国良的心里，五味杂陈。

此时正值寒冬，他大口大口地呼吸着北京深冬清冽的空气，浑身上下每一个毛孔似乎都在这刀子似的风中张开了，崔国良不禁打了个激灵。这风和崔国良熟悉的西北风不大一样，在内蒙古呆久了，崔国良已经习惯狂风中夹杂着沙粒呼啸而来，将人挟裹进去的感觉。现在这风是从他的家乡张家口，确切地说，是从阳原吹过来的。张家口是个风口，每到春天，那冰冷的风都会肆无忌惮地从张家口吹过来，穿梭在北京的每条街道和每个胡同。家乡的风是凌厉的，刮过树梢会发出“嗖嗖”的呼啸声，极少沙尘，清清冽冽，却像一把把锋利的小剪刀，把枯枝败叶毫不留情地剪了下去。

崔国良使劲地张开鼻孔，把自己的肺叶全部打开，去接纳这家乡的问候，在这风里他似乎闻到了母亲做的油皮和圪渣饼的清香，还有那让他怀念了一辈子的莜面糊糊，那一股淡淡的苦味里居然有一丝甘甜。

这次回北京，不是开会，而是切切实实调回来了，回到自己的家。已经四海为家惯了的崔国良突然忐忑起来，离家的时间太久了，有一种“却把他乡当故乡”的感觉。

崔国良离开北京的时候，儿子还没出生；妻子放弃了高校教师的工作、追随他到内蒙古的时候，为了不耽误孩子的学业，硬下心肠把儿子留在了外婆家。在崔国良的记忆里，这二十余年，虽然经常回北京出差和开会，但他和儿子相聚的时间是少之又少，儿子对自己“敬而远之”；自己对儿子鲜有亲昵，儿子几乎没有在他怀里撒过娇。这一次，崔国良终于调回了北京，走的时候还未出生的儿子已经是一名研究生了，他再也不能弥补儿子的童年，不能像照顾女儿一样给儿子哪怕系一颗扣子、讲一道物理题。看着儿子脸上新冒出的绒绒胡须，崔国良的心里犹如打翻了调料瓶，说不出的五味俱全。

纵使心里对儿子的愧疚再多，崔国良也别无选择。这次回来，他仍没有太多的时间弥补儿子，他还有更多更重要的工作要做。

这一次，崔国良是奉命回来的。1985年，张钧部长将担任航天四院科技

我国航天工业的开拓者之一和
卓越领导者——张钧部长

委副主任的崔国良从西安调回北京，担任航天工业部科技委常委、秘书长和国防科工委固体推进剂专业组组长，担负起更重的担子，向更高的山峰去攀登。

崔国良回来得急，部里还没有为他安排好住处，他和妻子女儿只能挤在招待所小小的房间里，全家的行李无处安放，在卡车斗篷里放了大半个月……但崔国良的心里暖暖的，他知道，这一次，自己站在更高的平台上、有更丰富的资源可以调动。这意味着，他十余年来一直魂牵梦萦的、每一个固体推进剂的研究人员都挂在心上的高能固体推进剂的研究有希望了！

1985年7月9日，崔国良同他的老朋友、航天部科技委常委钱维崧，向上级提出了“组织力量加快研制高能固体推进剂”的建议。建议指出：比冲2500牛顿·秒/千克的固体推进剂，是目前世界上最具有应用价值的、能量最高的固体推进剂。

世界上一些国家都曾努力攀登这一能量高峰。自20世纪60年代开始，美国、英国、法国等发达国家就开始了对高能固体推进剂的研究，曾一度形成了高能推进剂的研制热潮。

而真正取得成功的只有美国。美国为取得核军备竞赛的优势，在20世纪70

年代初成功研制出了高能固体推进剂。之后，美国的三个新一代战略型号“MX”“三叉戟－2”“侏儒”的九个固体发动机中的七个都采用了高能固体推进剂。

实际上，我国对高能固体推进剂的探索并不落后。20世纪70年代，我国吹响了向高能固体推进剂进军的号角。为了我国的国防科技事业，为了探索高能固体推进剂技术，一大批年轻有为、风华正茂的科技人员义无反顾地踏上了艰苦卓绝、危机四伏的高能固体推进剂探索之路。

研究高能推进剂，首先需要突破高能原材料的合成关。在近十年的探索过程中，研究人员对原材料的研究取得了一定的进展，但是限于种种原因，技术途径几经改变，历尽曲折，终未成功，随之陷入徘徊状态。是崔国良递到杨南生副院长案头的一纸报告，将我国固体推进剂的研究重心又转移到了中能固体推进剂上来。而事实证明，在人力物力都匮乏的当时，他的做法是正确的。

高能固体推进剂的研究暂时停止了。然而，作为我国固体复合推进剂的开拓者之一，这一领域的专家、学科带头人，崔国良在心里对此始终放不下，他一直关注着、思考着：20世纪80年代初，国外文献开始透露出高能固体推进剂的一些情报和信息；1983年，我国航天、兵器等有关部门开始了对高能固体推进剂的技术跟踪研究；与此同时，作为我国高能固体推进剂的另一突破方向，交联改性双基、丁羟四组元复合推进剂等的研究工作都取得了相应进展。

崔国良一直关注着技术的进展，每一份相关的信息和情报他都翻了不知多少遍，但他始终按兵不动。曾经的冒进带来的巨大伤害在崔国良的脑海里仍然那么清晰，他要在最恰当的时机，重新向能量的更高峰进军，一举突破难关，绝不允许失败。

这一次提交给组织的建议，是崔国良在对国外固体推进剂发展现状和趋势做了充分的调查研究、并结合我国的具体条件进行了可行性分析而形成的，有理有据，切实可行。航天工业部李绪鄂部长和科技委任新民主任很快做出了批示。因为需要多个单位协同攻关，李部长指示，将“建议”印发各有关单位，请他们准备意见，共同决定这件事“搞不搞”。而科技委任新民主任则从硝化甘油的供应和某原材料的技术现状和供应方面提出了一些想法，这也让崔国良受益匪浅。

1985年7月20日，崔国良和钱维崧又将自己的想法向国防科工委二局和三局的局长做了汇报。听了崔国良翔实而有说服力的汇报，两位局长一致认为：发展性能更好、能量更高的高能固体推进剂的方向是可取的，是研制先进、精良导弹的需要，应给予支持；但工作要扎实，步子要稳。因此，两位局长给崔国良和钱维崧的建议是，组织充分的论证，统一思想，统一认识，而后再制定具体的实施方案。和崔国良同年从苏联回国的国防科工委主任丁衡高也支持这一观点。于是，从上到下，开展高能固体推进剂预研工作的思想统一了。

也许是好事多磨，尽管崔国良的这一建议得到了上级领导的重视和支持，事情的进展却远不如想象的那么顺利。开始的两年，高能固体推进剂的预研由各工业部门自行安排，各自探索，研制工作一直处于原材料为主、基础配方探索为辅的研究阶段，进展十分缓慢；各研究单位之间也存在着技术封锁、低水平重复的现象。因此，虽然崔国良的建议是1985年递交上去的，可直到1989年，各单位的研究还都在外围打转。

崔国良知道，鉴于高能固体推进剂研究的难度，相关单位的领导对是否需要集中精力攻克高能固体推进剂的关键技术尚未形成统一的认识。有的单位正响应中央“以民养军”的号召，人员和经费都投在民品研发上；有的单位以前发生过事故，对高能固体推进剂的研发望而却步。即使是举双手赞成研究高能固体推进剂的研究人员对原材料、配方、相关技术设备、建设生产线等也有个认知的过程。

崔国良也理解，在325大会战人员伤亡惨重的阴影下，研究人员难免望而生畏，他们会避开危险的原材料，试图合成其他原材料来打开突破口。可偏偏最危险的也是最核心的原材料——硝化甘油的合成是五机部的专利，它也是垄断产业，航天部既没有掌握技术，也没有与之相匹配的生产线。由于硝化甘油危险性极高，难以运输，必须就地自己生产。

1989年11月，北京已经是天寒地冻，家家户户都生起了煤炉子，空气里弥漫着煤灰的味道。崔国良再也无法按捺焦急的心情，他在一次高能固体推进剂的交流例会上，向与会的研究人员下了死命令：航天42所、46所马上要建立硝化甘油生产装置，研制合成我们航天自己的硝化甘油！

这也许是崔国良一生中做过的最艰难的决定。

崔国良相信，只要是祖国的需要，航天人是会为了我国的航天事业豁出去的！这么多年来，他自己是这样做的，他身边的每一个工作人员，每一个技术人员，也都是这样做的。

可是，他绝不能让这些可爱的人做无谓的牺牲。

在苏联攻读副博士时，崔国良的毕业论文就是关于改善硝化棉吸收硝化甘油的动力学过程的。长期和硝化甘油这种黄色的油状透明液体打交道，也许没人比他更清楚“液体炸药”的巨大威力和对人体的损伤。避开硝化甘油研制高能推进剂，这不仅是研究人员的愿望，如果具有可行性，则更是崔国良所盼望的。然而，相关单位四年来的尝试都以失败告终，而崔国良通过四年的研究和实践也更加确信，研制合成硝化甘油势在必行。

这时候，崔国良不得不下死命令了。

崔国良把道理掰开揉碎，耐心地向与会人员讲解：为了使固体推进剂的配方具有较高的能量特征，一般要求增塑剂具有低的玻璃化转变温度、低黏度、低迁移、高氧平衡值、高热稳定性和低撞击感度。目前，国际上开始用于装备的高能固体推进剂，都是采用硝化甘油和 BTTN 混合作为增塑剂系统的。硝化甘油是一种常用的高能、高密度增塑剂，但因为其感度高、蒸汽压也高，低温下会使推进剂发生脆变，贮存又存在迁移问题；BTTN 是高能固体推进剂中一种较好的含能增塑剂，它与硝化甘油混合，冰点下降，能改善推进剂的低温力学性能并降低推进剂的危险性。

如果我们现在不研究高能固体推进剂，说大了，我国的固体导弹技术将大大落后于美国；说小了，你们所在的固体推进剂研究所的未来岌岌可危，不掌握核心的先进技术，你们靠什么发展？

崔国良一字一顿、语重心长。会场的气氛很凝重，崔国良的话，每个字都敲在了大家心上。与会的都是我国固体推进剂的专家级人物，没人比他们更明白研制高能固体推进剂的意义了。

要增加导弹的射程，有两条途径：一是导弹弹头的小型化；二是从发动机方面做工作，因为发动机是整个导弹里头最重的、体积最大的部件。发动机里装着推进剂，推进剂为导弹提供动力，发动机壳体则是消极质量。所以，要提高发动机的推质比，一是要提高推进剂的能量，二是减轻发动机壳体的质量，从两方面解决这个问题。

崔国良的表情很凝重，他顿了一下，一锤定音：要搞高能固体推进剂，就必须要进入核心技术研究，必须先合成硝化甘油。而且，对硝化甘油的研制只能自力更生、从零开始，只有硝化甘油可以批量生产，才能够继续研究高能固体推进剂。

这次会议，是我国高能固体推进剂研制过程中的一次重要转折。毫不夸张地说，正是在这次会议之后，我国高能固体推进剂的研究工作才真正开始了。

2．“摸着老虎屁股”走来

人生中的第一次，大概都会成为一生中最难忘的事。

对航天42所副所长侯林法来说，带领团队安全地合成硝化甘油不仅难忘怀，而且是大大松了一口气。

侯林法也是北京工业学院毕业的，是崔国良的学弟。在他眼里，这位学长高瞻远瞩，胸中有丘壑，跟着他干，准没错！因此，当崔国良结束了讲话，在台下又一次和他说“你们必须得搞硝化甘油，不然没有出路”的时候，侯林法郑重地立下了军令状。

其实，从1985年到1989年，42所不是没试图合成过硝化甘油，只是两次尝试、两次失败。这失败也是有历史原因的：42所建在湖北的大山沟里，条件非常艰苦，外人进不来。由于工作的性质和保密的需要，科研人员往往是“献了青春献子孙”，所里的年轻员工大都是子弟兵，他们的父母经历过325会战，心有余悸，怎么也不肯让自己的孩子再去冒险。因此，这硝化甘油的合成也就耽搁下来了。

虽然人人都传说“硝化甘油一碰就爆炸”，可是侯林法有勇气。这勇气一是源于他对硝化甘油性质的熟悉，读书的时候，他是学双基药的，而硝化甘油是双基药的主要成分；他甚至觉得自己对硝化甘油“有感情”——他坚信，只要操作正确，就不会发生危险。二是他骨子里有一股坚韧的气质，他说自己只是“胆子大一点儿”，之前所里两次尝试都是他挑头要干，迫于种种原因才没有推进。这一次，侯林法对他最尊敬的学长立下了军令状，要不辱使命，就得提着脑袋大干一场。

得力干将立下了军令状，使崔国良的心踏实了不少。他相信侯林法的勇气和决心，他也相信对于侯林法而言，要完成硝化甘油的合成工作并不是特别困难。但崔国良是个考虑问题极为周全的人，硝化甘油是七级危险品啊，绝不是仅仅靠勇气和决心就能安全合成出来的。在崔国良心里，研究人员的安全永远是第一位的。

在侯林法离开北京前，崔国良特意安排他回到他们的母校，参观了硝化甘油的合成工作。尽管危险，但技术并不高深，侯林法心里多少有了谱；再看到运送硝化甘油成品的学生们两个一组，在校园里举着小红旗一步一个脚印、慢慢地稳稳地走，他心里更加理解了学长没说出来的话：速度固然重要，可是安全更重要。侯林法在心里又一次立下军令状，这次他是说给自己听的：一定要在保证安全的情况下，尽快合成出硝化甘油。

从北京回到襄阳，侯林法立即带领一帮与他一样的勇者和智者，把装药工房用铁板焊起来，开始合成10克级的硝化甘油。在组建研制硝化甘油的团队时，所里的气氛就像“送子参军”，每个人都有“赴汤蹈火、有去无回”“风萧萧兮易水寒，壮士一去兮不复还”的悲壮感觉。尽管如此，在长时间、高强度的合成工作中，没有人犹豫过、退缩过，大家都只有一个信念，不把硝化甘油早点合成出来，就对不起带头冲在第一线和他们一起战斗的侯林法副所长，就没法向不仅要统筹大局、还一直密切关注着他们一点一滴进展的崔国良交代。

经过艰苦的努力，1990年，42所自己的第一克硝化甘油成功合成，这是迈向成功的第一步！

尽管只合成了一克，得知喜讯的崔国良还是大大松了一口气。有了第一克，就会有十克、百克、千克，而原材料有了着落，我国高能固体推进剂的研制就有了希望！

谁说福无双至？随后喜讯接二连三地传来。

硝化甘油和BTTN的互溶问题解决了！

BTTN是1、2、4—丁三醇三硝酸酯的代号，是高能固体推进剂涉及到的所有组分中，我国研究人员最不熟悉的一种。然而，当第一克硝化甘油合成出来的同时，侯林法的队伍就已经对BTTN的性质了如指掌了。即使是这样一个漫长研究过程中的小节点，也有着不为人知的故事。侯林法是怎么做到的呢？要讲这个故事，又要回到1985年了。

1985年8月2日，崔国良在取得国防科工委主任丁衡高的支持之后，曾经给42所所长袁人锐写过一封信。在信里，崔国良邀请袁人锐9月到北京来参加论证会，并请他“安排几个同志，做些准备工作，查阅一定资料并计算一下比冲、密度，这样避免都凭印象发言”。在信里，崔国良特别指出，“如袁人锐工作繁忙，可否请侯林法协助组织一下”，随信，他还细心地附上了相关资料。

崔国良写给42所所长袁人锐的信，袁所长又将这封信转给了侯林法

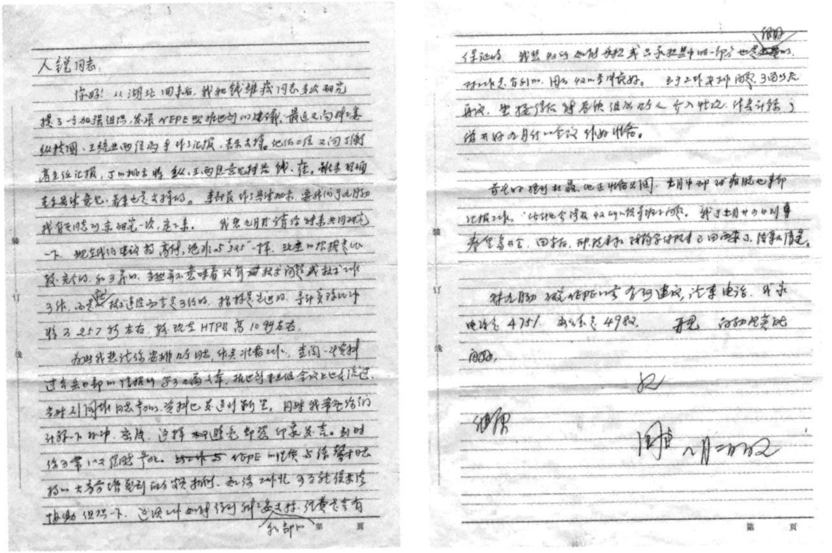

都说崔国良慧眼识人，果然不假。袁人锐此时的工作重心在所里民品的发展上，他将崔国良的来信转给了侯林法。那时候，侯林法还不认识崔国良，但读了这封情真意切、资料详实的来信，他为这位隔了几级的上级领导的高瞻远瞩、深谋远虑而深深折服了。信里的每一句话，他都认真读了很多次，所有的资料他都仔细研究过了，在去北京参加论证会时，侯林法已然胸有成竹。

1985年，侯林法虽已不年轻但仍然气盛，他觉得“这方向是对的，应该做”，却没想到之后的四年里进展缓慢。那时，他最不了解的就是BTTN，论证会一结束，他就辗转北京的大街小巷，在北京东四的一家化学品店里买到了900毫升BTTN的原材料BT。

回到所里，侯林法就组织人员对BT和BTTN的性质进行研究，等到硝化甘油合成出来之后，他才能在第一时间研究二者混合后的共硝化，同时组织人员开展共硝化技术研究。

可以说，高能固体推进剂发展的每一步，都是“摸着老虎屁股”走过来的。在研究硝化甘油和BTTN的互溶过程中，为了避免明火，是侯林法的下属、主任研究员祝一辰冒着生命危险，用双手端着加垫的油浴给硝化甘油混合物加热的。当崔国良得知了这一切，感动得热泪盈眶，这是名副其实的“驯虎人”啊！

42所装第一锅药的时候，更是牵动了所有人的心。如果成功，就代表着高能固体推进剂研制从此进入到一个新的历史阶段。在危险性大、心理压力大的情况下，侯林法按照崔国良的指示，制定了严密的安全措施、细致的操作规程和事故预案。经过研究人员几个小时的艰苦奋战，第一锅药终于出锅了！

研究人员就用这宝贵的第一锅药，进行了直径75毫米试验发动机的装药和点火试车，初步测出了比冲数据，虽然和预期有一定的差距，可是每个人都感觉到，他们离理想越来越近了！

可是，崔国良没有太多的时间高兴，作为国防科工委固体推进剂专业组第三任组长，他有千头万绪的工作要梳理，原材料只是高能固体推进剂这条广袤银河中一粒闪亮的小星星而已。

1990年6月，崔国良带领固体推进剂专业组在北京召开了具有重要意义的“9006”会议，除了专业组成员外，他还邀请了航空航天部战略武器的总体部门、航空航天部及兵器工业总公司机关的同志们参加会议。在“9006”会议上，众多专家、研究人员对我国高能固体推进剂的现状和今后的发展进行了认真的讨论，

1990年6月，固体推进剂专业组在“9006”会议后合影（前排左四为崔国良）

一致认为高能固体推进剂是我国未来某型号导弹的关键技术之一，若到了“九五”初期，也就是1996年，还拿不出综合性能优良的固体推进剂，将延误该型号导弹的研制攻关。因此，高能固体推进剂的研制，是“八五”期间极为迫切的工作。

在这次会议上，崔国良在果断做出决策的同时，也充分留有余地。他通过对相关情报的准确把握，对我国固体推进剂现状的缜密分析和对支撑数据的精确计算，坚持推进高能固体推进剂的研制。同时，他也指出，高能固体推进剂发展的技术难度大，满足某型号导弹研制进度的要求存在一定的风险；基于此，崔国良提出，要将兵器工业总公司研制的交联改性双基推进剂作为备选保底方案，并建议国防科工委尽早组织兵器系统和航天系统联合攻关。

此外，崔国良还指出，为了加速我国高能固体推进剂的发展，必须加强领导、统一计划、大力协同，组织力量联合攻关。因此，他建议由国防科工委组织一个高能推进剂领导协调小组，负责组织和协调工作。

崔国良的建议得到了与会人员的一致同意。

“9006”会议后，专业组与国防科工委三局经过协商，将会议的核心内容汇集成文，向国防科工委科技委提出了“对我国高能固体推进剂发展的建议”。

1991年5月，经过进一步论证，国防科工委采纳了专业组的建议，召开了联合攻关会议，明确了攻关组的任务和职责，以及高能固体推进剂的攻关目标，要求攻关组在1998年完成直径1000毫米发动机的工艺扩大试验。

1991年6月，国防科工委正式批准成立高能固体推进剂技术联合攻关组。崔国良为组长，并履行该项目首席科学家职责。航天42所、46所、北京理工大学、兵器204所及有关协作配套单位各派一位成员加入该组。并提出了“统一规划、合理分工、大力协同、联合攻关”的指导思想，制定了联合攻关的管理办法，明确了联合攻关组的总体单位为航天42所。

从此，高能固体推进剂预先研究步入集中统一领导、联合攻关的轨道。一场集中全国优势力量，攻克高能固体推进剂关键技术的大会战拉开了帷幕。

3. 打响联合攻关的战役

作为联合攻关组组长，崔国良负责制定总体技术方案并对重大技术问题进行决策，对于新型推进剂研究的开展，自始至终发挥了重要的组织协调作用。他凭借渊博而深厚的专业知识和高超的组织、管理和协调才能，负责制定了攻关总体技术方案，确定了比冲为2500牛顿·秒/千克的先进技术指标，选定了符合实际的技术途径，确定了关键技术，安排了抓总单位42所和各攻关单位的任务，提出了技术节点和明晰的研制程序，从而使这项技术难度大、协作范围广、管理工作复杂的项目得以全面、有序、协调、高效地开展。

高能固体推进剂研究攻关任务，涉及8个部委下属的20多个单位，协调工作范围之广、难度之大是难以想象的。

崔国良根据国内攻关的现状和各单位的优势，对25个研究课题在航天、兵器及相关配套单位进行了合理分工；在课题安排的过程中，他提出要紧密围绕总体开展工作，发挥各单位的优势，既要有利于总体工作的推进、集中力量、减少重复，又要照顾到各个单位的利益，尽量做到优势互补，成果共享。

国防科工委固体推进剂专业组和高能固体推进剂联合攻关组在1991年9月召开的联席会议（“91-9”会议）上提出，在课题设置与分工过程中，对一些关键技术和难点，安排2~3家单位分头探索、适时取舍——指标好的胜出，指标差的淘汰。

引入竞争机制，既有利于增加任务承担单位的紧迫感，也有利于激励和调动各单位的积极性，“你追我赶”的局面增强了联合攻关的活力。然而，竞争也可能打破各任务承担单位的和谐相处，参与竞争的单位为取得成功而超负荷运转。对竞争中的失败者来说，则可能是一次重创。

要提高攻关速度，就不能没有竞争；联合攻关，各家又必须竭诚合作。究竟如何平衡竞争与合作的关系，就看攻关组组长崔国良的了。

高能固体推进剂低温力学性能“比武”是引入竞争机制之后，各承担任务单位的第一次较量，也是对崔国良组织、领导能力的一次考验。

“八五”期间，高能固体推进剂研究的攻关目标是：突破推进剂原材料，完成基础配方研制，开展初样配方研究，最终实现推进剂综合性能优良，完成直径315毫米发动机的装药试车。

为实现这一目标，崔国良提出，高能固体推进剂的主攻方向为突破力学性能特别是低温力学性能。

低温力学性能是指在低温下推进剂因抵抗外力作用而产生各种变形和应力的能力，如强度、弹性、塑性等。高能固体推进剂的低温力学性能攻关主要是提高其伸长率这一关键技术指标。在高能固体推进剂低温力学性能的攻关实践中，崔国良对解决重大技术问题的决策和协调，对攻关工作的顺利推进，发挥了举足轻重的作用。

为尽快找到提高高能固体推进剂低温力学性能的途径，崔国良多次组织、主持会议，和研究人员进行讨论、评估，并且提出了提高高能固体推进剂低温力学性能的三条具体途径，应多途径展开攻关。这正好符合了“91－9”会议上提出的分头探索、适时取舍的精神。会议提出，由攻关组安排有优势的三家单位，即航天42所、46所、北京理工大学对三条途径分别进行探索、限定时间进行同台评估。在“同台比武”中，攻关组可以根据对比试验舍去进展慢的、发展前景差的技术途径，将有限的经费投入到最优的技术途径上。

这一决策是英明的。仅用了一年多的时间，三个单位都提高了高能固体推进剂的低温力学性能，攻关已取得了突破性进展。

崔国良在高能固体推进剂联合攻关组会议上发言

1992年9月，高能固体推进剂力学性能“同台比武”如期开展。为了公平起见，由未参与比武的兵器204所做主管，三家参评单位把做好的推进剂运到了42所。三个单位的样品都显示了各自的特点：北京理工大学提供的试样低温力学性能较好，但密度较低，固体含量低于评估所要求的最低标准；42所研制的试样在－20℃时力学性能较好，常温、高温伸长率较高，但－40℃时伸长率较低；与42所相比，46所研制的试样常温、高温的伸长率较好，但低温力学性能还有一定差距。

通过紧张的评估，专家组一致认为，42所的试样综合性能最好。根据优胜劣汰、减少重复的原则，确定由42所集中精力开展研究，其配方技术途径为主要的攻关技术途径。

崔国良在会议上宣布了这一结果。他的话音刚落，“砰”的一声敲桌子声，在空旷的会议室里显得特别脆亮。

是46所所长陈长乐“拍案而起”了。

“我们为什么不能搞？这玩意儿的发展前景那么好，将来也要作为我们46所的一个主要发展方向，你不如现在就分给我干，要不然我自己投资也得干！”陈长乐不敢直接顶撞崔国良，冲着国防科工委的一个参谋大声喊着。

“你，你，你，你这是，分散精力！”崔国良一着急说话就结巴，何况这会儿他已经气得脸红脖子粗。

熟悉崔国良的人都知道，崔国良一直有高血压，在“巨浪一号”攻关时就曾经因为疲劳过度、用脑过度造成右脑出血，昏迷了一天一夜。他不能生气啊！台下的侯林法、黎汉初、张凤文等人看着满面通红的崔国良，都暗暗捏了一把冷汗，怕他这一发火旧病复发，再次倒在工作岗位上。

其实，这个决定崔国良斟酌了很久，各方的反应他早有预料。42所从所长侯林法到研究人员的欢呼雀跃自不必说，这是勇士的奖杯，非他们莫属。北京理工大学的研究人员会很平静，他们的研究方向同时也是国家“863”计划中的一部分，主要研究经费由“863”计划拨给，即使落选，也不会对他们未来的研究造成太大的影响。

崔国良没有忘记，46所为高能固体推进剂付出了很多：1985年10月底，46所的刘晓恩、赫明鲲、刘明捷等同志到北京理工大学化工系学习硝化甘油和BTTN的合成时，曾专程来向他汇报。他一遍遍嘱咐同志们，要好好地向北京理工大学的老师们学习硝化甘油等高能增塑剂的合成技术，为研制出高能固体推进剂作贡献。同志们没有辜负他的期望，仅用了不到三年时间就合成出可满足推进剂配方所需的BTTN，他们所研究的“直接滴加丁二醇合成BTTN方法”获得航天工业部科技进步奖三等奖。此外，46所的“高能固体推进剂组分相容性研究”也获得了航天工业部科技进步奖三等奖。

做出这个决定时，崔国良也在心中一遍遍问自己：46所已经付出了这么多心血，如今，不让他们研究高能固体推进剂配方了，46所的未来将何去何从？是不是应该在会后找陈长乐谈谈？崔国良了解陈长乐，知道他脾气有些急躁、性子火爆，也担心决定宣布以后，陈长乐会想不通，影响后来工作的推进。

从一开始，崔国良就知道，高能固体推进剂的研发是块难啃的硬骨头，联合攻关虽能集中优势兵力突破难关，但20多家单位的组织协调绝非易事。开弓

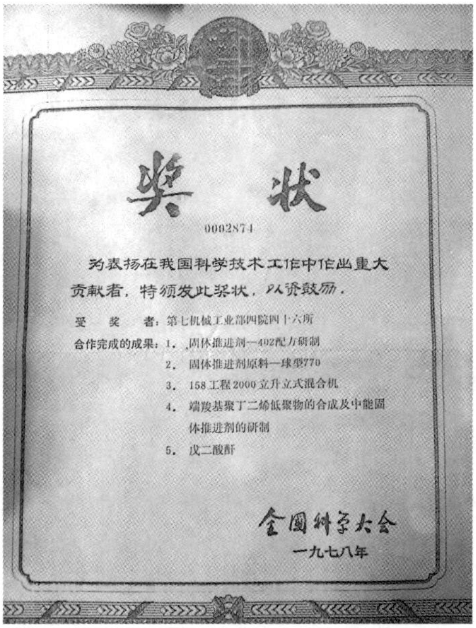
奖状

0002874

为表扬在我国科学技术工作中作出重大贡献者，特颁发此奖状，以资鼓励。

受　奖　者：第七机械工业部四院四十六所

合作完成的成果：1．固体推进剂—492配方研制

2．固体推进剂原料—球型770

3．158工程2000立升立式混合机

4．端羧基聚丁二烯低聚物的合成及中能固体推进剂的研制

5．戊二酸酐

全国科学大会

一九七八年

在第一任所长崔国良的带领下，46所取得了多项重大荣誉

没有回头箭，既然上级相信他，选择他当攻关组组长，他又接下了这副沉重的担子，无论多么难，崔国良也只有咬牙坚持下去。

一个人具备多大能力，不只看他个人能做什么，还包括他能通过别人做成什么。以前，崔国良只需要埋头做好自己的研究;现在，他不仅要在技术上把关、在进程上推进，还要做好每个人的思想工作。对做技术出身的崔国良来说，协调取舍是最难的工作。尤其是这一次，参与比武的三家单位对他而言，都是手心手背，实在难以抉择啊！

北京理工大学，是他的母校！其前身是华北大学工学院，在这里，崔国良第一次接触到固体推进剂。42所，是我国第一个固体推进剂研究所，崔国良在那里工作了近10年，有着深厚的感情;作为46所的首任所长，要说他最偏疼的，其实还是这次落选的46所。这次“比武”之后，其实崔国良的心里比谁都难受。

46所是他一砖一瓦建起来的，每个人都是他亲自选来的。调到北京后，他还始终密切关注着46所的发展，思考着46所的未来。只是对崔国良而言，国家的利益更重大，比46所的发展更急迫，比他个人的感情更重要，他必须做出对高能固体推进剂研发最有利的决定。而“同台比武”的评估结果表明，虽然三家单位的试样都离理想值有些差距，但42所无疑是最合适的选择。

崔国良不是第一次做出艰难的决定，也不是第一次有人和他叫板，但确实

是第一次这么生气，第一次在大家面前发这么大的脾气。他是真的生气了！

他生气，他气陈长乐作为堂堂一所之长，连顾全大局的道理都不懂；他愤怒，他不能容忍陈长乐将研究所的利益放在国家利益之上的做法；他还有点儿委屈，从1975年担任46所首任所长，17年来他一直在为46所的发展操心，可是陈长乐不理解他的选择……但他很坚定，既然是正确的决定，就必须这么办！

然而，选择42所，并不意味着放弃46所，崔国良很想找一个合适的时机，平心静气地和陈长乐谈一谈，他想告诉陈长乐，不是每一次播种，都会有所收获，但只要一直坚持耕耘，就终会收获喜悦。成功不是衡量人生价值的最高标准，成功的根本在于开发每一个人无穷无尽的潜能。他相信46所的每一个科研人员都有一颗强大的内心，能在逆境中爆发，做出新的成绩。这不是为了安慰陈长乐的权宜之言，更不是崔国良的盲目乐观，这信任建立在崔国良对46所多年关注和了解的基础上。他坚信，除了配方研究，46所还有很多的事情可以做，很多的科研高峰要登攀。事实上，崔国良早就为46所的发展描绘了美好的未来，而这一全新的发展方向从20世纪80年代中期就已经投入研究，而崔国良正是最坚定的支持者。

很快，46所就用自己的行动证明了崔国良的预言。

4. 配套项目进展喜人

在高能固体推进剂攻关的进程中，崔国良从加速新型推进剂投入使用的主导思想出发，同时安排、协调、推动配套项目的发展。最突出的两个配套项目之一，就是46所承担的三元乙丙橡胶低密度绝热层研究。

以前，我国的绝热材料生产主要基于丁腈橡胶，用于电力、石化、化工、冶金、建材等行业。我国绝热材料的更新换代一直很慢，随着推进剂的迅速发展，现有的绝热层已经非常落后，不能满足研究的需要。20世纪80年代中期，46所开始进行基于三元乙丙橡胶的低密度绝热层研究。这一研究的进展十分顺利，等到了20世纪80年代末、崔国良到46所了解情况时，又惊又喜："我们的绝热材料已经发展得这么好了啊！"随即，他又嘱咐研究人员："这么重要的成果，

2000年，崔国良（前排右二）视察46所

你们要抓紧申报国防科工委的奖项，只有得到了认可，这么好的新材料才可能进一步推广使用，才有可能用到型号上啊！”

虽然崔国良早已不在46所，但他一直为46所的发展指点迷津。在他的积极推动下，46所对新型绝热材料的研究越来越深入，就等待脱颖而出的时机了。

而如今，时机到了。高能固体推进剂的配方已经基本成型，准备进行直径315毫米发动机的装药和试车，绝热层研究也被提上了日程。

绝热层研究同样也需要两家单位通过竞争“上岗”，但在崔国良的支持下，46所三元乙丙橡胶低密度绝热层研究早已取得了成果，在其他发动机上成功应用并验证了其有效性，胜利可以说是胜券在握。

据统计，固体发动机的事故，不少与界面粘结质量有关，因此高能固体推进剂对绝热层、衬层及界面粘结性能又提出了新的更高的要求。46所有一支号称“史家军”的“娘子军”，清一色的年轻女工程师在组长史百鸣的带领下，通过对三元乙丙橡胶低密度绝热层的综合性能和相关界面粘结技术的深入研究，攻克了高力学性能、良好的粘结性能及与衬层良好的相容性等四大难关，提前两年使绝热层性能达到了指标要求，确保了发动机装药结构的完整性，圆满完成了承担的赶超世界先进水平的绝热层技术研究。

那时候，史百鸣还是个小姑娘。作为航天人，小姑娘也有大志气，史百鸣在攻关过程中，勤学好问、埋头苦干，数十次往返内蒙古、西安和襄樊之间，连国庆节和元旦都是在火车上度过的，最终保证了发动机试验的成功。

史百鸣第一次进行绝热层课题答辩时，面对台下众多老专家严肃的面孔，尽管已经做好了充分的准备，她仍然紧张得腿都在发抖，本来很熟悉的东西，照本宣科也念得结结巴巴，还出了一身冷汗。

“哎呀，这年轻人答辩答得很不错嘛！”在史百鸣战战兢兢地结束答辩后，一个温和的声音瞬间让她放松了下来。周围的人告诉她，说话的人就是崔总。

崔总？参加工作以来，这个名字她听过无数次了，这位老人是“巨浪一号”的副总设计师、46所的老所长、固体推进剂领域的大专家。史百鸣参加工作的时候，崔所长已经是四院的科技委主任，她只在主席台下远远地听过他讲话；现在，他是高能固体推进剂攻关组的组长，一直关心着46所三元乙丙橡胶低密度绝热层的发展。是崔总的表扬，让史百鸣坚定了攻关的决心。后来，随着三元乙丙橡胶低密度绝热层研究的进展，史百鸣和崔国良的接触越来越多，她惊讶地发现，她参加的每一次评审会、讨论会、总结会……无论是中期检查还是年底汇报，只要是和高能固体推进剂研究相关的会议，崔国良都在现场；无论持续多久的会议，他都是从头到尾听完。虽然有时候他闭着眼睛仿佛没有在听，但只要报告中一有疑点，他就会立刻抓住，一直追问到满意为止。

一开始，小姑娘很奇怪：“这老头儿怎么什么都知道啊？”后来，史百鸣才发现，每次会议结束后，晚上大家都会热热闹闹地参加活动，这是崔国良为了让精神紧绷的研究人员放松一下而专门提议组织的。但崔国良自己几乎都不参加，他总是在房间里看资料，在评审之前所有的报告他都细细读过。崔总身边的工作人员告诉史百鸣，凡是崔总参与评审的课题，他平时都会跟踪了解，到评审的时候，他对课题的进展、问题、瓶颈早已了如指掌。

崔国良这种严谨甚至可以说是对自己过于苛刻的治学精神感染了史百鸣，也感染了所有和他共事的人。每次评审，只要听说评审组里有崔国良，大家都会把已经写好的报告读了又读、改了又改，数据必须要真实，大话绝不能乱说。大家都知道，敷衍了事的报告绝不可能逃过崔国良犀利的眼睛。

然而，史百鸣也发现，一旦崔国良认为课题方向正确、研究可做，就会尽全力给课题组提供所需的帮助。在她带领“史家军”进行三元乙丙橡胶低密度绝热层的研究过程中，很多市场上买不到的材料都是崔国良给找来的，遇到问题也是他介绍专家来解决的。

她还听说，凡是和崔国良共过事的科研人员都有一个深刻的体会，那就是攻关的时候苦则苦，累则累，哪怕“压力山大”，但心是踏实的，因为在他们身后，有亲爱的崔总。即便是定错了方向，走了弯路，也不要紧。他会告诉你：一定要有独立的人格、独立的思想。一个经过独立思考而坚持错误观点的人比一个不假思索而接受正确观点的人更值得肯定。成功就是在不断的否定中前进的。他的话会让大家放下包袱，心情舒畅地轻装上阵。

所以，史百鸣遇到问题，总爱找崔总。而崔国良也乐意和年轻人交流，他们朝气蓬勃，思想没有

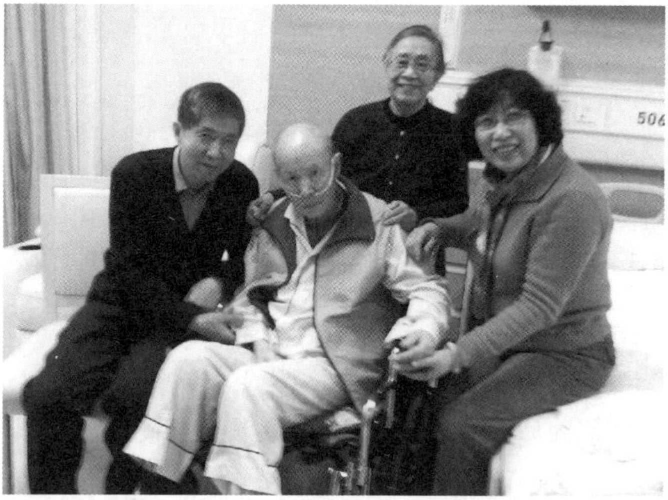

史百鸣（右一）到医院探望病中的崔国良（左二）

束缚，总能提出很有创造性的想法，这不仅让崔国良看到高能固体推进剂发展的前景，也让他看到了我国航天事业的希望。

在北京，崔国良总共搬了三次家，史百鸣都带着研究人员去过。她和崔国良年龄相差26岁，却成了“忘年交”。即使是攻关结束了，她只要到北京，都要去敬爱的崔总家里坐坐。每次去，崔国良都张罗着他们吃吃喝喝，还一再嘱咐史百鸣：研究人员都很辛苦，从内蒙古来次北京不容易，你一定要抽出时间，带他们去商店逛逛，就是什么都不买只是逛呢，开开眼界总是好的。再说了，毕竟都是姑娘家，总不能老是像假小子一样素面朝天。该穿件漂亮的衣服，买点像样的化妆品。即使是花木兰，也有“当窗理云鬓，对镜贴花黄”的时候，千万别辜负了好年华。西单、王府井……这些大商场的名字他一一告诉史百鸣，细心地为他们安排，而他自己，从未带自己的儿子哪怕去逛上一回。

崔国良太忙了。在高能固体推进剂的攻关路上，他要操心的事情实在是太多了。对46所而言，三元乙丙橡胶低密度绝热层研究几乎就是全部了；而对崔国良而言，这只是一个系统工程中小小的配套项目而已。

在高能固体推进剂攻关的进程中，另一个突出的配套项目，是高能固体推进剂装药生产的主设备——立式混合机的研制。它与新型推进剂攻关工作齐头并进，最大容积为2000升不同规格的6种混合机已研制成功，性能达到了国外先进水平，得到了广泛应用。

这是立式混合机设计者、42所研究员王正方的骄傲，是42所所有人的骄傲，也是崔国良最引以为豪的成绩之一。

高能固体推进剂是一个全新的推进剂体系，无论是原材料还是工艺装备，许多都是空白。立式混合机是高能固体推进剂配方研制的关键工艺设备，“是卡脖子的东西”。以前，推进剂装药主要是利用靠横轴旋转的卧式混合机。在“辗片”工艺还在使用的时候，就因为卧式混合机轴瓦漏药，盘根渗有已固化的硬药，摩擦起火发生了事故。高能固体推进剂可是含有被称为“液体炸药”的硝化甘油，如果利用卧式混合机混合，药很容易被磨着，进而发生后果不堪设想的爆炸事故。

国外只有极少数的几家公司能够制造立式混合机。然而，西方国家对我国进行封锁，因为它是生产武器的必备装备，依靠进口是不现实的。为了解决高能固体推进剂配方研制的迫切需要，崔国良带领国防科工委固体推进剂专业组进行了多次讨论，并向42所提出建议：自力更生、不等不靠，早日研制出我们自己拥有核心知识产权的立式混合机！

根据专业组的建议，42所11车间设计组研究员王正方带领一批研究人员，自行设计、研制，于1990年研制生产出第一台5升立式混合机，满足了高能固体推进剂攻关初期的需要。随着攻关的不断深入，根据高能固体推进剂不同研发阶段的需求，42所又先后开发、生产了1升、5升、25升、100升、600升和2000升等立式混合机数十台，促使立式混合机向着多样化、规模化、系列化方向发展，以满足研制任务的需要。它们为高能固体推进剂的顺利攻关创造了必要条件。

“1990年，我们所第一台立式混合机研制成功，之后发动机的装药才有可能。当时是王正方带领研究人员研制的这个设备。没有研发5升立式混合机的话，就不可能装直径75毫米发动机；没有25升立式混合机，就不可能装直径165毫米发动机；没有100升立式混合机就没有直径315毫米发动机；没有2000升立式混合机，直径1400毫米发动机的装药你想都别想，这都是珠联璧合的。”丁礼平主任在42所的技术第一线干了快30年，他的话虽然朴实无华，却是实实在在的。

除了保障高能固体推进剂的研制进程，最让崔国良高兴的是，42所开发的立式混合机逐步打开了市场，为42所带来了极大的经济效益。崔国良愿意看到，研究人员的努力和付出，不是简单地为武器装备服务，能将其变成商品、获得利润，从而为研究所带来效益，为一线最辛苦的研究人员带来更好的生活。这也是他一直致力去做的事情。

崔国良很欣慰，走在42所如花园一样美丽的林荫小道上，微风吹过，传来蝉的叫声。虽然已经是秋天了，蝉已经发不出夏天那清脆、响亮，甚至有一点聒噪的声音。但在他听来仍然是那么的好听，犹如“仙乐”。看着树干上透明的蝉蜕，看着树枝上毫不隐蔽、使劲歌唱的蝉们，崔国良露出了会心的微笑。

他想起阳原小学堂的女先生曾经说过的话：“我们前世也许是一只蝉。”崔国良现在相信：自己就是一只蝉，不是前世，而是现在。

“脑体倒挂”是现实，但不会永久持续下去。“搞导弹的不如卖茶叶蛋的”，虽是一句戏言，但也不必为此沮丧。知识终究会改变命运，而这个命运是掌握在自己手里的，那就是为祖国的航天事业无私奉献。

5. 攻关组长的道歉信

1993年中秋节前，崔国良给他的老战友、老同事刘裕乃写了一封道歉信。20年后，这封信还完好地保存在刘裕乃的抽屉里。

裕乃同志：

你好！襄樊的高能固体推进剂会议开完了，但是我的脑海里一直悬念着一件事，就是对你的积极性是否会造成不利，因此我今天写这封信，向你谈谈我的内心想法，如果能得到你的谅解，就算是达到了目的，如果未成，那就需要我继续努力，挽回由于我的失误造成的影响。

从下半年开始，我就感到今年以来，高能固体推进剂力学性能进展不大，而且心里逐渐着急起来，曾几次写信给所领导，我不仅当面与所领导建议，而且也向一部分我能接触到的同志征求过意见，怎么办？于是我脑子里逐渐出现了扩大队伍、动员更多的同志进行攻关的想法。说实在的，开会之前，我也想过王北海同志那部分力量能否参加攻关（力学性能）。但在会上，在他的发言过程中，我感到他对新型键合剂有比较深刻的理解和认识，这也表明他对该工作的信心。而且，新型键合剂的工作是提高力学性能的重要途径之一，从国外工作看，对高能固体推进剂有效的键合剂还未找到，工作量很大，鉴于此，我提出兵分两路。你的工作照常进行，单一的复合的均可考虑，另外请王北海重点试探一下新型键合剂的工作。搞得好，途径选择对头，或许能加快一点，但研究工作总是存在两种可能，我们要不断总结，争取快一点。

老刘，我们是多年一起工作的老同志、老战友，在工作上、思想上、作风上直接的、间接的彼此了解，应该还是有一定深度的。你曾经也向我谈过你的成长过程，从这个意义上讲，你比我的觉悟高，你多年来在深山沟，为党、为国家在固体推进剂事业方面做出了全所公认的贡献，而且也得到了国家的肯定，获得了应有的荣誉，我衷心地向你祝贺和学习。作为一个老同志、老战友，我希望你继续在提高固体推进剂的力学性能方面作出更大的贡献。你认为高能攻关组创造什么条件，能使你工作开展得更好，我一定努力去办。对所领导有所建议、要求，也希望直接提出来。

最后我还希望，你能与王北海同志一道合作，共同前进。你的年龄大，工龄长，你是兄长，他是小弟弟，我希望你能主动团结他，这将在所内更加提高你的威信。对我的缺点提出的改进意见，我都衷心地欢迎，并希望得到你的谅解。

预祝中秋节愉快！

崔国良

每当有人提起20年前的高能固体推进剂攻关中，刘裕乃在键合剂领域做出的贡献，他就会提起自己“冤枉”了崔国良的故事。他在信里一些重要的字句下画了横线，反复强调：“看到这封信，我就原谅崔国良了，是我错怪了他。”

这个故事，还要从高能固体推进剂装药试车说起。

1990年年底，高能固体推进剂完成了直径75毫米发动机装药并成功进行地

崔国良写给刘裕乃的道歉信

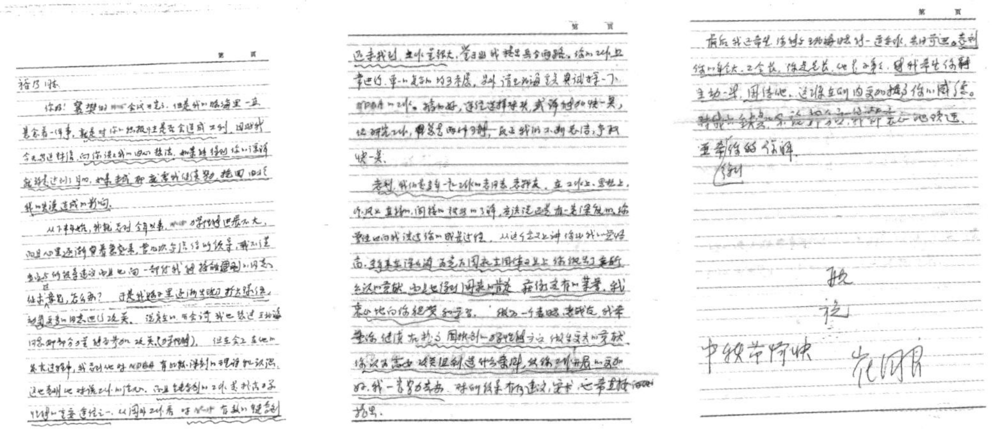

面试车；1992年1月，4发直径165毫米发动机装药试车相继成功。按照常规配方的研制程序，在完成直径165毫米发动机的试车后，基础配方研究即可宣告结束。但为了实现推进剂大跨度发展，崔国良提出，1993年年底进行2发直径315毫米发动机的装药与试车，其中一发测量能量，一发考核低温力学性能，这样才能够较准确地反映出高能固体推进剂的特征性能，为完成基础配方提供依据。

如果取得成功，胜利就比原计划整整早到了一年。如果失败，不，崔国良决不允许失败发生。他提出，为了达到1993年年底完成直径315毫米发动机装药试车的目标，在技术工作上应妥善、适时协调基础配方研究、绝热层及界面粘结技术和工艺研究、燃烧性能研究、装药技术和试车台改造等工作；同时，要加强攻关组内任务承担单位的协调和单项性能的综合研究。在此基础上，提前一年完成直径315毫米发动机装药试车是完全现实的。

然而，一直到1993年年中，高能固体推进剂的力学性能研究还没有取得大的进展，主要原因是刘裕乃负责设计合成的键合剂还不能满足要求。眼看着预定的试车日期越来越近，崔国良不禁着了急。就在这个时候，42所研究员王北海找到崔国良，提出了新的技术路线，并表态：能尽快搞出符合要求的键合剂!

扩大队伍，动员更多的同志进行攻关——只有这样，才能加快高能固体推进剂的研究进程，崔国良一直坚信这一点。王北海的自告奋勇和看似可行的技术路线，让崔国良眼前一亮。他决定给王北海机会，让他从另一条技术路线入手，尽快合成新的键合剂。

王北海走后，崔国良迅速和42所领导侯林法、杜磊进行了沟通。起初，侯林法并不同意崔国良的主张，他尊重这位攻关组长，但他更了解和他朝夕相处的同事、下级刘裕乃。

在研究能力上，刘裕乃绝对是42所响当当的一员大将，提起他，人人都会竖起大拇指。但理工科出身的他性格直率，脾气也不小。何况，每个人都在辛勤耕耘自己的一亩三分地，谁也不愿意自己干得好好的，被人横插一杠子。即使刘裕乃是个老好人，这种中途加人的做法也会打击他的积极性，对研究工作的推进恐怕不利。

崔国良何尝不明白侯林法的担忧。他对当年陈长乐的“拍案而起”“公开叫板”始终铭记在心，他更不想打击抱着同样的攻关信念、一直努力工作不断付出的同事们的积极性。然而，考虑到高能固体推进剂研究发展缓慢的现状，崔国良还是下了决心，扩大队伍，探索更多的技术路线是必须的——就让暴风雨都冲着自己来吧！早年在大连海边第一次见到海，崔国良就悟出了这样的道理：人生不是等着暴风雨过去，而是学会在风雨中跳舞。

崔国良近乎哀求地对他这位下级侯林法表示：让王北海也试试吧！两条腿走路，总能走得快些啊！

侯林法被崔国良的热忱感动了，他点了点头。但这并不意味着他的担心是多余的。果然，在扩大队伍、动员更多同志进行攻关这件事上，崔国良的校友、战友、也是好朋友刘裕乃第一个向他发了难，而且丝毫不留情面。

早在1961年，30岁的崔国良离开新婚妻子来到西安三所协作固体推进剂工作时，就结识了在西安三所工作的年轻人刘裕乃。崔国良是从苏联回来的副博士，按级别被分在伙食较好的营养食堂用餐，而刘裕乃因为营养不良、身体浮肿，获得医务所的批准，可以去营养食堂吃饭。同是毕业于北京工业学院、又有着共同理想的两个年轻人就此成为了朋友。在刘裕乃的记忆里，崔国良是一个和气没有架子的人，睿智而且大度，机敏却谦虚谨慎，不追名逐利，不随波逐流，是一个有阅历、有智慧、可以信任和交心的谦谦君子。随着时间的流逝，两个人之间的了解在加深，友谊也愈加深厚。

在高能固体推进剂的攻关工作中，崔国良是联合攻关组的组长，刘裕乃承担了键合剂的研发工作。

从1991年年初合成小分子键合剂开始，刘裕乃已经做了大量的研究，设计和合成了多种键合剂。然而到1993年年中，供高能固体推进剂使用的键合剂还没有完全成型，推进剂的力学性能还不尽如人意。崔国良心里着急，刘裕乃也着急，他一直在没日没夜、加班加点地设计、合成，希望能够尽快取得突破。

突然，在高能固体推进剂攻关组的一次会议上，刘裕乃听说所里的另一位同事王北海也开始进行键合剂的研究了，不同的是，王北海走的是另一条技术路线。

是不信任他的能力，还是不信任他的研究方向？刘裕乃觉得自己有一种被轻视、被抛弃的感觉，脑子一下就炸了，心头的火“呼呼”地往上窜。刘裕乃一辈子做技术，说话直率、想法简单直接，他直接去找所长侯林法讨个说法。侯林法也很为难，说是自己的决定吧，还真不是自己决定的；说是崔总的意思吧，崔总也没有错；搪塞过去吧，刘裕乃是个认真至极的人，看着他不依不饶、不达目的誓不罢休的劲头，不说实话是不行的。而只有这个实话，才有可能让刘裕乃暂时把个人的利益放在一边，不至于因为闹情绪而影响到攻关的积极性。因为刘裕乃敬重崔国良，了解崔国良，知道他是一个没有私心的人，他一定有自己的道理。

“我也不想安排王北海同志再参与研究，是崔总找到我，求我让王北海参与键合剂的研究，我不能不答应啊！”果然，侯林法实话实说后，尽管刘裕乃心里不舒服，还是低下头来，看在老同学的面子上，没有像陈长乐那样当面叫板。

也许就是因为彼此太了解，人对亲近的人总是更苛刻。崔国良的“不信任”像在刘裕乃心里深深扎了一根刺，自尊心受到了深深的伤害。这让刘裕乃久久不能释怀，他能理解崔国良、但不能原谅崔国良。他表达不满的方式像个赌气的孩子：好嘛，崔国良，你不给我面子，我就不给你里子，我刘裕乃是不畏权贵的硬汉。

在会议结束后的聚餐中，刘裕乃向主桌的领导们挨个敬酒，唯独掠过了崔国良，让崔国良手举酒杯尴尬地站在那里。即便这样，他心里的气还没有撒完。敬完酒，刘裕乃扔下杯子，昂首挺胸地离开餐厅，一副桀骜不驯的样子。

突然，一只温暖的手搭在他的肩膀上："老刘！"——刘裕乃当然知道是崔国良追了出来，但他心里有气，肩头一晃，摔下了那只意图和解的手，头也没回地径直离开了。

这样，仿佛气是消了一些，但同事和要好的朋友听说了，都劝他说："老刘啊，你这是何苦啊！人家巴结领导还来不及，你这还和领导耍脾气，得罪领导对你有什么好处啊！"

的确，作为领导，即使做得多么不对，主动向下属示好，也已经算是"体恤民心"了。刘裕乃并不担心自己的"直脾气"会得罪崔国良，他是故意给老朋友难堪的。但大家说得多了，他倒真的有点后悔了，他后悔自己太意气用事，毕竟每个人的出发点都是为了祖国的航天事业，他害怕自己的一时冲动会失去崔国良这个同甘共苦的好朋友。有人说：工作是只橡皮球，扔在地上，还会反弹回来；而朋友是只玻璃球，如果将它扔在地上，不可避免会留下疤痕、裂缝，甚至粉身碎骨，毫无办法将之复原。这是他最不希望看到的结果。

世上最珍贵的不是财富，而是一份真挚的情谊；因为财富并不能永久，而朋友却是一生难得的知己。

2011年，崔国良（右）重回42所，与老朋友刘裕乃（左）亲切交谈

刘裕乃和崔国良是朋友也是知己，他们彼此之间常常会有一种心灵的感应和一种心照不宣的感悟。现在这个朋友温暖的手被自己一晃肩头甩开了，刘裕乃表面上无动于衷，心里却隐隐不安，他不知道这个台阶该怎么下。也就在这个时候，刘裕乃收到了崔国良的来信。

原来，崔国良回到北京，辗转反侧。他并没有因为刘裕乃的“不尊重”而生气，倒是很担心打击了老朋友对科研的积极性，对推进高能固体推进剂的研究工作不利。于是，便写了这封推心置腹、真诚恳切的“道歉信”。

这就是崔国良，他一向以大局为重，同意王北海参与研究是源于此，而写信向下属解释道歉也是源于此。崔国良相信，自己坚持扩大队伍的做法没有错，但即使如此，他也要最大程度地照顾研究人员的感受，而他自己的感受，和大局相比，不足挂齿。

同时，他也了解刘裕乃，这是一个心胸豁达的硬汉子。只要说开了，他就不会心存芥蒂。

看完崔国良的信，刘裕乃的心里五味杂陈。这封信让他温暖、让他愧疚。崔国良是了解他的，是肯定他的，是尊重他的。他从信里看到了崔国良一颗水晶般透明的灵魂和宽容大度的心胸。刘裕乃的心情豁然开朗，犹如拨云见日，一切烦恼都随风而去。他夜以继日，把所有的精力都投入到了工作中。

1994年年初，高能固体推进剂在直径315毫米发动机上装药与试车成功，刘裕乃功不可没。1994年上半年，他还设计合成了功效优于固体键合剂的液体键合剂，为高能固体推进剂配方力学性能的改善做出了重要贡献。然而，20年后，刘裕乃念念不忘的，并不是自己取得的成就，而是他冤枉了老朋友，老朋友却给他写来了一封情真意切的道歉信；他最珍视的，是和崔国良之间最高尚、最温暖的情谊。

6. 一年一步上台阶

高能固体推进剂在直径315毫米发动机装药试车取得成功，使高能固体推进剂研制走过了第一个里程碑。崔国良又根据他对全盘工作和全面进度的掌握，提出1996年完成直径480毫米发动机装药和试车考核，1998年进行直径1400毫米发动机扩大演示的进度协调方案。这些主张为上级决策提供了重要依据，执行结果证明这样的安排是符合实际的，大大促进了攻关工作的进展，实现了一年一大步、一年上一个台阶的大跨度发展。

在进行高能固体推进剂装发动机考核、演示验证的每个关头，崔国良都亲临现场，严把技术、质量、安全关，为攻关倾注了全部心血。他不顾自己年龄大、身体有病，亲自主持每一个关键点如配方下厂技术交底、装药综合评审、发动机整机质量评审等工作，为攻关出谋划策。在高能固体推进剂攻关的日日夜夜里，崔国良呕心沥血、不辞辛劳，牵挂着攻关的方方面面，无论是进度、技术、质量、安全，还是其他影响工作的问题，他从不放过，一定要得到满意的解决方案。

在高能固体推进剂进行直径75毫米发动机装药试车时，键合剂表面析出一点儿黄色的物质，技术人员都没当回事，因为天天装药，他们已经司空见惯了。但是，他们又都知道，崔国良一贯认真、严谨，不会放过任何一个技术疑点，因此，他们还是向崔国良汇报了这一情况。果然，崔国良听了汇报张嘴就问："为什么会析出？""到底黄点点是什么东西？"技术人员一时答不上来，只好回去继续做分析，心里还觉得崔总有点儿小题大做。

与年轻没有经验的技术人员不同，42所主管技术的所领导杜磊，明白崔国良的质疑是有意义的。他专门成立了课题组研究这个问题，搞清楚原因后又专门向崔国良汇报，指出是键合剂和推进剂本身不相溶的问题，也就是技术上所谓的互溶参数不合理。

找到了析出原因，崔国良心里的一颗石头才落了地，他查阅了大量资料，结合还"热乎着"的事实给技术人员上了一堂课，分析高能固体推进剂的互溶参数应该向哪个方向发展。在这个时候，42所的技术人员们才意识到，这个看起来不起眼的"黄点点"析出是个重要的技术问题。崔国良严肃地指出"马虎"可能产生的后果，互溶参数不合理的问题如果没有发现，析出的问题如果没有解决，就会影响整个高能固体推进剂的研制进度。而在问题没有解决的情况下，如果盲目地追求进度、装更大的发动机，键合剂表面发生大面积析出的话，不知道会出现多么严重的问题。不放过任何一个技术疑点从此成了大家的工作指针。

高能固体推进剂在直径480毫米发动机第一次装药试车时，也出现了一个小问题。按照设计，480毫米发动机的肩部有点往上翘，如果药浆性能过硬，灌装之后会自动充满发动机的肩部。然而，高能固体推进剂是第一次装这么大的发动机，它的性能难以预测；装药完成后，研究人员发现，发动机肩部的推进剂出现了气孔。因为有了之前的经验，这一次，技术人员一发现问题就迅速向崔国良做了全面、细致的汇报。

一般来说，发动机肩部的气孔应该不会影响推进剂的性能，风险不大；但是，有气孔的话，就和一开始设计的一个燃面不同，可能有3个、4个燃面，燃面变化就可能引起推进剂窜火，发动机承受不了压力，一点就会爆炸。

听着汇报，崔国良的表情渐渐严肃起来：研制的时间节点已经逼近，带着气孔试车虽然风险不大，但总是有风险，如果一味追求进度进行试车，很可能导致失败；而如果花时间研究这一问题，得出的结果是气孔对试车没有影响，拖延了研究进度不说，还会对人力物力造成不必要的浪费。

崔国良沉默了一会儿，坚定地说：必须做研究！炸还是不炸，先拿出数据来再说！

在崔国良的指示下，西北工业大学的专家对推进剂的气孔问题专门进行了研究，并给研究人员做了一次模拟试验：建立一些测试条件，如燃烧应该从哪儿开始，利用透明燃烧仪，实时地用射线追踪燃面的变化，搞清楚到底多大的缝隙会引起推进剂的窜火。经过分析，480毫米发动机肩部的气孔不会影响推进剂的性能，可以点火试车。

“480毫米发动机是比较特殊的，它由复合材料制成，形变量远远超出我的想象。点火之后，发动机变短、变粗了很多，如果没有崔总事先在脑子里、心里的演算打基础，没有计算机演示的结果作为根据，在这么大的形变量情况下，试车怎么可能一次成功啊！”一线研制人员感慨地说。

进入直径1400毫米发动机扩大演示验证阶段，崔国良更是从发动机设计、粘合剂合成、配方调试、装药工艺确定，一直到装药和试车的实施，步步严格把关，环环具体指导，总计组织了11次重大评审，做到了一个技术细节不漏过，一个安全环节不放松。

首先解决发动机的设计问题。崔国良对于这次试车的目的一再明确，强调考核高能固体推进剂的全面性能。为此，崔国良提出，发动机配套部件一定要采用成熟技术，壳体适当加大强度，喷管改为固定喷管。他关注每一个细节，甚至提出在壳体缠绕工艺的基础上再增加一个循环缠绕，以保证壳体的可靠性；扩大喷管的喉径，以保证合适的燃烧压力等。崔国良的决定，提高了试验的可靠性，突出了对高能固体推进剂考核的重点，为国家节约了研制经费。

其次进行粘合剂的生产。直径1400毫米发动机装药3吨多，光粘合剂生产就用了近四个月时间。经过一年多的艰苦努力，1998年5月中旬，装药的各项准备工作基本完成了。

经历过“巨浪一号”“东方红二号”等型号发动机装药的洗礼，崔国良深知，推进剂研究进入扩大演示验证阶段，尽管胜利的曙光就在眼前，但实际上仍然困难重重，决不可掉以轻心。尤其是在配方下厂的时候，推进剂配方研究所和装药厂会产生比较大的矛盾。因为研究所的配方研究工作在实验室进行，用到的原材料少、研制过程比较精细，温度、湿度等条件都容易得到保证；而大型装药厂则是大规模、批量化生产，难以达到研究所较为严苛的要求。

因此，生产出来的推进剂批次不同，参数也不同，且难以调试。

因此，在直径1400毫米发动机连续装药的57小时里，已经67岁的崔国良一步也没有离开过现场。没有人比他更清楚，这次装药的条件并不完全具备，装的又是七级危险品，随时都有发生危险的可能——也正因如此，崔国良选择和装药厂的工人们一起战斗在第一线，现场办公，随时协调有关问题。领导的亲力亲为，极大地鼓舞了工人们的士气，增强了他们战胜困难的信心。因为硝化甘油有扩张血管的作用，现场很多同志出现了头痛、恶心等生理反应，但没有一个人退缩、没有一个人“下火线”——崔总就是他们的榜样。最终，9锅推进剂装药都在崔国良的指挥下完成了，这意味着高能固体推进剂扩大装药的难关被突破了。直径1400毫米发动机灌浆完成后，还要进行一定程度挖浆料处理，两天时间里，崔国良仍是坚守在现场，直到任务结束。

1998年6月30日，激动人心的时刻终于来到了。16时13分，伴随着一阵轰鸣，高能固体推进剂直径1400毫米发动机技术演示验证试验发动机点火成功。试验结果表明：高能固体推进剂性能优良，满足大型发动机的装药要求。

试验的现场顿时变成了欢庆的海洋，欢呼声、喝彩声此起彼伏，人们相互祝贺、相互拥抱，多少人的眼里闪烁着激动的泪花，多少人的心中起伏着按捺不住的欢畅。13年了，付出的辛勤劳动和汗水终于换来了丰硕的成果。至此，以崔国良为组长的高能固体推进剂联合攻关组再次创下了辉煌的业绩。国家对于这项成果给予了充分的肯定，授予省部级科技进步奖一等奖两项、国家级科技进步奖二等奖一项。

高能固体推进剂试验的成功，实现了联合攻关的预期目标，标志着我国成为继美国之后世界上第二个拥有能量水平最高、综合性能最优、进入实用阶段的高能固体推进剂的国家，我国具备了加速固体机动洲际核导弹发展的又一项重要技术基础。

高能固体推进剂的问世，缩短了我国固体推进技术与国外先进水平的差距，并为我国固体推进技术的进一步发展，奠定了坚实的基础。从高能固体推进剂直径75毫米发动机试车成功到直径1400毫米发动机先期技术演示验证试验成功，我国仅用了8年的时间，这不能不说是一个奇迹；这一成功在我国固体火箭发展史上树起了一座新的里程碑。

7. 辉煌成绩的背后

1998年8月12日至13日，总装备部在北京组织召开了“高能固体推进剂联合攻关暨直径1400毫米发动机演示验证总结表彰大会”，参加会议的有来自总装备部、二炮、国防科工委、教育部、中科院、国家石化局、航天、兵器等有关单位的代表，以及联合攻关组全体新老成员共120余人。

会议首先回顾了高能固体推进剂攻关工作13年来不平凡的历程，总结了联合攻关及发动机先期技术演示验证试验取得的成绩和经验。与会代表一致认为，攻关工作成绩显著，从技术水平到管理水平都上了一个新台阶。

总装备部王统业副部长在表彰会上指出，高能固体推进剂是我国“九五”期间第一个圆满完成的演示验证项目，具有代表性。在攻关过程中形成了“自力更生、无私奉献、科学管理、大力协同”的“高能固体推进剂精神”。高能固体推进剂的研制成功，是广大科技人员辛勤耕耘、无私奉献、顽强拼搏的结果。

在攻关过程中，涌现出了一批先进集体和个人，经上级领导研究决定，对参与高能固体推进剂工作的5个先进集体和20个先进个人进行了表彰。崔国良排在先进个人名单的第一位。这是实至名归，他的贡献有目共睹。在表彰会上，是这样评价崔国良的：

崔国良长期从事推进剂研究和组织管理工作，历任第一届至第三届固体推进剂专业组组长，是高能固体推进剂研究的发起人和攻关的技术总指挥。他善于团结同志，首先把攻关组一班人团结在原国防科工委机关周围；他善于听取群众意见，总是把各方意见引导到正确轨道上来；他德高望重，造诣很深，分析问题精辟，能紧紧把握攻关的目标与方向。他到过每一个参加攻关的单位，依靠他渊博的知识和广泛的工作联系，帮助有关单位解决了很多技术难题。7年来，他以近70岁的高龄无数次往返于北京、襄樊、西安之间，每当攻关的关键时刻，他总是亲临现场，严格要求，严格把关，从不放过任何一个问题。崔国良在高能固体推进剂攻关中做出了卓越的贡献。

崔国良在表彰会现场，他能切身感觉到，在宣读对他的表彰决定时，在他上台领奖时，人们的掌声格外热烈。

崔国良的眼睛湿润了。这泪水不是因组织给他的这份荣誉而流，不是因攻关组成员对他的肯定和爱戴而流，而是在先进个人的名单里，在一个个他熟悉的名字中，在空白的字里行间，读到了许许多多不为人知的故事。

侯林法，42所所长，带领42所合成航天第一克硝化甘油的勇士。1991年

12月的一个深夜，侯林法亲自带队押车，将15千克含硝酸酯的粘合剂由实验区送到17千米外的试验基地，归来时天色已经发白。

含硝酸酯的粘合剂虽没有硝化甘油危险，但也是二级危险品，剧烈震动也会导致爆炸。这15千克原材料可是侯林法的宝贝。因为千克级的生产设备还没建好，直径315毫米发动机的装药试车迫在眉睫，侯林法带着研究人员，忍着血管扩张带来的恶心和头痛，100克、100克地生产出来了这些硝酸酯，攒了40多天才凑够了数。

这类原材料以前从未长距离运输过，白天车辆太多，运输怕有问题。侯林法和崔国良经过商量决定，要在半夜用三台车来运输。第一台车开路，研制人员怀抱着硝酸酯坐中间那辆车，侯林法坐在最后一辆押车。17千米的路程，车子竟开了两个小时。等顺利到了试验基地，已经是半夜一点，侯林法一颗悬着的心才放了下来，冬夜里衣服竟完全被汗水湿透了。

祝一辰，高能固体推进剂配方的主要设计者，被同事称为“高能驯虎人”。将随时可能爆炸的15千克危险原材料紧紧抱在怀里长达两个小时；也是他，在解决硝化甘油和BTTN互溶性问题的试验中，为了杜绝明火，硬是用双手端着加垫的油浴给混合物加热。1993年，正当攻关告急的时刻，祝一辰晚上骑车到离家两千米外的科研区加班，不慎将脚摔骨折了；在家卧床休息时，他又出现了心脏疾病和中风面瘫。病魔缠身的他满脑子里想的还是配方的组分、曲线、数据等。有同事去探望他，他把床头抽屉里的资料拿出来，坐在床上和同志们分析技术难点、讨论技术方案；当病情稍有好转，祝一辰就不顾家人和同事的劝说，一瘸一拐、歪着嘴巴出现在了研究室的试验台上。

张凤文，攻关办主任，42所科技处处长。参与高能固体推进剂攻关的十多年来，任何工作她都没有缺席过。无论推进剂是在42所本部研制、装药、试车，还是下厂扩大装药，她都进行精心周密的安排。有一天晚上，张凤文发高烧吃了药刚要休息，突然装药现场打来电话，向她报告："高低温循环箱风机不转了。"张凤文立刻意识到，如不马上采取措施，将影响药柱的性能测试。放下电话，她迅速通知有关部门，拖着虚弱的身体在夜幕中走家串户，落实维修工作。就这样，凭着对工作高度负责的精神，她一直带病坚持到试车成功。

然而，表彰会现场，张凤文却缺席了。8月12日，她已经到达了开会现场，家里突然传来消息，90多岁的老母亲病危了。张凤文得知消息，潸然泪下："我没有尽到一个女儿的责任啊！"她回想起，在攻关过程中，多少次去北京出差，她都没有时间回家看看母亲。母亲想她啊！有一次自己坐着火车，从北京千里迢迢到襄樊看她，由于旅途劳累，下车就病倒了；第二天早晨张凤文却要去西安出差，把母亲托付给家人就离开了。这一次，她带着胜利的喜悦来到北京，还没来得及回家，却听到母亲病危的消息。

不知道张凤文的母亲现在怎么样了？看着现场空出来的位置，崔国良心里悬着。是他准了张凤文的假，要她去陪母亲，“不要着急、保重身体”；而他不知道的是，此刻，张凤文的母亲已经在北京去世了。

黄代尧，41所主任研究师。他带领着一支平均年龄只有三十几岁的年轻队伍，圆满完成了直径315毫米、480毫米、1400毫米发动机的设计任务。崔国良知道，他们不分昼夜地奔波在生产第一线，才把住了发动机的质量关、安全关，为发动机在设计、提高装填分数和保证试车成功方面做出了贡献。

四院副院长杜磊，在混合硝酸酯生产期间，工作再紧张也要保证一周深入一线两三次，节假日也到现场与技术人员一起加班加点；北京理工大学教授谭惠民，是他让侯林法参观硝化甘油生产线，无私地把技术要点传授给当时还一无所知的航天人；兵器工业总公司375厂的安国栋，不顾家里有两位病人，春节前还坚持在7416厂配合生产……

崔国良心里明白，得到表彰的人只是冰山一角，这样的先进个人在攻关队伍中还有许许多多。他记得每一个人的功劳，唯独忘记了他自己。

表彰自己，崔国良觉得受之有愧；航天工业部要为崔国良申报院士，他说什么也不肯填表。无奈之下，科技委把崔国良的院士申报表寄给张凤文，让她帮助填写。因为在崔国良填写过的表格里，成就和贡献的部分，他一个字也没有写，交的是一份“白卷”。在大家“苦口婆心”的劝说下，勉强填写的，只有工作履历和家庭情况。

“我国高能固体推进剂的成功，是集体的功劳，我已经得到太多了，多得我觉得心里愧疚。”崔国良常常把这句话挂在嘴边。

可是研究人员不会忘记，他们的崔总，究竟为我国的固体推进剂事业、尤其是高能固体推进剂付出了多少。他们不会忘记，他们的崔总，在如此繁忙的工作中，是怎样将关爱倾尽给身边的每一位同志。

张凤文记得，13年来，大大小小的评审讨论，每一次会崔国良都参加，无论多么恶劣的环境，他都会出现在现场。有一年冬天，天气特别冷，崔国良和研究人员一起住在基地的老招待所里。唯一的特殊待遇，就是他的房间有浴霸。于是，他把所有的研究人员都叫到他的房间里，边用浴霸取暖边讨论工作。

黎汉初不记得，13年来，西安、襄樊、内蒙古、北京……作为联合攻关组在航天机关的联络人，她陪着崔国良跑了多少地方。但她记得，崔国良的包里一直装着资料和必备药品，一年出差的时间就达100多天。有时候，崔国良和其他领导一起出差，按级别可以坐软卧；黎汉初是机关工作人员，只能一个人坐硬卧。崔国良总是悄悄把软卧让给黎汉初，自己到硬卧去睡。“一个女同志，怎么能自己坐硬卧呢？”他轻描淡写地说道。

祝一辰记得，崔国良每次到襄樊，都会到他家探望他。祝一辰住在二楼，崔国良发现祝一辰因为中风上下楼不方便，特意叮嘱工作人员为他装上扶手。于是，几栋老旧的家属楼，只有祝一辰的家门口，有一个崭新的铝合金扶手。

崔国良是一个无私的人，一个心中有爱的人，一个感情细腻的人，一个谦和善良的人，他会观察到身边工作人员的一些细枝末节，极尽自己所能，让那些遇到困难的同志感受到这世上的阳光和美丽，感受到人间的温暖和生活的希望。

崔国良为别人想得很多很多，唯独很少想到自己，他觉得自己得到的太多了，几乎无法承受。功名利禄，对很多人而言，是那么重要；对崔国良来说，他愿意只问耕耘，不问收获，为祖国的航天事业献出自己的一切，乃至生命。

崔国良是一个大写的“人”。

崔国良

崔国良院士传记

Academician Cui Guoliang's Biography

第八章

老骥伏枥，志在千里

2011年，崔国良兑现了自己的承诺——为祖国健康工作五十年。当诺言终于实现时，崔国良如大山倾倒，轰然倒在了他毕生热爱的工作岗位上。

1. 为祖国健康工作五十年

1999年，是崔国良生命里又一个重要的年份。

30岁，崔国良正式投身航天、投身固体推进剂事业，那是他耕耘的起点；尽管他不问收获，但付出总会有回报，38年后，崔国良迎来了当之无愧的收获年。

1999年12月27日，中国工程院新增院士113人，工程院院士总人数达到547名。这113名院士是从822名有效候选人当中选出的，其中，机械与运载工程学部15名，崔国良就在其中。

各大报纸、网站都刊登了这一名单，老同学、老同事得知了消息，纷纷登门、打电话向他贺喜。而崔国良竟然是在由衷的祝贺声中，才知道自己当选了工程院院士的好消息。

崔国良承认，得知当选的那一刻，他真的很高兴。中国工程院院士，是国家设立的工程科学技术方面的最高学术称号，为终身荣誉，在工程科学技术方面做出重大的、创造性的成就和贡献的科学家才能被提名并当选。当选工程院院士，是国家和学术界对他38年科研工作的最大认可和肯定，脚踏实地工作那么

崔国良各个时期的照片

久，他有理由兴奋一下。

但很快地，兴奋劲儿过去了，崔国良开始感到愧疚，这愧疚不是暂时的头脑发热，而是跟了他十余载。在他80岁的寿宴上，他第一次公开讲了他的愧疚：“在（中国航天科技集团公司）科技委工作期间，留下了一个遗憾、一个内疚。遗憾就是我的技术功底差，创新能力差，没有做出什么创新；错误也不少，有些现在可能还没有认识到。但我却得了一些奖励和荣誉，我每想起这些就很内疚，虽然我没有主动要过一个荣誉，也没有主动参与一个奖励的评选提名，但是院士是我亲自申请的。”

2011年，崔国良在中国航天科技集团公司科技委为他举办的寿宴上讲话（右为刘宝芬）

没错，院士是以他个人的名义申请的，但申请表里个人业绩一栏却是空的，他一个字也没有写。对于崔国良来说，“院士”是可以名正言顺工作一辈子的代名词，是对大家多年奋斗的一个肯定，是他和他的同事们攀上事业高峰的一个标志，和他个人没有太大的关系。但是当鲜花和荣誉向他潮水般涌来的时候，他有点惶惑了。

“我是踩着大家的肩膀上来的，我很愧疚啊！”当他多年的老同事向他道喜、他的大学同学们要组织聚餐为他庆祝的时候，他总是这样说。

熟悉崔国良的人都知道，他的这番话绝对是发自肺腑的，而不是故作谦虚，假装客套。在崔国良心里，我国固体推进剂事业的每一点进步，都是团队的胜利。尽管他曾是室主任、所长、项目第一责任人、攻关组组长，他掌着舵、把握了大方向，但具体工作是大家一起完成的——固体推进剂涉及原料合成、配方设计、分析测试等方方面面，绝不是他以一己之力能够完成的，但当选院士的却是他一个人。

崔国良的心里，时常想起那些为了航天事业流血流汗甚至献出生命的同事。当崇高的荣誉加身，他愈发觉得自己做的不够、太不够，还应该奉献更多、更多。

曾经，崔国良想过，等到高能固体推进剂试车成功，他就光荣退休，回家含饴弄孙，尽享天伦之乐。

崔国良的长孙出生在美国，老伴去美国照顾了半年，他却因为工作脱不开

2011年，崔国良（右二）回到42所，和老同事们一起在食堂就餐

2008年7月，崔国良和外孙在一起

身，只能从越洋电话里听听婴儿的哭声。都说隔代亲，着实不假，当年为了工作将儿子留在北京上学，他也没有这般思念，而此刻听着婴儿响亮的哭声，当爷爷的恨不得立刻赶到美国去。后来，小孙子来爷爷家住了半年，可是崔国良的工作太忙了，也几乎没有时间带着小家伙去逛逛公园、玩玩沙子。

当选了院士，崔国良“踩在大家的肩膀上成功”的愧疚感远远超过了他心里对家人的亏欠。好在，院士是终身荣誉，崔国良有理由一直工作下去，他才68岁，当年清华的毕业生们喊出“为祖国健康工作五十年”的口号，他也一样热血沸腾。如果按这个标准来计算，他还远远不够：他才为祖国工作了38年，还有12年可以继续工作，继续奉献。

崔国良又回到了工作岗位上。

2. 发动机故障专家

1985年，崔国良离开了他为之奋斗过、创造过辉煌的内蒙古基地，调到了航天工业部科技委。内蒙古，只留下了“干打垒”和他的青春年华。从内蒙古调到北京的20多年里，崔国良始终心系内蒙古基地这片热土，为它的型号研制和发展尽心尽力。每到型号研制的关键节点，或研制出现技术问题时，都能看到他的身影。

20世纪90年代初，我国国防军工缩小规模，内蒙古基地的军品任务也进行了缩减。尽管发展困难重重，未来很不明朗，内蒙古基地还是承担了发射亚洲－2号卫星的相关任务：研制近地点变轨火箭固体发动机EPKM。

EPKM发动机于1993年3月正式开始研制，在方案设计和模样、初样及正样研制阶段，共进行地面点火试验10台次。崔国良非常关心EPKM的研制工作，不管是寒冷的冬天，还是炎热的夏天，只要是研制工作的关键时刻，崔国良都会出现在研制的第一线。作为故障分析专家组组长，他坚持和一线人员一起进行故障分析，为研究人员排忧解难。

由于内蒙古基地研究条件比较差，发动机的研制工作进行得并不顺利。EPKM第一、二次旋转点火试验均失败，面临着被亚洲卫星公司(AsiaSat)取消采购合同的危险。

崔国良心急如焚，连夜乘飞机从北京飞往呼和浩特。此时，负责型号工作的是内蒙古指挥部副主任高崇武，崔国良当年的“摩托司机”；也正是他，应该在那一晚去机场接崔总。不巧的是，那晚下大雨，飞机预报晚点，高崇武没有按预定时间赶往机场，而是留在基地等待进一步的通知。谁料想，飞机又按时从北京起飞了，等高崇武得到这一消息时，飞机已经落地，急性子的崔国良自

EPKM发动机在试车台上旋转试车

己坐了机场大巴就往招待所赶。下了大巴，大雨仍然如注，已经60多岁的崔国良和航天工业总公司科技委秘书长宣平冒着大雨，淌着半尺深的积水，互相搀扶着、跌跌撞撞地穿过200多米的巷子，到了房间，他们全身都湿透了。

等高崇武赶到，崔国良的第一句话就是："快带我到41所看看发动机分解下的点火器！明天就要开故障分析会了，我要先了解情况。"高崇武和崔国良共事多年，深知他的性格，阻拦是没用的，于是只好又陪着他冒雨驱车赶往41所。

到达现场，崔国良发现，EPKM两次旋转点火试验失败的原因是发动机前封头中心顶盖部位穿火。经过分析，他认为，在发动机旋转工作的状态下，燃气自由环流形成的热流场在发动机头部的中心部位强度最大，顶盖部位内绝热层及结构材料烧蚀速率增加，内绝热结构安全程度不够，从而导致了顶盖部位结构烧蚀破坏。在崔国良的指导下，这一问题得到了圆满解决。

在之后EPKM发动机研制的几年中，崔国良多次来到内蒙古基地，帮助研究人员解决研制过程中

高崇武在介绍EMPK发动机

发动机动力学分析、停泊轨道热分析、残留物质分析、转动惯量测试等技术课题。只要他在，基地的研究人员就觉得有了主心骨，心里很踏实；看到他们尊敬的崔总为内蒙古基地的任务如此呕心沥血、不辞辛苦，大家都非常感动，干劲也更足了。那些年，内蒙古基地的研究人员都形成了共识：遇到问题，必找崔总！

1995年11月28日和12月28日，EPKM发动机分别用于亚洲二号卫星和艾科斯达一号卫星的发射，获得圆满成功。其中，EPKM发动机的内弹道性能调整技术、动平衡性能、纤维缠绕壳体的性能和精度，以及总冲精度、推力线位置精度、质心位置精度等均有突破，接近或达到国际先进水平。

这两个28日，是扎根边陲、在大青山脚下，为祖国航天事业作贡献的航天人欣喜万分的日子。卫星发射成功的喜讯传到内蒙古基地，位于市区的机关和远郊的厂区都沸腾了，按捺不住内心的激动，研究人员冲出厂区，点燃一挂挂鞭炮，喜庆的锣鼓敲得震天响。这两个28日也是令所有中国人骄傲的

崔国良在四院内蒙古指挥部参加成果鉴定会

日子，因为“长二捆”运载火箭两度抖擞精神，甩掉了发射“亚太二号”时星箭爆炸蒙在身上的阴影，使国际宇航界改变了对“长二捆”火箭发射能力的怀疑态度。航天工业总公司在通报表扬中说：“EPKM 首次两发成功，一举成功进入国际卫星发射服务市场更具有重要意义。”“长二捆火箭可以根据用户不同的需要，把卫星送入低轨道、高轨道，大大提高了在国际商业发射服务市场上的竞争能力。”因此，EPKM 获得国家级二等奖。

喜庆的时刻，崔国良不在现场，这个“故障排除专家”还有更多的事情要做。可以毫不夸张地说，只要涉及到难度大、影响大的固体发动机的设计评审、出厂评审、故障归零评审，大都会由崔国良任评审组组长。翻开尘封的技术档案，评审结论意见的专家组组长一栏中，几乎都是“崔国良”的签名，这不是普通的签名，这里承载着责任和担当。

3. 心血浇灌 F-12 纤维

鲁迅在《故乡》一文中说：“其实地上本没有路，走的人多了，也便成了路。”

我国固体火箭发动机从“一穷二白”走到今天，自力更生、艰苦奋斗，探索出一条固体火箭发动机技术发展之路。作为见证者，崔国良深知，随着时代的发展，未来要满足更先进导弹的需求，就必须要进一步提高固体火箭发动机的性能；而性能指标哪怕提升一点点，都要付出更多的心血和汗水。

作为固体火箭发动机专家，崔国良深深懂得自己的责任，要研制出高水平的、可以赶超世界先进水平的固体火箭发动机，必须从配方抓起，从材料抓起，从基础研究抓起。因此，多年来，配方研究技术员出身的崔国良一直在探索更高能量的推进剂配方，高能固体推进剂就是崔国良心血的结晶；结构材料的研发不是崔国良的强项，但他一直关注着国内外最先进的研究，而其中他最关心的，就是应用在固体火箭发动机壳体上、主要目的是增加火箭射程的高强有机纤维。

高强有机纤维是重要战略物资，在航空、航天等领域应用广泛，只有美、日、俄等少数国家实现工业化生产。可想而知，当崔国良得知我国也能够研制出高强有机纤维时该有多么高兴；而研制出这种材料的，不是别的单位，正是崔国良担任首任所长的46所。

1978年，崔国良离开了46所，但他依然关心着46所的发展。46所本来只是一颗种子，是崔国良带领46所第一批职工，浇水、施肥，看着种子发芽，看着萌芽长成了小树苗。在崔国良心里，46所有潜力，也必须长成参天大树——这一次，他觉得机会来了。

说起我国高强有机纤维的研发过程，可谓是一波三折。1994年，46所受命研发拥有自主知识产权的高强有机纤维，并把该纤维命名为F-12。由于发达国

2010年，46所在京人员为崔国良祝贺生日

家的技术封锁，F-12的研发过程非常艰难，一直到三年后，46所才成功自主研发出了F-12高强有机纤维的原材料；1999年1月1日，纺丝试验线建成，生产出第一缕F-12高强有机纤维，强度已达到俄罗斯阿尔莫丝的水平。

每次回到内蒙古基地，崔国良都要亲自到实验室了解项目的进展。这一阶段，我国国防科技工业面临着不同程度的萎缩和困难，地处呼和浩特远郊的46所，任务很少，职工工资只发70%，根本没有资金往F-12高强有机纤维的研发上投，研发进展相当缓慢。为了这个项目，崔国良到处游说、化缘，说服相关领导支持。中国航天科工集团公司总经理夏国洪被崔国良锲而不舍的精神感动了，他为崔国良描绘出来的远大前景心动不已，答应拨款700万元，支持F-12项目的发展，真可谓是雪中送炭。

1999年，第一缕F-12高强有机纤维终于纺出来了！一根根纤维就像纺织女工手中的绣线，粗细只有头发丝的六分之一，乍看上去弱不禁风，但是它们却是纤维家族中的大力士。F-12高强有机纤维到底强度有多大？崔国良在心里估算，一根拇指粗细的由F-12高强有机纤维拧成的绳子可以吊起46吨的重物，同等粗细的钢丝绳却只能吊起8吨的重物。但是，由于技术不够成熟，46所纺出的F-12高强有机纤维性能还比较低，达不到崔国良预期的

F-12纤维产品

效果。

崔国良知道，F-12高强有机纤维在实验室的研究已经过关，但要保证纤维强度指标的稳定性和一致性，就必须要进行放大试验。他嘱咐在场的46所领导和科研人员，在随后的几年里，一定要加大攻关力度，尽快进行中试生产线尝试。

工夫不负有心人，2007年，F-12纤维中试生产线在内蒙古建成，终于纺出符合国际标准的F-12高强有机纤维。2008年秋天，崔国良又来到内蒙古，他特意回到46所，和有关人员了解了F-12高强有机纤维的研制情况，分析了46所面临的形势和发展前景，提出一定要把F-12纤维研究工作做实，把研究成果转化为产品；要加强基础理论研究，为工业化生产提供技术支持。会上，崔国良从提包里拿出一本有机纤维合成的专著《高技术纤维》留给研究人员阅读、参考。他离开后，研究人员翻开书，发现里面有多处用红笔标注的重点，后来这本书在研究人员之间流动起来，每个人都感叹，崔国良踏实的学风实在令人敬佩。

大概就是因为对老领导的尊重和敬爱，虽然崔国良早就离开了46所，但46所的职工们都惦记着他，研发人员到北京出差，都要去崔国良家看看他，和他叙叙旧。不管时间多晚、工作多忙，崔国良总是热情接待：问问老同事的情况，问问46所的变化，谈谈工作中遇到的问题，在大家心里，“遇到问题，必找崔总”，崔国良就是46所永远的北斗星、领路人。

2011年3月8日，46所科技委主任史百鸣和科技委顾问、崔总的老同事刘济威特意来到北京崔国良的家里，向他汇报年产5吨的F-12纤维产业化放大生产线刚刚在呼和浩特市建成的好消息。

已经80高龄的崔国良笑得合不拢嘴，他先将事先写好的有关F-12纤维及特种材料发展设想和46所发展方向的字条进行了说明，嘱咐两位同志将建议转交所领导；之后，他又意犹未尽地拿出笔，欣然写下了“发愤图强，脚踏实地”8个大字。崔国良还在“愤”“强”“地”三字下加点以示强调：“46所目前还是在夹缝中求生存，一定要‘发愤图强’，所以我

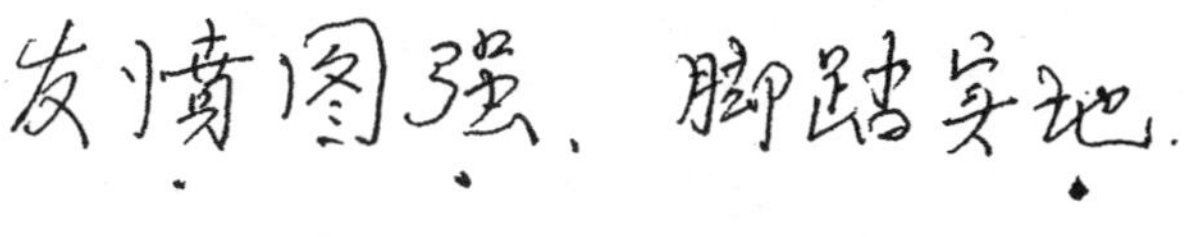

崔国良写给46所的勉励之言

特地用了‘愤’字，而不是用‘奋’字。”

技术人员临走时，崔国良还嘱咐：“研究和工作一定要‘踏踏实实’，如不踏实，时间长了会出问题。”—— 这大概是崔国良最后一次指导46所的工作了，之后不久，崔国良就病倒在工作岗位上，用行动实现了他“为祖国健康工作五十年”的诺言。

还好，46所的每个职工都了解老所长的舐犊深情，把他的话牢牢地记在了心里。他们带着崔总的嘱托，更加勤奋地投入到工作中去。2011年12月，年产50吨的F-12高强有机纤维产业化项目投入生产，此项目生产线是国内同行业中最大的一条生产线；2012年7月，年产50吨的F-12高强有机纤维项目试车成功，逐步实现了产业化生产；2013年8月，F-12高强有机纤维技术通过了国内权威专家组

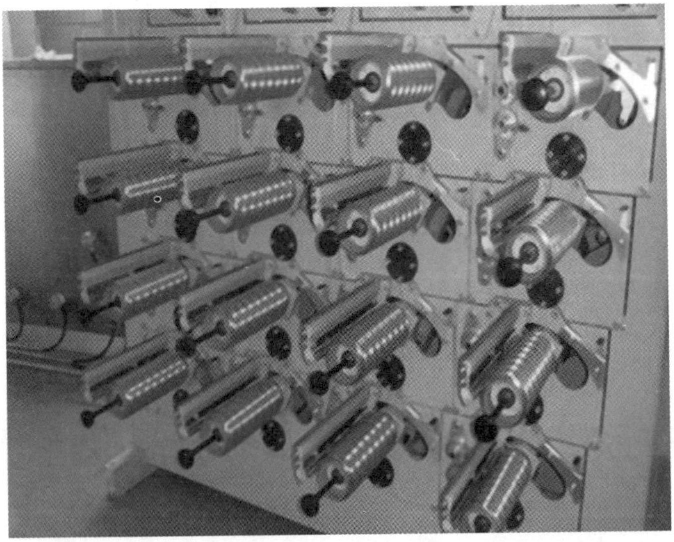

5吨纤维生产线纺丝及后处理现场

的鉴定，达到了国际先进水平，并实现了产业化生产，这预示着中国有望彻底打破发达国家对高强纤维的垄断地位。

尽管崔国良不能再亲临46所事必亲躬地去指导工作了，但46所的同志们忘不了他们亲爱的崔总，仍希望得到他耳提面命的教导。只要研究有了一点新进展，新进步，46所的研究人员就会来到他的病床前，一点一滴地讲给他听。相信他能听到，也会因此而特别骄傲和自豪。

4. 青年人的楷模

与曾经和崔国良一起并肩战斗的老同事们不同，王德是46所的新生力量，他年轻、羞涩。作为46所的普通一员，他最初对崔国良的认识仅仅是“46所第一任所长、中国工程院院士”，除此之外，一无所知。

2008年，46所承担了某“国防973项目”，崔国良是项目专家组组长，王德则是项目办人员之一，这是他与崔国良缘分的开端。随着与崔国良接触的增多，在王德心里，笼罩在崔总身上的神秘光环逐渐褪去，取而代之的，是一位勤勉、睿智、亲切的老人。

这是46所第一次承接国家级项目，全所上下对能否完成项目充满忐忑。作为46所的奠基人，同时也是该项目专家组组长，崔国良对这种情况非常了解，在项目顶层设计过程中，他就开始给项目组鼓劲、打气、出谋划策，对项目研究方向进行把关，对研究思路提出切实可行的方案，为项目组树立了高标准完成任务的信心和决心。

作为专家组组长，崔国良只需要关注项目的进展即可；而作为46所的创始人，他始终放心不下。在项目实施的三年里，崔国良先后5次亲临46所进行现场指导把关。一位年近八旬的老人，不顾路途劳累、实验室环境恶劣，每次到了内蒙古，就立刻赶到试验现场，对项目进行了解、策划、把关。

在对项目研究关键的烧蚀实验装置进行设计开发过程中，崔国良全程跟踪，悉心指导。在装置设计之初，他亲临西安设计现场，对设计方案进行审核，提出了很多有建设性的修改意见；在装置进行调

2001年5月，崔国良和刘宝芬重返曾经工作过20年的内蒙古

试时，他又一次亲临试验现场，把关测试方法，核对测试结果；而在装置发生问题时，崔国良再次马不停蹄地赶到现场，进行故障分析，为解决问题出谋划策。

正所谓爱之深、责之切，崔国良对46所承担项目的要求一直非常严格，绝不允许有任何纰漏，每次会议、视察，他总会提出很多要求和问题，并要求项目组定期报告，随时掌握问题解决情况。正是这种鞭策和督促，46所的“国防973项目”组才能攻克一个又一个的难关，最终以优异的成绩完成了项目验收。而这些，王德一直看在眼里，敬佩在心里。

在46所年轻人的记忆里，崔国良对科学研究一丝不苟、严格要求，但对人却很和蔼亲切。以前，王德一直觉得院士应当是不苟言笑的人，真正接触后才知道，崔国良是一个慈祥、和蔼的老人，脸上总是挂着微笑，让人如沐春风；说话和风细雨，娓娓道来；年轻人讲话时，他一定是侧耳倾听，非常专注，让人感觉是在和一位普通老人聊家常，没有压力，没有负担。

前前后后，王德与崔国良的接触大约持续了4年，他说，那个做事认认真真、对科学研究一丝不苟、对人和颜悦色的老人将是他一生学习、工作、生活的楷模。

5. 生命有边，奉献无涯

“一人扶苗，一人培土，紧接着浇水，一颗太空种子就此在地面上扎了根……2011年10月28日，安阳实验中学航天育种科普实践基地正式授牌成立。在该基地内，中国工程院院士崔国良等专家，正指导学生小心翼翼地将太空豇豆种下。”

2011年10月29日，《瑞安日报》刊登了题为《全国第一个中学生航天育种科普实践基地落户安阳实验中学》的新闻稿，照片上，崔国良和小学生一起松土种苗，脸上始终带着亲切的微笑。

崔国良和小学生一起松土种苗

一个月前，崔国良还在和北京理工大学教授、他的师弟和挚友谭惠民讨论学生的论文选题。作为母校的兼职教授，他一直把握着学生论文的大方向，却不收分文。教师节那天，谭惠民特意带着崔国良最喜欢的兰花去看他，崔国良还向师弟讨教摄影技术，因为谭惠民曾经给他和妻子拍了一张合影，崔国良非常喜欢，一直挂在餐厅最醒目的地方。

两个月前，崔国良还在内蒙古参加46所某个973项目的评审工作。项目人员发现，他的身体已经大不如前，走路颤颤巍巍，耳朵也听不太清楚了，以前不肯让人扶的倔老头这次主动要求帮助，但报告的逐字逐句，他仍都认真审阅。

时间再往前推一推，中国航天科技集团公司为崔国良举行了80岁的生日宴会，他很激动，在宴会上，回顾了自己的一生，主要讲了他的愧疚和遗憾，以及对领导同事们的感激之情……

崔国良一直都很忙，但他的时间表里没有给家人的时间。他总以为，还有的是时间，还有的是机会。

可惜时间不能倒流。2011年11月2日，星期三，在中国工程院组织的一次院士会议上，崔国良突发脑梗，又一次倒在了工作岗位上。

这一次倒下，崔国良从事航天事业已经整整五十年了，他兑现了自己的承诺："为祖国健康工作五十年"。在这五十年里，为了祖国的航天事业，他卯足了劲，绷紧了神经，付出了全部的心血和汗水，可谓殚精竭虑、呕心沥血。在这五十年里，他夜以继日，兢兢业业，为祖国的航天事业披肝沥胆、无私奉献。他深知自己肩上的担子有多重，担负的责任有多大。五十年里，他几乎没有睡过一个安稳觉，总是小心翼翼、如履薄冰。在工作中，他甚至不敢大大喘一口气，不敢稍稍走一会儿神，不敢悄悄打一个盹儿，甚至不敢踏踏实实地生一次病。

他实在是太累了。

当诺言终于实现时，崔国良如大山倾倒，轰然倒在了他毕生热爱的工作岗位上。也许这正是他向往的归宿。哪个真正的战士不希望自己是倒在战场上呢？鞠躬尽瘁，死而后已，在这个至高境界里，崔国良终于可以安安稳稳地睡上一觉了。

看着躺在病床上的丈夫，妻子刘宝芬有一种奇怪的感觉：尽管丈夫的身上插满了各种管子，很长一段时间里，他没有了意识、没有了知觉，但他的表情是安详的，全身是放松的，嘴角仿佛有隐隐的笑意。

看到忙忙碌碌的医生，络绎不绝的领导和同事，刘宝芬有些茫然：为什么要这么兴师动众，他不就是睡着了吗？再过几天，哪怕再过几个月，他就会像前几次一样，笑嘻嘻地从病床上爬起来，伸个懒腰，精神抖擞地回到自己的工作岗位上。也许这一觉会比以前长得多，毕竟他已经实现了自己的诺言，没有了心事，可以轻轻松松地睡一觉了。

病房里的护士换了一茬又一茬，同事和领导来了一拨又一拨，儿女从美国回来又走了，走了又回来了。玉渊潭的迎春花金灿灿地开了两次了，瓶里粉嘟嘟的樱花也换了两回了，崔国良依然躺在病床上。渐渐地鲜花不再铺天盖地，来探望的人越来越少，奇迹似乎不会再一次发生了。但刘宝芬依然坚信：崔国良会好起来的，当一个人心事未了的时候，是不会轻易放弃自己的生命的。除了工作以外，崔国良还有一个心事和承诺，那就是当一个好丈夫、好爷爷、好外公。他要陪妻子去玉渊潭看樱花，到钓鱼台看银杏：春天的樱花在风中纷飞，落在地上像一片片粉色的雪花，多么美；秋天的银杏叶像一个个金币挂在树上，即便落在地上，也是金灿灿的，发出奇异的光泽；他还要给孙子讲数学题，给孙女买漂亮的连衣裙，教在美国长大的孩子们说中国话，给他们拍下漂亮的照片。

在刘宝芬的精心照顾下，渐渐地，崔国良的意识开始复苏了。虽然还是躺在病床上，思想支配不了嘴，脑子支配不了身体，心里有千言万语却无法用语言来表达，但他的脸上有了丰富的表情，他时而微笑，时而蹙眉，时而急躁，时而平静。偶尔，他可以认出妻子，这个时候，他的表情是复杂的，嘴唇嗡动着，似乎在想些什么，想说些什么。在想和妻子相识相恋相爱的日子吗？在想儿子和女儿幼年的趣事吗？在说积攒了五十多年的心里话吗？爱，是人类熟知的语言，平时很难启齿，却永远也不会忘记。

崔国良

崔国良院士传记

Academician Cui Guoliang's Biography

第九章 天若有情天亦老

崔国良是一个平凡的人，也是一个伟大的人，他是个为家无私付出、为朋友雪中送炭的人。他永远在为别人着想，唯独忘记了他自己。

1. 伉俪相敬如宾

2011年11月2日，崔国良突发脑梗，又一次倒在了工作岗位上。

历史总是惊人地相似。

30年前，崔国良也是因为劳累过度，在“巨浪一号”两级固体发动机某次大型联合试验成功后，突发脑出血，昏迷了几天后才醒过来。在床上躺了三个月后，他不顾医生的劝阻，拖着病体又回到了工作岗位上。

所以，这一次，妻子刘宝芬接到电话，得知他又一次晕倒、被紧急送往医院的消息时，表现得很冷静。崔国良有多辛苦，只有她最了解、最舍不得，也最不放心：七八十岁的人了，工作起来还是连轴转，怎么可能不生病呢？但她更理解的是，崔国良对祖国的航天事业有多么诚挚的热爱，她不能阻拦，只能支持，做好他的“后勤部主任”，希望病魔能够来得晚一点、再晚一点。

崔国良一直有高血压，一着急就会满脸通红；30年前的那场大病之后，他的脑血管更加脆弱，夜以继日地工作之后，他常常会剧烈地头疼。因此，刘宝芬一直很注意，家里的事不让他着急、不让他操心……2002年，崔国良又因为肾病动了大手术，这一年，刘宝芬也已经是70岁的人了，她一个人没办法照顾崔国良，家里请来了保姆小方。

小方是蔚县人，蔚县和阳原挨着，当年都是张家口最穷的地方。小方从此成为崔家的一员，她亲热地称刘宝芬“姑姑”、崔国良“姑父”。刘宝芬喜欢小方，因为她会做崔国良儿时就爱吃的黄米年糕、莜面卷和豆面糊糊，而每次吃到家乡的味道，崔国良就和孩子一样开心。刘宝芬在北京长大，但母亲是浙江人，习惯了南方口味的刘宝芬吃不惯“张家口风味”，但她总是嘱咐小方按崔国良的口味来做。

崔国良爱喝豆面糊糊，但他更心疼刘宝芬。所以，在小方的记忆里，每天做饭，夫妻俩都要互相谦让：

“姑父，今天吃什么呢？”小方问崔国良，她的河北口音浓重。

“问姑姑，看她想吃什么。”崔国良总是这样回答。

“姑姑，今天吃什么呢？”不得已，小方又去问刘宝芬。

“问姑父，他想吃什么就做什么。”刘宝芬总是惦记着崔国良。

小方将夫妻间这种相敬如宾、互敬互爱戏谑为“今天又被踢皮球了”。

其实，家里的餐桌上并没有太多选择。黄米年糕、莜面卷、大白菜炖土豆，土豆炖南瓜……崔国良刚做完手术，只能吃没油又少盐的素菜，刘宝芬陪着崔国良，油吃得少，肉吃得也少，家里3个人一天只吃6克油。每次吃黄米年糕的时候，崔国良就变成了阳原的小国梁，特别贪吃。刘宝芬担心黄米年糕黏性大，对胃不好，总是不敢让他多吃。

吃完晚饭，刘宝芬就陪着崔国良出去散步、锻炼身体，每天走一个小时，雷打不动。两个老人牵着手，绕着家门口的玉渊潭公园走一圈，刘宝芬掌握着时间：开会坐了一天必须得多活动；如果这一天崔国良已经出门买东西之类的走过路了，就少走一点儿。

这样被小心翼翼地照顾了10年，古稀老人崔国良才得以再投入工作10年，为我国航天事业又奉献了10年。

2011年11月2日，崔国良再一次倒下的时候，刘宝芬心里不是没有准备。她不紧不慢地穿好毛衣、

崔国良和夫人买菜回来

外套才赶往医院。她知道，这又是一场硬仗；然而，她早就做好了不论多久都会一直照顾崔国良、直到他再一次好起来的准备。这么多年，她习惯跟随他、照顾他了。她知道，崔国良舍不得他的事业；她坚信，他昏迷几天就会好起来。

然而，崔国良太累了。他的身体像没有加注推进剂的火箭，飞不起来了。这一次倒下，崔国良躺了两年多。一开始，他只是昏迷，营养液都依靠从鼻孔插进胃里的塑料管来传送；醒来之后，却连守在身边的妻子也不认识了。后来，崔国良渐渐有了意识，但大面积的左脑梗塞影响了语言中枢，他不能讲话，更不能写字。和他讲话，没有人知道他是不是能够听懂。他的右腿一直没有知觉，不能弯曲，做复健的时候，器械把他的膝盖内侧磨出几个巨大的血泡，等护工为他擦洗身体的时候才发现。再后来，崔国良可以坐起来了，可以坐在轮椅上和来看望他的同事合影，照片里的他虽然比生病前瘦了一大圈，但气色不错。

这一点一滴的变化，都和刘宝芬的精心照顾分不开。两年多的时间，近1000个日日夜夜，刘宝芬每天中午都要坐车去医院照顾崔国良，晚上再坐车回家，无论春夏秋冬、刮风下雨，从来没有间断过。其实，医院有技术精湛的医生护士，有受过护理训练的护工，但刘宝芬还是不放心，她要亲自陪在爱人身边，哪怕只是掖掖被角、聊聊闲天——刘宝芬仿佛忘记了，她只比崔国良小一岁，也已经是80多岁的老人了。

1932年，刘宝芬出生在北京。虽然家里也不富裕，但比起从阳原农村兜兜转转考进北京的崔国良而言，刘宝芬的求学之路顺遂得多；再加上天生的聪慧和后天的不懈努力，1950年，刘宝芬考入华北大学工学院，成为了化学工程系的首届学生。

1951年秋天，崔国良也考入了华北大学工学院化学工程系，成为刘宝芬的师弟。

都说有缘千里来相会，缘分的种子，也许就是从这一刻开始萌芽。只是，当时的崔国良和刘宝芬都不知道，月老已经在他们的指尖，悄悄系上了一根纤细却牢固的红丝线。

化学工程系人数不多，聪明漂亮的女生更是“稀有动物”。在大学里，文静的刘宝芬很快受到了同班同学的追求，只是她一心向学，不为所动；而崔国良是个木讷的人，他一步一艰辛，好不容易鱼儿入海、考入心仪的大学，当然十分珍惜来之不易的读书机会，只是不分日夜地埋头苦读，根本没有考虑过儿女私情。更何况，两个人在不同的班级，也没有太多的接触机会。

还好，纵使红丝线曲折蜿蜒，却始终系在二人的指尖。

1955年，刘宝芬大学毕业，留校任教。1956年，崔国良大学毕业，被选拔为留苏预备生；此时，已工作一年的刘宝芬则以教师的身份，也获得了这个宝贵的进修机会。

1957年，经过在留苏预备部一年的学习，崔国良、刘宝芬同赴门捷列夫化工学院学习。这一次，他们终于有时间相处、有机会互相了解了。他们的恋爱过程没有太多的卿卿我我、花前月下，没有轰轰烈烈的动人故事，只是平平淡淡的一日一日：在阅览室一起学习，在宿舍一起做饭，两颗年轻的心，就在学术研讨的过程中、在柴米油盐的烟火气儿里，慢慢向彼此靠近。

1961年，30岁的崔国良和29岁的刘宝芬从苏联学成归国，在北京领了结婚证。说起来，崔国良和刘宝芬的结合，还是“裸婚”：没房没车，更没有钻戒。崔国良的父母早已辞世，没有人为他张罗三礼六聘，更别提吹吹打打、花轿迎娶、凤冠霞帔了。好在刘宝芬并不在乎这些。

刘宝芬的父亲在她上中学时就因病去世了，她和母亲、哥嫂租住在北锣鼓巷的一处平房里。日子虽然艰苦，但母亲总是把房间打理得井井有条，一家人和和睦睦的。母亲的温柔贤惠、善解人意对刘宝芬影响很大。在刘宝芬心里，有爱就有家，两个人能够互相包容、互相关心、互相照顾就是最大的幸福，而形式，

崔国良和刘宝芬的结婚照

那是最可有可无了的。

回国之后，两个人就在刘宝芬家里办了个小小的仪式，给相熟的邻居发了点喜糖，又去照相馆拍了张合影就算礼成。刘宝芬之前住的小闺房，贴了“囍”字就成了他们的第一个家。

即使是这简陋的第一个家，崔国良也没有住多久。1961年10月，新婚燕尔的崔国良就加入了国防部五院在三机部西安三所联合开发固体火箭技术的队伍，离开北京远赴西安；1962年6月，崔国良又跟随肖淦大校，由西安奔赴泸州，我国第一个固体发动机研究所在泸州正式成立；1965年9月，502-5D配方试车成功，在西安参与试车的崔国良却接到了“42所整体从泸州搬迁到内蒙古呼和浩特市郊的南地村”的命令，试验结束后，他连泸州都没回，就直接去内蒙古基地报到了。

奔波辗转中，崔国良见证着我国固体发动机事业的开启和变迁，对于工作，他全情投入，问心无愧。可对家庭，崔国良有愧疚，他没有陪伴妻子度过最

新婚燕尔，崔国良就离开妻子，前往西安报到

美丽的年华，没有见证儿子的诞生和成长。从泸州去内蒙古，途径北京，他匆匆回家，儿子已经快三岁了，可他记忆里的，甚至还是襁褓里的刚刚长出米粒般小牙的小婴儿。握着儿子的小手，崔国良的愧疚和不舍，也许只有妻子看得到。

1968年，崔国良和刘宝芬结婚的第七年，夫妻终于团聚。刘宝芬放弃了在北京工业学院稳定而受人尊重的教师工作，将快上小学的儿子留在了外婆家，只身来到风沙漫天的内蒙古，和刚分来的大学生一起，住在单身宿舍，学着去做对她而言几乎是全新的情报工作。

一丈之内，才是夫，她要和丈夫在一起。

1969年，他们有了第一个真正意义上的家，比起北京的小房间，这个被称作“干打垒”的土坯房更加简陋，夏天像蒸笼，冬天又不挡风，但这毕竟是崔国良和刘宝芬自己的家，是他们就地取材，在黏土里掺点儿石灰、草棍打成土坯，一砖一瓦亲手盖成的家。住进“干打垒”的第一年冬天，被崔国良视为掌上明珠的小女儿也“呱呱”落地。

20世纪70年代的中国，政治运动不断，经济发展停滞不前，人民的生活非常艰苦，在地域偏僻的内蒙古，生活之艰难就更不必说了。可是刘宝芬不怕，一家人团聚在一起，吃糠咽菜也是幸福的。她继承了母亲的智慧，将简陋的房间打理得整整齐齐，将一家人的生活照料得井然有序。

1970年，崔国良被调到七机部四院科技部科研处工作，离“干打垒”30多千米。每天中午，暖气上热着的铁饭盒里，都是刘宝芬精心为他准备的饭菜。尽管物质匮乏，可刘宝芬会尽量把土豆、白菜做出点新花样。

在天远地偏的内蒙古，“文革”的大潮也依然来势汹汹。因为留苏的经历，崔国良被贴上了“苏修”的标签，大字报贴了满墙；人们纷纷投身到狂热的政治运动中去，研究工作大都停滞了。大字报，崔国良并不放在心上；研究工作受到影响，他是看在眼里、急在心里。在这动乱的年代，是刘宝芬陪在他身边，安抚他的愤怒，纾解他的情绪。

1975年8月，崔国良担任46所首任所长，接下的是个百废待兴的“烂摊子”。他挽起袖子，什么都亲力亲为。从改造暖气设备开始，他带领46所机关的干部，

结婚七年，崔国良和刘宝芬终于在内蒙古团聚

穿着水暖工的工作服，每天开地沟、安暖气，十来个人在天寒地冻的户外干了大概10天的时间。在外面，已经40多岁的崔国良总是最卖力的那一个，没人听到他抱怨一句辛苦；可回到家，他总是又冷又疲惫，满脸写着憔悴，刘宝芬总是默默烧旺炉火，等他回家。

作为46所的首任所长，做工作，无论是行政还是技术，崔国良从不推托；可是分起水果和家具，他总是排在最后一个。刘宝芬至今不知道，因为给职工分五斗柜，崔国良还被画了漫画、贴了大字报，同事们都为他鸣不平；她只知道，崔国良回家来说，很多同事家比咱们还困难，这次分家具咱们就不领了吧！尽管他们的家也是名副其实的“家徒四壁”，可刘宝芬还是点了点头。刘宝芬知道，担任“百废待兴”的一所之长，崔国良要独自面对很多难题，她必须无条件支持他。

在丁羧推进剂研制的紧要关头，崔国良力排众议，坚持研发丁羟推进剂并最终成功应用在东方红二号卫星远地点发动机上，刘宝芬更是功不可没。在情报室工作的她，总是能够最早接触到最新资料，在其他人质疑的时候，她用详尽的资料和精确的数据支持着丈夫的决定。

刘宝芬之于崔国良，绝不仅仅是同甘共苦的妻子那么简单，他们是无话不谈的好朋友，是并肩奋

崔国良的成功，妻子刘宝芬功不可没

斗的好同事，是互相仰慕的亲密伴侣。崔国良常常告诉女儿，咱们家里啊，最聪明的人就是你妈妈了！他知道，妻子的学识并不在他之下，如果没有家庭的羁绊，妻子也许会取得更大的成就。

而"最聪明的妈妈"刘宝芬可不这样想，家庭对她来说，不是工作的羁绊，而是生命的动力。就像居里和玛丽亚，是居里成就了玛丽亚，让她变成了居里夫人，从而誉满全球？还是玛丽亚成全了居里，让全世界都知道居里夫人的丈夫是居里？其实居里和玛丽亚是不可分割的两位一体，"居里夫人"这个称谓本来就包含了两个人的全部。作为崔国良的夫人，刘宝芬很满足，她愿意人们忘掉刘宝芬，就像许多人不知道玛丽亚是何许人也。在她的记忆里，最最幸福的事，不是鲜花和掌声，而是丈夫看到她提供的资料数据时那份惊喜和感激；最浪漫的事，不是花前月下、山盟海誓，而是坐在丈夫的自行车后面上下班。

在南地村曲曲折折的羊肠小路上，跳动着一辆"永久"牌加重自行车。之所以用"跳动"这个词来形容，是因为这里"地无三尺平"；之所以用"加重"来强调，是因为在那个年代，加重自行车是人们的首选，在它的身上往往承载的是一个家庭。这种自行车，两个轮子之间有粗粗的三角支架，就像一个家庭，三个角是最坚固的组合；后面有铁的座位，冰冷却牢固，是整辆车最颠簸的地方，坐车的人比骑车的人还难受，一路下来，腿疼腰疼屁股疼，脚麻得失去了知觉是常有的事。尽管如此，刘宝芬还是觉得幸福无比。风"呼呼"地刮，鼓起了丈夫的衬衣，传递着丈夫身上熟悉的味道。为了让妻子舒服一些，崔国良总是紧紧地盯着前方，小心翼翼地躲开地上的坑洼，实在躲不开，他会及时通知妻子做好“跳起来”的准备。

车“跳”起来了，坐在后面的刘宝芬也“跳”起来了，她从不尖叫，只是紧紧地搂住丈夫的腰。

这一幕也永远定格在南地人的记忆里，他们总是津津乐道地说起崔总的自行车，和坐在车后面的刘工，有时候，车前的横梁上还会坐着一个漂亮的小姑娘，这是一艘“幸福之舟”。

当然也有让刘宝芬心疼不已的事。如果刘宝芬不在身后，骑自行车上班的崔国良就变成了《水浒传》里的拼命三郎，车子骑得飞快，就像一辆赶往火场的消防车，勇往直前。有一天，崔国良骑车摔倒了，在倒地的那一刹那，他下意识地伸手一撑，右胳膊骨折了。骨折了的崔国良，上了夹板，打了石膏，安静地躺在床上，可以有充分的时间看看这个简陋而又温馨的家了。他发现家里的衣物是放在纸箱子里的，家里的小饭桌还充当女儿写作业的小课桌。门框和泥墙有了间隙，窗户四处透风，女儿的小手冻得快握不住笔了……

崔国良心里浮出内疚和不安，他感念妻子的理解和付出，她本来可以在北京的大学里舒舒服服地当大学教授，坐在温暖明亮的办公室里，备课和研究课题，享受学生们的尊敬和爱戴。现在她跟着自己来到这四野八荒，风吹雨沐，日夜操劳，担惊受怕。当然，他也希望妻子儿女能在他的身旁，因为妻女是他的“定海神针”，不管外面是如何的风大浪急，到了家里，永远都有妻子和女儿的笑脸，这里风平浪静，稳如泰山。

崔国良是个不善言辞的人，他只会默默地用实际行动来表达自己对妻子的爱和感恩。胳膊还没有好，夹板刚刚撤掉，胳膊还用绷带吊在脖子上，崔国良又要出差了。临走之前，他用没有受伤的左手把家里生火要用的木柴都劈好；又特意借来工具，用左手修理好家里的门窗，他要让这个家结结实实，密不透风，一年四季都温暖如春。

人们常说相敬如宾、举案齐眉是夫妻间的最高境界。形容两口子感情好，也常用从没吵过架、没红过脸来佐证。崔国良和刘宝芬感情深厚、相濡以沫是大家公认的，但架还是吵过的，不过只有一次，唯一的一次，是因为开会的事。作为中国工程院院士和中国航天科技集团公司科技委顾问，80岁的崔国良有开不完的评审会，看不完的报告。每一次，他都是提前读过报告、提前赶到会场，自己的包都不肯让年轻人帮忙拿一下，生怕给人添麻烦。这一次，会议安排在

1999年，崔国良夫妇在中国航天工业总公司更名前留影

2010年，崔国良和刘宝芬一同参观世博园中国馆

午后，崔国良饭后小憩，竟不知不觉睡着了。看他睡得香，刘宝芬没有忍心叫他，抑或是已经79岁的妻子压根忘了开会的事，醒来之后，一向温文尔雅的崔国良动了真气。在他心里，一个真正的君子，言必行、行必果、一诺重千斤。失言失信，是他最不能容忍的事情。

《诗经》曰："执子之手，与子共箸。执子之手，与子同眠。执子之手，与子偕老。执子之手，夫复何求。"崔国良有了刘宝芬，刘宝芬有了崔国良，还有什么可追求的呢？拥有对方就足够了。这就是爱的最高境界！

2. 慈父舐犊情深

1962年冬天，崔国良在泸州。

泸州的冬天，湿冷是浸在骨头缝里的。阴湿的小雨、时有时无的水雾、骤然变化的温差，都宣告着冬季已经悄悄来临。

在北方生活了30多年，这是崔国良第一次在南方越冬。阴冷潮湿的气候，没有暖气的房间，他很难适应，走到哪里都裹紧了身上那件已经穿旧了的军大衣，但崔国良的心里却是暖烘烘的。他的口袋里，一直揣着妻子写来的家书，这是暖着他心口的小火炉，纸虽短情却长。妻子娟秀的小字在米白色的信纸上格外漂亮，"母子平安"，说得平淡，就像唠家常，却让崔国良湿了眼眶。

是的，因为儿子的降生，崔国良当父亲了。“父亲”这两个字，在崔国良的肩上，又添了一重沉甸甸的责任：他要做一座大山，给儿子最坚实的依靠；他要亲手砌起城堡，给儿子最安全的保护。信里没有夹寄儿子的照片，崔国良只能盯着妻子的信，从字里行间想象着儿子的模样。就这样想着念着，崔国良忘记了辛苦，忘记了寒冷，忘记了夜深沉，忘记了自己身在泸州，仿佛小婴儿就在自己怀抱里安睡——他多么想放下一切回到北京，照顾坐月子的妻子，亲亲儿子的小脸蛋。

可是，他不能。除了自己的“小家”要照顾，他还有祖国这个“大家”的责任要承担。国泰才能民安，没有“大家”的安稳，怎么会有“小家”的温暖？

对妻儿，崔国良的心里，有很多的遗憾、愧疚和无奈。为了航天事业，他“打起背包就出发”，撇下新婚的妻子；妻子怀孕了，他远在西安，不能在妻子身边照顾陪伴；儿子出生了，他通过迟来的家书才知道喜讯。新婚就离家，崔国良心里挣扎过，但最终他选择了航天事业；有了儿子，他更加惦念，为航天献身的决心却更加坚定。为了儿子，他更要努力工作，为祖国建设奉献力量，这样的父亲才是儿子应有的榜样。只有国家强大了，儿子才能受到更好的教育、过上更幸福的生活，这需要每一位为人父、为人母的中国人共同付出、一起努力。

为了“大家”的繁荣昌盛，崔国良只能暂时忽略“小家”的儿女情长了。

泸州冬天的雨连绵不断，夜深人静之时，屋檐上的雨水顺着瓦缝跌落的“滴答”声，一声接着一声。“滴答、滴答……”崔国良坐在灯下，就在这雨声伴奏中，一笔一划地给妻子回信。在信里，崔国良告诉妻子，他给儿子取名崔旭东，旭东，就是旭日东升。就像父亲给他取名“国梁”时心怀的殷殷期望一样，给儿子取名时，崔国良也怀着朴素的愿望：希望儿子像初升的旭日一样，蓬勃地、茁壮地成长。

然而，儿子的成长过程，崔国良却极少有机会参与。

尽管，无论是出差还是探亲，只要抽出时间，崔国良都会回家探望妻儿，享受难得的温馨时光。尽管，崔国良在北京呆的时间非常有限，但只要有空，他就带着儿子去看天安门城楼、去公园游玩儿。他用当年从苏联带回的小相机，为儿子留下了许多珍贵的照片，这些照片不仅是为儿子的童年留下记录，更是他的慰藉——更多的时候，他在西安、在泸州、在内蒙古……辗转在祖国各地的崔国良，只能靠看照片来缓解对家人的深深思念。

1965年，我国第一个实用型固体复合推进剂配方，也就是502-5D配方研制成功。在西安参加试车的崔国良接到了“结束试验后，直接去内蒙古基地

1964年，崔国良一家三口合影

报到”的命令后，立刻从西安启程前往内蒙古，连行李都是同事帮他收拾的。崔国良在内蒙古长达20年的工作生涯就是从这个命令开始的。1968年，刘宝芬放弃了大学教师的工作，随崔国良去内蒙古工作，夫妻俩为了儿子能接受更好的教育，决定把他留在北京。

那一年，崔旭东6岁。小旭东的童年虽然和父亲聚少离多，但至少有母亲无微不至的照料；现在，母亲也要离开了，小旭东就像个“留守儿童”，从此只能跟着姥姥和舅舅一家生活。也许就是这样的成长经历，造就了小旭东内敛、独立又隐忍的性格；虽然他几乎没有和父亲在一起生活过，但他的性格和成长过程，和崔国良十分相像。

在北京，小旭东读书刻苦，加上继承了父母的聪明才智，在班里，他的成绩一直遥遥领先。但他最盼望的还是暑假，一到七月，父亲就会拜托从内蒙古到北京出差的叔叔阿姨，帮他买一张火车票，只要半票，他就可以跟着叔叔阿姨到内蒙古，回到父母身边了。对小旭东而言，在内蒙古的生活是新奇而快乐的。和北京相比，夏天的内蒙古干燥但凉爽，气候适宜；父母上班虽然忙，但至少每天可以见到爸爸妈妈；而且照顾妹妹也让他觉得很有趣——1969年，崔国良的女儿志红诞生，旭东也有了小妹妹。小他7岁的妹妹和父母生活在内蒙古，已经能奶声奶气地叫他“哥哥”了。

一儿一女，崔家从此凑成了一个“好”字。也许是因为刘宝芬怀志红之前，

女儿志红是崔国良的掌上明珠

曾经失去过一个孩子，这一次，崔国良从妻子怀孕到女儿出生都特别上心，对女儿更是格外偏疼；也许是离开儿子已是太无奈、太难过，他们无法再割舍这得来不易的女儿；也许是因为此时夫妻俩在呼和浩特南地村已经搭起了“干打垒”，尽管条件艰苦，但总算是有了属于自己的小家，也有条件把女儿留在身边照料。总之，这一次，夫妻俩决定，无论多么艰难，都要把志红留在内蒙古，留在他们身边。

可以说，志红比哥哥幸运，因为她始终跟在父母身边长大。受父母宠爱的女孩儿，性格温婉、柔和，笑起来眼睛弯弯的，让人忍不住想亲近她。但从另一个角度来说，和哥哥相比，小志红的童年更艰苦、物质更匮乏：没有天安门，没有公园，甚至没有留下几张像样的照片。还好，小志红是个知足又懂事的孩子，哪怕只有一个铁皮罐头盒子，她也可以自得其乐地玩儿上半天。

正是这个铁皮罐头盒子，让崔国良夫妇至今说起来都心有余悸。

崔国良工作繁忙，刘宝芬也要上班，白天，家里没人能照顾小志红，只能把她托付给南地村的一个没什么文化的老太太照顾。正午的阳光暖洋洋的，志红和保姆，一老一小呆在屋里打发时光。突然，一个在阳光的照射下闪闪发光的铁皮罐头盒子进入了她的视线。小志红的童年没什么玩具，于是，这个会发光的铁皮盒子成了她的宝贝。她兴致勃勃地玩儿起了这个铁皮盒子，敲一敲，摇一摇，或者干脆把它放在地上，让它滚来滚去，铁皮盒子碰撞地面发出“叮叮、当当”的响声，让她开心不已。渐渐地，老太太的眼皮发涩，越来越重；渐渐地，小志红不再满足单纯的玩耍，好奇心促使她要把铁皮盒子的里里外外探个究竟。不知怎么的，小志红就把手伸进了铁皮罐头盒子里。

20世纪六七十年代出生的人对铁皮罐头应该都不陌生，打开罐头的方法，是用刀或起子，沿着罐头盒划一圈，然后撬开上面的铁皮盖子。去掉盖子的铁盒，周围都是尖利的铁皮“锯齿”，稍有不慎，就会把手拉个口子。这还不算危险，危险的是只把盖子撬开一半翻起来，上上下下都是“锯齿”的罐头盒子，如果孩子的手伸进去，不知道顺势拿出来，后果不堪设想。恰恰志红就把小手伸进去了，恰恰老太太一个盹也醒了，她吓了一跳，不由分说就要使劲，想把志红的小手从铁皮罐头盒里拽出来。也就在这个时候，崔国良进了屋，正好看到这一幕。他一步上前，先是摁住铁皮盒子，托住女儿的小手，然后向上一拽铁皮，扩大空间，把志红的小手安安全全地抽了出来。事后想想，崔国良吓出一身冷汗：如果那天没回家，如果那天晚了一步，如果让老太太硬拽出来，志红的小手肯定被划得血糊刺啦的。后来，志红长大了，父亲把这件事当成故事讲给她听，讲到老太太要拽她的小手时，崔国良仍然一脸紧张。志红能感觉到，父亲对她深深的、不曾说出口的爱。

说起来，志红虽然在父母身边长大，但见到父亲的时间并不多。崔国良不是在开会，就是泡在实验室里搞研究；不是奔波在院、厂、所之间，就是在山沟里看发动机试车。他离开的时候，志红还没起床，等他劳累了一天回到家里，女儿已经熟睡，他只能悄悄亲亲女儿的额头。到志红上小学的时候，母亲请假回北京照看生病的姥姥，父亲更是忙得经常不回家，她就吃、住在楼上李阿姨家里。志红还记得吃玉米面糊糊，加点酱油和猪油，就“特别好吃”。李阿姨家有好几个女儿，志红每天和她们一起吃、一起睡，并不孤单，可她还是想爸爸。

志红还记得，有一次，她从学校回来，和往常一样，准备去李阿姨家“蹭吃蹭睡”。路过家门口的

崔国良喜欢女孩儿，抱着小孙女，笑得很开怀

时候，她突然发现门是虚掩着的。“肯定是爸爸回来了！”小姑娘一下子高兴起来，她偷偷推开门走进屋，听见父亲熟悉的声音从卧室传出来。父亲和同事们正关着门开会呢！志红特别想进去找父亲，可是她知道，父亲工作的时候绝对不能打扰。于是她搬了个小板凳，坐在门口静静地等着。

会开完了，夜也深了，一脸疲惫的父亲告诉她说：“今天不走了，就住在家里好不好？”小志红高兴地跳起来：“太好了！那我可以跟爸爸住一晚上了！”早晨起床，父亲细心地给她穿上毛衣，系上背带裤的扣子，千叮咛万嘱咐。志红知道，父亲又要走了，“吧嗒、吧嗒”，她的眼泪又掉下来了。

童年的高兴事儿，还有一件。有一次，父亲和两个叔叔做完试验回来，心情特别好。志红记得，父亲笑眯眯地对她说：“志红，快换件衣服，爸爸和叔叔带你去城里看电影。”——去电影院看电影，在20世纪70年代可是件稀罕事儿。他们看的是朝鲜电影《金姬和银姬的命运》，时隔多年，志红已经记不清电影的具体情节了，但她记得，在父亲身边，和父亲一起看电影，是她童年最美好的回忆。

童年也不都是幸福的事儿。小志红11岁的时候，父亲病倒了。她记得，那一天，一向顶天立地的父亲在担架上躺着，想说什么却一句话也说不出来，他的嘴有些歪、嘴唇干裂，身边的母亲一直用手绢沾着水，轻柔地为父亲擦拭嘴唇上的裂纹。

母亲告诉小志红，父亲的病是由于疲劳及用脑过度造成的右脑出血。女儿对“右脑出血”还似懂非懂，但已经懂得心疼父亲了。她下了课，就骑着家里的二八自行车到医院给父亲送饭，陪父亲聊天解闷；后来，父亲出院了，有人说应该吃鳖来补，可是内蒙古哪有鳖啊，有关心崔国良的老同事送来乌龟，志红就和母亲一起研究乌龟的做法，做好了，香喷喷的。可是志红舍不得吃一口，全留给父亲补身体。

崔国良和女儿以及两个外孙在一起

这一年，志红仿佛一下子就长大了。

又隔一年，志红上了初中。父亲的身体也有所好转，在工作之余，经常会抽时间给她补习功课。“这个东西啊，爸爸要给你讲原理，所有的事情都是融会贯通，一通百通。你只要把原理弄懂了，就都懂了。”这几乎成了父亲的口头禅。

有一次，父亲给志红讲物理题，内容是志红搞不清楚的“比重”。父亲利用午休的时候，给女儿讲了很长时间。

“懂了吗？”应该懂了吧，父亲想。

“嗯，懂了。”女儿觉得好像懂了。

做父亲的不放心，又问了似懂非懂的女儿一个问题：我这儿有一大袋米，倒出一半来，你说半袋米比重大，还是整袋米比重大？女儿很肯定地说，当然是整袋米比重大了，一整袋那么大，倒出来后肯定小了。父亲被噎住了，一中午都白讲了。

好脾气的父亲又重新讲了一遍，到女儿真正理解为止。

父亲还给小志红讲过杠杆原理，他用门的把手做形象的比喻：假设这就是杆，怎么推这个门省力？你在门边上推用的力气大还是在门中间推用的力气大？在志红的记忆里，父亲就是特别会举例子，总是能把她眼里特别复杂的题目变得特别简单，父亲讲过了，她往往就懂了。

一直到1985年，志红已经上了高中，一纸调令，将崔国良夫妇调回北京工作，一家四口才真正得以团聚。此时，旭东已经是一名计算机专业的研究生了。尽管在一起生活的时间不长，旭东、志红兄妹的感情却非常好。周末旭东从学校回家，母亲总是变着法做出一桌好吃的菜来，四口人边吃边聊天，其乐融融。

这是一家人难得的团聚时光。1986年，成绩优秀的旭东考取了美国犹他大学的研究生，还拿到了全额奖学金。那是个消息相对闭塞的年代，在申请过程中，父亲给他的全部帮助，就是请当时在美国做访问学者的同事，去犹他大学的计算机系帮他拿了一些申请资料。旭东是个要强又独立的孩子，从小他就没有依靠父母的习惯；何况，在他心里，父亲是一个认真、正直的人，从来没有利用工作之便为自己谋过一点私利，对于提着礼物来家里“走后门”的人更是相当反感，他要依靠自己的努力，成为父母的骄傲。

那时候，国家规定，凭出国留学的通知书，一个人只能换40美元。那一年，旭东的工资只有40元人民币。揣着40美元的“巨资”，父亲一直把儿子送到机场，反复叮嘱的只有一句话，自己在外面要照顾好自己。而儿子未来的选择，他从没有干涉过。

儿子仿佛一转眼就长大了

这是一个父亲最深切的爱和信任。

旭东去美国不久，志红也考上了大学，和父母一样，她也在化学系。在她的记忆里，父母从来没有干涉过她的选择，选专业的时候，是她自己选的化学。后来，她跟随哥哥的脚步去了美国，转而去学环境工程和计算机。工作以后，她和哥哥都留在了美国，没有陪在父母身边，没有像父母一样在航天系统工作，父亲也都很支持。

十几年来，除了短暂的回国探亲，旭东、志红兄妹和父母的联系，都靠着一根细细的电话线。后来，有了网络，夫妻俩会和志红视频聊天，而旭东还是坚持每周给家里打个电话。父母老了，就像社会新闻里常常提及的“空巢老人”，很让兄妹俩担心。

可是，崔国良仿佛不会老。他总是在工作，总是显得精力充沛，即使已经80高龄，仍然在研究各种相关资料。凡是邀请他的会议，他都尽量出席，

1997年，崔国良、刘宝芬与儿子、女儿合影

尽量把会议报告读完、读透。没有工作的时候，崔国良也会在家上网，研究物理、天文方面的资料。旭东暑假回国的时候，他还专门和儿子讨论时下热门的量子计算机的问题，父亲是学化学的，可是量子计算机是物理范畴的问题，这让从事计算机工作的旭东有些惊讶！

每一年，旭东和志红都会回国探亲，但兄妹俩难得同时回来。1997年，旭东和志红同时回国，带着崔国良夫妻俩去了照相馆，照了一张全家福，这也是家里第一张全家福。后来，兄妹俩相约，各自带着爱人和孩子一起回国，又照了一张珍贵的照片。照片里，旭东的一儿一女，志红的两个儿子，每个人都笑得十分灿烂。

崔国良有三个孙子一个孙女了，四个美国小孩和爷爷生活在一起的时间不过一年，但是感情深厚。旭东和志红也会常常给孩子们讲爷爷给有钱人家当学徒仍然偷偷学习的故事，讲爷爷冻得手都握不住笔、但仍然考上了好学校的故事，以及爷爷为工作呕心沥血、当选院士的故事。崔国良也常常给孩子们讲道理：学业是一方面，人品也特别重要；答应别人的事情一定要做到；不懂的就要问，不能一知半解，最不好的习惯就是不懂装懂……

尽管和爷爷相隔万水千山，但是爷孙们的心很近很近。

2011年9月15日，志红回美国，父亲坚持去机场送她。她清楚地记得，在机场，父亲不舍地问她：“明年还回来吗？”

“回来，一定回来！”志红回答得干脆。她深切地感受到：父亲老了，随着儿女一次次地离家，他送行的路程也一次比一次长。从家门口到车站，从车站到机场，到坚持送到最后一米。尽管没有过多的叮嘱，没有琐碎的唠叨，但能感受到他的不舍，他的惦念，以及他永远不会放下的矜持。他会站在那里目送着飞机直冲云天，直到再也看不见。

谁知道，半个多月后，崔国良病倒了。旭东在父亲病倒的第二天，就从美国赶回北京探望父亲；志红的问候电话，从一周一个变成每天一个。

在父亲的病房里，看着父亲昏睡不醒的脸庞，旭东的心如刀绞般疼痛。总觉得来日方长，亲情留待日后珍惜不迟，岂不知世事永远与自己的愿望相悖，“子欲养而亲不待”，是一个多么严酷的现实。

在旭东和志红的记忆里，父亲不是一个善于表达情感的人，这一点与中国大多数父亲一样。他的情感、他对家人的爱，你只能通过他的眼神静静地体会，通过他的一举一动默默地接受，通过他情绪的变化慢慢地品尝。有时他也会开

2009年，崔国良的全家福

怀大笑，那浓烈的暖意让游子的飘泊感落地生根。更多的时候他沉默不语，点点关爱如同那正当时节的好雨，润物细无声。父亲的情感仿佛是一壶老酒，只能在细品慢酌中体味那浓郁深沉、清香悠远的滋味。

父亲一生坎坷，但他从未失去对生活的热爱。自志红懂事起，就没有见过他垂头丧气，没听过他抱怨不满，没有感受过他有一点点的冷漠无情。面对人生的挑战，他既不会喜形于色，也不会悲观沉沦，既便在那疯狂的年代，仍然对生活充满热情。

看到他的儿女，父亲的快乐是那样的难以掩饰，幸福感是印在脸上的，慈祥从他的眼中悄然流淌，深情将他的皱纹一一舒展开来，脸上的每一条沟壑都溢满了笑意。

旭东和志红深深地自责：为什么那么在意自己的家庭和工作，而漠视父亲的企盼？为什么总把对父母的报答寄托在下一次，而不珍惜眼前的机会？在他们的计划里，有一天，父亲能够退休，他们可以接父母到美国一起生活。现在，儿女无比简单的愿望竟成为了一种奢望。

父母舐犊情深，儿女也需跪乳反哺。

如今，他们都期待着奇迹出现，期待父亲能好起来，能让他们有机会报答父母的养育之恩。相信这一天，不会太远。

3. 朋友情同手足

崔国良有很多朋友，也是很多人的朋友。他不喜社交，除了工作，也没有太多的业余爱好，很少出现在公众场合。但是，凡是接触过他的人，无论是同窗苦读的同学，还是一起共事的同仁，抑或是领导和下级，几乎无一例外地成为了他的朋友。在他们眼中，崔国良是一个性格温和、心地善良、为人低调不张扬、工作认真努力、心里时时刻刻装着别人的人。即使是局部和他有过冲突的人，也发自内心地尊敬他，因为崔国良所做的每一个决定，也许短期来看会损害某些局部的利益，但一定是利于国家和全局的长远发展的。

方德炎是崔国良的大学同学，在大学里，俩人就结下了深厚的友谊。1953年，方德炎因病休学一年，崔国良继续在学校里读书，但友谊并没有因为短暂的分离而中断。崔国良从苏联回国之后，被派到西安三所搞协作，和此刻已经在西安三所工作的方德炎兄弟重逢。自此二人工作上相互讨论，生活上相互照顾，友情绵延50余年。

方德炎比崔国良年龄大几岁，如今也是80多岁的老人了。尽管和崔国良相比，方德炎的身体还算硬朗，但要从西安到北京探望崔国良，他也已经力不从心。然而，方德炎的心里时时惦记着他的小老弟，只要见到从北京来的老同事，他都要抓着人家问个不停，北京这两天天气怎么样？去北京办事顺利吗？绕了半天圈子，最终总是要问崔国良的病情——方德炎心里很矛盾，他想问，又怕问，终归还是忍不住要问。要问，是他太挂念、太担心；不问，是怕听到不好的消息。“要好的老哥俩，也许今生都没有机会再见面了。”说到这儿，方德炎已经泣不成声。

在方德炎的心目中，挚友崔国良是一个有骨气、有尊严的人。他不媚俗，不畏权贵，不会为五斗米折腰。他尊重每一个同事，无论是老领导还是普通技术人员，哪怕是工厂里投料的工人，他都一视同仁；即使是当选了院士，见到老同事他也依然热情不减，以礼相待。

人老了，总是爱回忆往事。每每想起年轻时候的事儿，总是少不了老朋友的影子。方德炎记得，在内蒙古滴水成冰的冬天，他借住在崔国良的“干打垒”里，崔国良一定要把热炕让给他睡，自己则在四处漏风的房门口搭一张行军床，凑活着睡了好几夜。

方德炎想推辞，却推辞不掉。

“谁让我是你的小老弟呀！”崔国良笑呵呵地说。

崔国良还是一个很注意别人感受的人，生怕自己不经意的一句话、一个动作会伤害了朋友的感情。方德炎清楚地记得，20世纪六七十年代，照相机还是个稀罕物件儿，甚至可以算是奢侈品了。有一次回家探亲，好面子的方德炎借了崔国良从苏联带回来的小相机，喜滋滋地“衣锦归乡”。没想到，家里大大小小都好奇地围上来，对这新奇的玩意儿看了又看、摸了又摸，不知道谁一个不小心，相机的黑幕被划了个小口子。相机的黑幕划坏了，胶片就会跑光，相当于洗照片的暗室里射进了光线。这下可把拿这个相机当宝贝的崔国良心疼坏了。这个相机是他在苏联留学时，省吃俭用买下来的，它见证了崔国良的留学生涯，也见证了崔国良和刘宝芬的爱情，还记录了儿子小旭东的点点滴滴。十几年过去了，在崔国良的细心保养下，小相机依然和新的一样，可现在……

“怎么回事儿啊？”崔国良忍不住抱怨起来，但话刚出口，他就后悔了。看到老朋友愧疚的神色，崔国良立刻改口：“没事儿，不是啥大不了的事，别往心里去。”看着老朋友还在难受，崔国良笑了起来，又哄又劝，说了好多宽心的话，那样子好像是他把方德炎的照相机搞坏了似的。

任茂信，46所的老专家，和崔国良相识、相处、共事已有45个年头了。但在他心里，崔国良依然是那个刚从苏联留学归来，英姿飒爽、面色白皙、满面笑容、很容易接近的崔博士。

光阴似箭，日月如梭。当年的“小任”如今也变成了“老任”，记性不如以前好，身体也大不如前，可是一提起崔国良，记忆的闸门仿佛被打开了，往事历历在目。“记得我们刚认识时，大家都叫他老崔。不是因为他年纪大，而是因为他稳重、办事仔细，事事为别人着想，就像老大哥一样。为了祖国的航天事业，我们聚在一起，几十年过去了，老崔已年至八旬，人看上去老了，但每次看到他慈祥的微笑时，我的脑海里浮现的仍然是他年轻时的形象。”

都说年少轻狂，可是在任茂信的印象里，和他几乎同样年纪的“老崔”从来不曾轻狂过，仿佛他生下来就是一个无私、重感情、面面俱到的人。

他们相熟的20世纪60年代末，是中国站在一个十字路口的特殊时期。经济倒退，物质匮乏，百业待兴。吃的、用的、穿的全都用票，大米白面只有逢年过节才能打打牙祭。就在这样困难的时期，任茂信的孩子生病住院了。

就在任茂信守在医院里一筹莫展、既担心孩子的身体又担心耽误工作的时候，崔国良推开了病房的门。看到老大哥出现，任茂信又感动又高兴，眼睛一下就湿润了，而病床上打着吊针的孩子更是露出了虚弱的笑容，因为崔伯伯带来了一大块巧克力。

任茂信至今不知道，崔国良是怎么知道孩子生病的消息的；他也不知道，在那样困难的时期，崔国良从哪儿弄来了一大块巧克力。在那个时候，就算是崔国良自己的女儿志红也没有吃过巧克力，玩儿的玩具还只是一个铁皮罐头盒子。但任茂信知道，崔国良送的巧克力给孩子带来了多大的惊喜。孩子躺在病床上，把巧克力放在枕头边，嗅着巧克力的香气安然入睡，睡醒了第一件事就是摸摸巧克力是不是还在，生怕那一大块巧克力只是一场美梦；吃的时候，也是一小点、一小点地啃着、抿着，一点小渣渣含在舌头上，甜丝丝里透着点苦味，香香的、滑滑的。孩子的病简直就是崔伯伯的巧克力给治好的。

如今，当年的孩子变成了中年人，但记忆里崔伯伯的巧克力依然清晰。40多年来，他吃过无数的巧克力，可都没有崔伯伯带来的那块巧克力香甜。圣诞老人一样的崔伯伯，在孩子心里，一直是一个甜蜜的人。

类似的事情，在和崔国良共事的很多人身上都发生过。

刘济威是46所成立之初的第一批员工，除了工作之外，他和所长崔国良的接触并不多；后来，崔国良调离46所，在内蒙古七机局任副局长兼总工程师，两个人的接触更加有限了。但刘济威记得，1984年夏，他的父母从江南来内蒙古南地村看望他，为了给父母买回程卧铺票，他专门在晚上下班后搭乘班车到市里，准备通宵排队买第二天的预售票。在机关驻地下车后，刘济威碰见了老所长崔国良。崔国良问清了事情的原委，热情地把刘济威带到呼和浩特的家中休息，并为他准备好去车站排队用的自行车和小马扎。

1990年5月，刘济威患了糖尿病，这时，崔国良已经调到北京工作。不知道崔国良怎么得知刘济威生病的消息，又是怎么知道他已经出院了，竟然找到刘济威做试验的823工房走廊的电话，询问他的病情，并建议他到南方疗养一段时间，并一再嘱咐让他爱人陪同去，这使刘济威深深感到老同志间的温暖。

崔国良的小老弟、46所后来的所长汤中权也曾承蒙崔国良的细心关怀，并感念至今。

那是1973年，汤中权第三个孩子“呱呱”落地。家里添丁可是大喜事，就在一家人喜气洋洋地准备喜蛋的时候，孩子突然开始剧烈地呕吐。开始吐的是白色的奶水，后来就开始吐寡淡的透明液体，15天大的小婴儿哪经得起这个，白白胖胖的孩子转眼变得面黄肌瘦、皮包骨头。汤中权抱着孩子跑到医院检查，发现孩子是先天性的胃管狭窄，难以进食，需要进行手术治疗。

妻子还在月子里，孩子又需要马上手术，汤中权急得像热锅上的蚂蚁。就在这档口，崔国良来到了汤家。

汤中权看到崔国良，不禁一愣。1973年，崔国良在七机部四院科研处当处长，在位于呼和浩特东门的院里工作，家也搬到了市里；汤中权在位于南地村的389厂理化室工作，是负责推进剂燃烧性能和燃烧测试的普通技术人员，住崔国良之前住过的“干打垒”。两个人工作地点相距30千米，身份也比较悬殊，除了工作接触，没有太多私交，崔国良怎么来了？

“孩子没事儿吧？”崔国良开门见山，非常关切。

汤中权又是一震，崔国良怎么会知道孩子生病的事？带着谜团，汤中权告诉崔国良，孩子是先天胃管狭窄，需要通过手术，在胃管上划一刀。这一刀划浅了不起作用，如果划深了，则可能划破胃管，徒增危险。

“这可需要找个好大夫啊！”崔国良皱着眉头，开始设身处地地为汤中权考虑。片刻，他告诉汤中权，当务之急是为孩子报户口。当时，内蒙古很多单位的职工医药费采取包干制，个人只需要缴纳较少费用，大部分由单位承担。而汤家老三如果没有户口，则不能享受包干制，找个好医院动手术是一笔不小的花费。汤中权一个月的工资只有58元，还有三个孩子要照顾，崔国良做这样的考虑可谓用心良苦。

看汤中权频频点头答应，崔国良开始干他此行的“正事”：他是为了帮汤中权劈柴而来的。内蒙古的冬天多冷啊，婴儿生病、孩子的母亲还没出月子，老汤一个人哪里忙得过来呢！他想着，这么冷的天，做饭取暖都需要生火，劈柴必不可少。如果说，安排孩子看病、报户口还是出于一个领导的考虑，劈柴则是崔国良作为一个朋友最实际的帮助。南地村的柴火，大都是沙漠里的红柳根，韧性十足，坚硬似铁。砍柴火的小斧头，劈下去就像劈在皮筋上，斧头弹得老高，弄不好还会伤到自己的脚。但就是这样，崔国良一斧、一斧地为朋友劈下如同小山般的柴火，点燃了炉火，温暖了朋友的心。

也许是小时候当过学徒的缘故，崔国良劈柴又快又好，让人忘了他其实是一介书生。清代诗人黄景仁有一句流传百年的诗句："百无一用是书生。"书生的形象，总是和文质彬彬、瘦弱多病联系在一起，可谁能想到崔国良这位书生，不仅学问深、能劈柴，还敢于在"文革"中说真话、坚持真理呢？

那是1974年的事了。3月16日，是389厂三车间技术组组长田济民刻骨铭心的日子。那一天，389厂装药车间的6名操作人员在用卧式混合机混合推进剂时，爆炸突然发生了，正蹲在地上清理料桶的王林倒在血泊之中，年仅36岁。年轻的生命不可挽回，鲜血的气味挥之不去……事故的发生，对技术负责人田济民刺激很大，他决定永远告别推进剂这个大舞台，在389厂的图书馆里熬过剩下的20余年，直至退休。然而，祸不单行，事故发生的第二天一早，就有人到田济民的家门口喊，让田济民带着衣服被褥去参加排查，因为，这次发生在"文革"期间的事故也许是"故意破坏"。

那一段时间，田济民的心被反反复复地煎熬着。以前的朋友都沉默了，没有人敢和他说话，更没有人敢来家里做客，究竟是技术问题还是故意破坏？事故分析进行了一年多，田济民去打听，领导的回复永远轻描淡写：现在还没有定论嘛！只有崔国良，他见到田济民，总是嘘寒问暖；也是他，坚定地告诉田济民，这是技术问题，爆炸的原因一定会查清楚的。

就像崔国良说的那样，最后，爆炸的原因确定为技术问题，是因为高燃速配方摩擦燃速高，药又比较硬；再加上在那个年代，人们对推进剂的危险性认识还不到位，很多应有的安全防护措施都没有做，才导致了悲剧的发生。尽管有了答案，可是生命不可复得，至今田济民提到这件事还是老泪纵横，心理创伤难以弥补。唯独让田济民感到安慰的，就是崔国良坚持查清了事故原因，还他清白，以及在事故原因不明的时候，给予他毫无保留的信任。

说到信任，对42所老员工伊瑞华而言，崔国良对她的信任，是她成长的基石。伊瑞华和崔国良交往的初始，是客气而拘谨的。事实上，由于崔国良的身份是留苏回来的专家，所里的年轻人与他接触时都有些小心翼翼。但时间一长，大家了解了崔国良的为人，关系逐渐融洽起来，尤其是年轻人，大都把他当作良师益友，甚至是主心骨，有什么事都愿意向他倾诉。

伊瑞华记得，1972年，刚参加工作不久，她要代表42所去参加院里的技术会议，心里不免有些紧张。崔国良认真看过她的技术报告，帮她提出问题，并鼓励她："报告写得很好，要大胆讲。"这让伊瑞华感到既亲切又温暖。崔国良就是那定海神针，不论在什么场合，伊瑞华只要看到崔总那充满信任和期待的目光，她紧张的心就会平静下来，慌乱的脚步就会坚定起来，站在高高的讲台上，声音洪亮地阐述自己的见解。在她心里，崔国良对待周围同事、朋友是那样坦诚、那样平易近人；他关心呵护下属，对年轻人倾力提携，没有一丝杂念。

46所的工人师傅马亚清是一位集邮爱好者。1989年11月，国家邮电部为反映我国国防现代化的伟大成就，发行了《国防建设——火箭腾飞》特种邮票一套。因为爱好集邮、自己本身又是航天系统的一员，马亚清对这套邮票格外珍爱。当他购得这套邮票首日封后，就萌生了请崔国良签名的念头。

那时，崔国良调到北京已经四年了，见面可是件不容易的事。说来也巧，第二年的夏天，崔国良到呼和浩特开鉴定会，马亚清得知消息后，就赶忙跑到招待所去找他无比敬仰的崔总。和马亚清想象的差不多，崔国良很高兴地接待了他，当他说明了来意后，崔国良不但欣然同意，而且做出了让马亚清受宠若惊、喜出望外的提议。

崔国良觉得自己在航天系统还不能算有名的专家，他的签名分量显得不够重。他想把首日封带回北京去，多请几位在我国航天领域著名的专家签个名，收藏起来更有价值，更有代表性。

马亚清没想到崔国良这么热心，这么细心，能得到这样的签名封，对他而言实在是太珍贵了。激动之余，他一再恳请崔总一定要签上自己的名字。因为他知道崔国良是一个见荣誉就让的人。

这是一个很难完成的任务。老总们日理万机，天南海北地跑，碰面的机会很少，即使碰面了，也是来去匆匆。再说了，谁也不会把一个首日封天天带在身上。虽然，马亚清知道崔国良是一个言必行、行必果、一诺千斤的人，但一个小小的首日封，并不是他的工作，还会占用他宝贵的时间和精力。马亚清有些后悔了，后悔自己给崔国良添了麻烦。他甚至希望崔总在百忙之中把这件事情给忘了，那样他心里也许会好受些。虽然如此，他还是抱着一线希望。一天一天过去了，一年两年过去了，马亚清

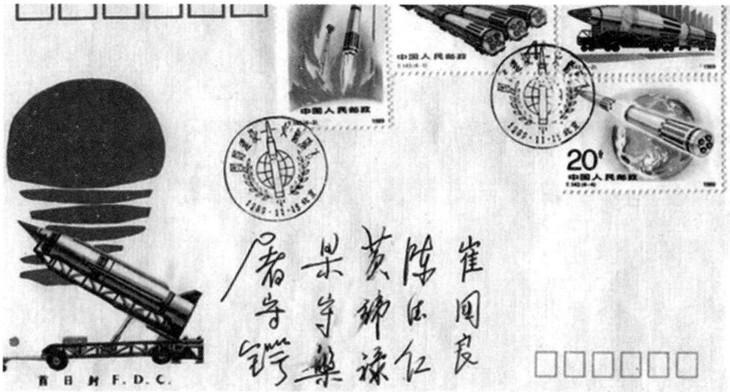

崔国良签名的首日封

自己几乎都忘掉了这件事。

1992年11月，崔国良托46所里的同志给马亚清捎来了他盼望已久的首日封。同时还有一封给马亚清的亲笔信：

亚清同志：

你好！你托我签字之事，耽搁了很久，原打算多找几位我部在航天方面有影响的老专家，但是近期很难凑到一起，我想你也希望早点得到这个纪念封，哪怕是不十分完美也好，现把只有四位老总的签字信封寄去。屠（守锷）老总是我国运载火箭的著名专家，梁（守槃）老总是海防导弹专家，黄（纬禄）老总是战略导弹专家，也是巨浪一号的总设计师，陈德仁是控制系统专家，都是驰名中外的老专家。

再见，祝工作好！

崔国良

1992.10.30

看着崔国良的亲笔信和首日封，马亚清的心情真是难以平静，崔总对老专家们的尊重以及谦逊姿态，令马亚清深受感动和震撼：崔国良德高望重贡献卓著，他自己却十分谦虚，从一开始签字就觉得不能与著名老专家们相比，落笔之时的细微处又显出谦逊的姿态：四位老总的签字在前，他的签名在后，而且字体也略小于四位老总。他的胸怀像苍茫大海那样宽阔，又像涓涓流水那样细致入微，实在让人感动，使人难以忘怀。

卢晓萍是中国航天科技集团公司科技委给崔国良配的秘书，一个开朗乐观、阳光豪爽、从不把烦恼带进办公室的人，她的脸上永远都挂着笑容，人未到，笑声先到。她敬爱崔国良，在她的心底，几乎把崔国良当作了自己的父亲。而崔国良也喜欢小卢，小卢爽朗的笑声给他带来了许多快乐。但是有一天，细心的崔国良发现，小卢的脸上堆起了愁云，追问了半天才知道，小卢的儿子要出国求学，学费是一个不小的数额，而她一时拿不出那么多钱。崔国良知道小卢不容易，一个女人独自带大了孩子；也知道小卢很要强，若不是他追问，她是不会告诉他实情的。崔国良“生气”了。嫌小卢把他当外人看，他告诉小卢：孩子是祖国的希望，预支给孩子就是预支给明天。这个钱你不要我也借给你，利息就是孩子平安快乐。如今卢晓萍已经退休，和在加拿大的儿子、孙子一起生活。但在她的心里，永远也忘不掉崔国良，忘不掉他慈爱的笑容。

对待同志和朋友像春天般温暖，用在崔国良身上是最合适不过的了。看到他春风拂面的笑容，你总会和他一样忍不住露出微笑，心头的阴霾会一扫而光；听到他真诚的问候和关心，你会感到快慰和轻松；你总会惊讶，他是怎么知道孩子生病了，家里没柴了，甚至屋里少个大衣柜，然后，他就会像童话里的海螺姑娘一样，不断地给你惊喜和感动。

崔国良是一个平凡的人，也是一个伟大的人，是一个为朋友雪中送炭的人，是一个为同事抚平伤痕的人。他永远在为别人着想，他的心里装着所有人，唯独没有他自己。他留给大家的，是一份永远也忘不掉的温暖记忆。

附录一

研制固体推进剂的一些体会

崔国良

从1970年我国发射第一颗人造地球卫星、1982年潜艇水下发射运载火箭到1984年发射试验通信卫星以及多次卫星回收成功，固体推进剂都经受了考验，圆满地完成了任务。

回顾我国固体推进剂的发展历程，首先想到的是在工作岗位上献出宝贵生命的和因伤致残的同志们。其次，永不忘怀的是带领我们艰苦创业、攻克技术难关的老一辈领导同志以及长期战斗在边疆草原和深山峡谷的同志们。没有这些同志的创业开拓、流血牺牲、艰苦奋斗和忘我劳动，没有兄弟单位的支持，固体事业就不会有今天的成就。

我国以液体高聚物为主要特征的新型复合药，是从1958年开始研究的，经历了从无到有、从小到大的发展过程。每前进一步，都曾遇到一些新问题和困难。先后解决了大型药柱的成型工艺、裂纹、脱粘以及在发动机中的震荡燃烧等重大技术关键。基本掌握了推进剂的工艺性能、力学性能和内弹道性能的变化规律，建立了有关测试技术。在研究工作的实践中，我们也学到了不少知识，取得了一些经验和教训，体会较深的有以下几点：

一、原材料是基础

原材料的质量对配方的性能有着决定性的作用，这是经过无数次失败得出的一条经验。例如，在聚硫推进剂配方研制中，质量长期不能稳定，后来发现二氧化铅的质量是关键。二氧化铅是聚硫的固化剂，其规格虽是化学纯产品，但其使用性能相差悬殊，尤其是工艺性能有的很好，有的则难以成型，而且力学性能差别也较大。以后发现二氧化铅的表面活性氧含量是项关键性指标，从此质量才得以控制。在研究丁二烯粘合剂时，始于无规丁羧，它是丁二烯与丙烯酸的共聚物。由于羧基随机分布，固化交联后网状结构中交联点的平均分子量难以控制，力学性能很低，虽经努力调整配方，也难以满足设计要求。以后改为端羧基聚丁二烯，推进剂的力学性能显著改善，尤其是低温性能提高了一倍左右。在合成端羧基聚丁二烯过程中，由乳液法改为溶液法后，减少了产品的杂质含量，降低了粘度，使推进剂的力学性能和工艺性能又有明显的改善。这些事实说明，要想获得高性能的推进剂，必须要有高质量的原材料。而且只有对原材料进行深入研究，才能控制其质量。

在确定原材料规格时，还应注意同时确定原材料的生产工艺，否则质量仍难以保证。兰化院在生产端羧基聚丁二烯时，又一次为提高得率而延长了聚合时间；另一次为降低成本改变了后处理醇洗时乙醇规格，虽然生产出的原料符合规格要求，但却使推进剂的力学性能、工艺性能下降很多，于是不得不回到原来定型时的工艺。所以原材料在改变工艺条件时，一定要通过使用性能的鉴定。

装药厂用的苯乙烯一直由兰化公司供应，曾因货源不足，采用其他厂家符合规格的苯乙烯，却造成装药失败。燃速催化剂也曾由于改变生产厂家发生过类似情况。因此，对一些重要原材料不仅要确定规格、固定工艺，而且还要定点生产。这是因为原材料中影响配方性能的可能因素很多，而我们的研究工作都是在特定条件下进行的。制定的原材料规格只能看作是必要的条件，而非充分的条件。

二、单项研究是前提

推进剂配方的基本性能是内弹道、工艺、力学、安全、贮存五个方面。配方研究就是把这些单项性能的研究成果综合于一体，使其满足设计要求。

内弹道性能主要指配方的能量和燃烧特性，这是推进剂的主要性能。不断提高能量，改进燃烧性能是配方研究的基本任务。

粘合剂是配方中最关键的组分，它不仅决定着推进剂的力学性能和工艺性能，而且直接制约着配方中固体粒子的含量，进而影响推进剂的比冲和比重。粘合剂从聚硫橡胶开始经无规丁羧、聚醚、端羧聚丁到端羟聚丁的发展过程，标志着复合药的能量提高过程，使比冲比原来提高了14%左右。

聚硫推进剂在使用中出现了不稳定燃烧，经分析认为是由于燃气高频震荡引起的。当时探索了多种可能抑制震荡燃烧的技术途径，以安装机械消震器和使用含铝推进剂效果最佳。特别是含铝推进剂，铝粉粒子既可阻尼燃气的切向震荡，又可提高推进剂的能量，可收到一箭双雕的效果。此外，还发现一些燃速附加物也可起到抑制不稳定燃烧的作用。

为满足发动机对不同燃速的要求，曾经系统地研究了多种燃速附加物和氧化剂粒度对燃速的影响。研究出了燃速从低到高的配方，并掌握了调节燃速的规律。

工艺性能涉及装药的质量、成本、安全等许多方面，因此在研究配方时，必须充分考虑更好地满足工艺需要的问题。在研究聚硫配方时，由于采用了高分子量的聚硫，其粘度很高。为满足浇注工艺的要求，在配方中加入了大量的稀释剂，而且还需辊片预混。辊片工序在当时是危险性最大、效率最低、劳动条件最差的一道工序，也是设计生产线的一个棘手的问题。后来，在配方中选用了不同粒度级配的氧化剂，提高了药浆的流变性，为取消辊片提供了条件。随着配方的发展，在采用了低粘度的粘合剂后，又把稀释剂取消了，不仅改善了劳动条件而且有利于稳定装药质量。多年来，在改进配方的同时，虽然也促进了工艺的进步，但仍不能满足工艺发展的需要。表现在推进剂配方性能指标给工艺留的余量不足，有的配方甚至没有余量，给工厂造成了困难。其次，对工艺扩大后，影响质量的因素研究不够，性能不稳定，工厂经常遇到的问题是燃速和力学性能波动较大，有时超出设计范围。另外对原材料的保管条件、失效期还不够明确。

最初，我们没有认识到壳体粘结式药柱与自由装填式药柱对力学性能要求的区别。这样就在小型装药中出现了裂纹，经研究才初步认识到壳体粘结式药柱对延伸率的要求，经调整配方，解决了小型药柱的裂纹。但是，对此问题的认识仍不深刻，后来在中型发动机装药时，又再次出现裂纹。至此，对裂纹的认识经过了实践—认识—再实践—再认识的两个循环，终于弄清了药柱裂纹的原因和防止裂纹的措施。掌握了多种提高力学性能的途径，其中以改进粘合剂分子结构和选用优良的键合剂效果最佳。在某些配方中加入少量的某类键合剂，可改善液体组分对固体粒子的浸润性，增强了界面间的结合力，使延伸率成倍地提高。

对复合推进剂危险的认识，是用血的代价换来的。在研制初期，我们觉得复合药较黑火药、普通的无烟药对热、机械、静电的作用钝感得多，因而防护措施不力。这样，就在1962年发生了燃烧事故，造成四人牺牲，五人重伤。原因是卧式混合机轴瓦中有残药摩擦而起火。于是改进了轴瓦结构并定时清理，实行了隔离操作和严格的定员制度，但对装药过程中会发生爆炸及其威力仍认识不足。直到1970年和1974年相继在四院发生了两次爆炸事故，混凝土的工房建筑被摧毁，在第二次爆炸事故中，王林同志当场牺牲。从此在混合岗位实行了远距离操作，在生产过程中完善了工艺安全措施和严格的检验制度。至今已连续安全生产十一年了，但个别同志认为这两次爆炸事故均发生在401－4配方，其特点是药浆粘度大、氧化剂粒度小、燃速高。其实，这种看法并不完全正确，九三五五厂在混合聚氨酯配方时就发生了爆炸事故。大连化物所在混合聚氨酯配方时也发生了爆炸事故。这两起事故都不是发生在聚硫系统的高燃速配方，因此麻痹思想一定要清除。在研究工作中，由于对新材料的危险性认识不足，也曾发生多起燃烧、爆炸事故，造成了严重人身伤亡后果。

因此，为了有效防止事故发生，必须把危险性作为配方研究工作的重要内容，摸深摸透，把安全工作建立在科学的可靠的基础上。

在配方研究工作中，对推进剂贮存性能的研究过去不够重视，这是研究工作一个薄弱环节。虽然多年来在推进剂的加速老化和自然贮存方面作了大量工作，并采取了一些防老化措施，但至今仍不能较准确地回答推进剂的有效寿命。原因是过去在研究推进剂老化时，脱离了发动机的特定环境条件。国外研究工作业已证明，实验室推进剂单项老化与它在发动机中的老化没有相关性。因此今后应结合具体发动机的条件进行研究，以便尽快回答推进剂的有效寿命和为延长寿命需要采取的措施。

为了加强单项研究，在安排和总结工作时，要处理好单项研究与配方研究的辩证关系，以便调动大家的积极性。

三、分析测试是眼睛

推进剂各组分的理化性能、分子结构和相互作用等因素，往往影响着配方的性能。这些因素只有借助现代化的测试技术才能弄清。因此分析测试，对推进剂配方研究起着重要的指导作用。

在研究乳液端羧聚丁二烯配方时，经常质量不稳定。尽管产品质量指标符合要求，但使用性能波动很大，以后通过紫外分光光度计和凝胶渗透色谱的分析，发现并证明产品中含有大量后处理未除尽的杂质——乳化剂 OP。于是生产厂严格地控制了工艺条件和 OP 的质量，从而使产品质量得到稳定。

为解决发动机的震荡燃烧，四十一所曾建立了 T 型燃烧器，当时对于选择配方的组分及其含量起到了重要作用。

由于同志们的努力，目前不仅可对已知样品的组成、结构进行定性定量的分析，而且还可对少量（克级）未知样品进行剖析。这是一个很大的进步。

四、循序渐进是捷径

循序渐进是指遵照客观规律办事。四十二所根据多年的实践，把推进剂配方研制的全过程分为五个阶段：方案论证、基础配方、初样、正样和定型。每个阶段都有明确的工作内容和指标要求，只有一个阶段的主要矛盾解决了，才能转入下一阶段。尽管前一阶段可为后一阶段作些准备，后一阶段也可继续完成前一阶段未完成的工作，但阶段是不可逾越的。否则就会欲速则不达，事倍功半。在十年内乱时期，受到极左思潮的影响，曾出现过“高指标大计划”的要求。当时在没有可行的技术途径、预研成果的条件下，就提出不切实际的高比冲、高比重的要求，而且要在两年内进行大型发动机装药和试车。由于违背了客观规律，只能以失败告终。

当404配方尚处于方案论证阶段时，1967年的“六一九”会议决定于1968年年底进行全尺寸发动机装药。为了赶进度，在条件不成熟的情况下，就决定停止聚醚，使用聚酯型粘合剂，而且又在工作不充分的条件下，确定了胶的分子量等规格，结果事与愿违，原材料只好长期积压，造成浪费，装药也就落空了。

在配方研究工作中过去凡是跳跃阶段，不按客观规律办事的，都给工作带来了不同程度的损失，这是一条很重要的经验教训。

附录二

如师 如兄 如友

——纪念杨南生副院长80寿辰暨从事科技工作51年

崔国良

我们的杨南生副院长已80岁高寿了。与他相处，在他指挥、指导、支持下，为固体火箭事业的前进、发展、壮大，披荆斩棘，攻关克险，艰苦奋斗，夺取胜利的情景，似乎还是昨天的事，历历在目。真让人感叹岁月无情啊！

杨副院长是我国固体火箭事业的杰出创业者，是我国固体火箭技术领域的主要开拓者，是我国固体火箭发展历史的有力推动者。他本是力学家，但他学识渊博，根底深厚；又非常民主，善于听取意见，集思广益；善于归纳总结，正确判断。所以，固体发动机技术虽然涵盖十来个学科，他仍然驾驭有方，把握得当，取得了辉煌的成就。

我与杨副院长相处，直接在他率领下工作，主要是从1965年年末到1975年年初他在内蒙基地这十年。我觉得这十年是他为固体火箭事业付出心血最大、做出贡献最大、取得成绩最突出的十年。当然这是相对而言的，他在其他岁月的贡献、成就同样是很大的。

这十年他率领一代四院人，解决了不稳定燃烧、药柱裂纹、发动机脱粘等一个又一个重大的技术关键；攻克了研究、设计、制造、试验中难计其数的具体难题；还通过或主持、或指导、或支持的方式，把粘弹力学、断裂韧性、有限元法等先进的理论、观点、方法，引入我们的工程实践，解决了推进剂力学性能、金属材料性能、药柱整体性和壳体强度设计等方面的问题，使这些方面的水平提高了一大步。这些成就扫除了前进道路上的主要障碍，使研制工作得以较为顺畅地进行了。

对于固体推进剂，杨副院长常自谦地说他是外行，实际上他对推进剂的领导也很得当。早在泸州时期，推进剂研究方面对于添加铝粉抑制不稳定燃烧还有人疑虑时，他就敏锐地看到了含铝推进剂，在他主持的“1.15”会议上，拍板定案把含铝推进剂作为解决不稳定燃烧的根本途径。当向大型发动机发展时，出现了药柱裂纹问题，他指导人们从粘弹力学的理论高度分析问题，认清了推进剂的慢应变延伸率低是根本原因，从而部署了改善力学性能的研究，确立了在高温低应变速率下，推进剂延伸率这一性能指标。当直径770毫米发动机旋转试车失败后，他主持分析，弄清了原因是推进剂中铝粉含量过多，致使三氧化二铝在发动机内沉积过多，导致壳体过热而使发动机烧穿，随即指挥开展了配方调整研究。对于提高推进剂能量的努力，他一直积极支持，对于高能推进剂的研究他始终非常关注，甚至建议上级推动兄弟单位的改性双基推进剂的发展。但他对高能推进剂的难度是有清醒认识的，所以他一方面关注着“325”大会战，一方面把近期研究的重点仍放在中能推进剂上，推动它的深化研究。42所搬迁后主攻高能，他支持未搬而留在内蒙基地的人员，脱离389厂独立建制，这才有了直属于院的46室，才有了由此室升格而成立的46所，中能推进剂的深化研究才得以加强，保证了当时发动机研制需要。综上所述可以看出，杨副院长对推进剂研究的指挥也是得力顺手的。

当然，杨副院长的业绩的集中体现是发动机了。这十年，他指挥研制队伍，艰苦奋斗，自力更生，走完了固体发动机从无到有、从小到大的不平凡历程，开展了战术、战略、航天各类10多种固体发动机的研制，如运载火箭“长征一号”末级发动机，返回式卫星回收制动发动机，以及大推力的助推器和潜地导弹两级动力装置这样的战略武器大型发动机等。这些业绩，标志着四院向国家捧出了第一代固体发动机。这不仅为四院的更大步前进建立了基础，也有力地支持了兄弟单位的战术导弹发展，还为促进航天活动做出了重大贡献，在我国国防建设史和航天史上，写下了重重的一笔。

在杨副院长的这十年业绩中，我觉得最有价值的是“长征一号”末级发动机（GF-02）和潜地导弹两级发动机（FG-04、FG-05）的研制。它们对于固体火箭事业的发展具有整体的意义，是开拓，是奠基，因此可以说具有“战略”性。

GF-02是四院承接的第一个实用发动机型号，其直径770毫米，要在高空工作。刚从直径300毫米试验型发动机走出来，一下子就研制这样一种大型发动机，又得在高空环境中点火和旋转状态下工作，其难度可想而知，从设计到制作到试验都遇到过不少技术难题。这些技术难题的解决，都是开创性的，都为以后的发展开拓了道路，建立了基础。

再者，GF-02的研制，还带动了内蒙基地的建设。它加速了装药生产线的建立和完善；尤其是充实了试车设施和测试装置，相继建立了旋转试车台、高空模拟试车台、六分力试车架，以及相应的配套条件，大大扩充了试车能力，提高了试车水平。这些也都是开拓发展道路，为发展奠基的事情。

至于GF-02发动机的应用，更具有历史意义。它不仅是四院给国家的第一份献礼，而且用在了我国第一次航天活动中，为我国第一颗人造卫星的发射开辟了我国的空间时代，贡献了力量。在让全国人民自豪的《东方红》乐曲响彻太空的壮举中，有着四院人的奉献，而奉献最大的是我们的指挥员杨副院长，这一点将彪炳史册，永不磨灭。

FG-04和FG-05发动机，是我国第一代固体战略导弹用的、直径达1.4米的大型发动机，是四院为满足国家需要而奉献的又一重要产品。它们具有推力控制等功能，这才算功能完备的固体发动机。这一导弹型号的研制任务，最初是四院承担的，它的总体战术技术指标的论证和要采取的技术途径，是杨副院长主持制定和审批上报的。后来体制发生了变化，四院就只承担两级动力装置的研制任务。FG-04和FG-05发动机的技术方案，与总体战术技术指标同期论证，也是由杨副院长主持、以总体要求为据制定的。这两个发动机技术方案，采用了当时有可能实现的先进技术，比如推力向量控制，FG-04采用四个摆动喷管，FG-05采用液体二次喷射。这些技术我们并没有多少预研成果，几乎与发动机同步研制，但是杨副院长分析后认为，尽管有风险，仍然有可能实现，便毅然拍板定案了。这两种发动机的研制进程，虽然步履艰难，地面试车终究还是成功了，证明了方案的正确性、先进性和可行性，照此走下去，必定会成功的。

后来，我接着主持研制工作，基本上证实了这一点。尽管在材料性能、制作工艺和部分结构方面仍然遇到了不少难题，通过群策群力，逐一克服，取得了最后胜利，但是没有做过大的方案性改动，基本上仍是按照杨副院长主持制定的、经过实验论证的那个方案进行的，我们的功夫只是下在实现这个方案上；而且据我所知，导弹总体战术技术指标也没有根本性的改变，从总的方面说，仍是按照杨副院长签字的那个论证报告进行研制的。

以FG-04和FG-05为动力装置的潜射导弹的发射成功所引起的反响，它的装备部队，它的上岸型号地地导弹的问世，在加强国防方面的作用和意义，是历史充分肯定的。因此，杨副院长在其中的功劳是谁也抹煞不了的。

再联想到这十年，也是我们四院创业史上最艰苦的十年，是天时、地利、人和都不佳的十年，杨副院长所建立的业绩就显得更加突出和可贵了。塞外奇寒风沙弥天的气候，土豆、白菜、窝窝头的饭食，他和大家平等地“享受”着。刚刚建起且配套不全的基地，以及薄弱的技术基础，增加了他工作的艰难。尤其是“文化大革命”的动荡，打乱了一切秩序，人们“革命”的去“革命”了，逍遥的去休闲了，靠边站的失去了工作权，杨副院长只得骑着自行车，在各厂、所、站来往奔波，甚至登门寻找、动员骨干人员上班做事。在这样的局面下，要前进一步何其难啊！不是其中人真难知其辛酸。而杨副院长却建立了如此大的业绩，其分量该是多么重啊！

杨副院长的业绩，得之于他的学识、能力，也得之于他的人格力量。

他的爱国心自不必评说。新中国刚刚建立，他就冲破障碍，从英国归来，是首批回归新中国的专家学者队伍中的一员，这就足以说明问题了。

他的事业心更是日月可鉴。离开妻儿老小，带着户口迁移证，从大上海下到四川小城，再到塞外草原，后来又钻进秦岭大山，为了什么？为了固体事业！骑着自行车跑了所又跑厂站，甚至患了坐骨神经痛，还一条腿蹬车跑，为了什么？为了固体火箭事业，为了国家任务！这在全国不敢说绝无仅有，却敢说是凤毛麟角。

至于杨副院长的为人，那是有口皆碑的，与他接触过的群众，都是齐口称颂。他没有一点领导者的“官气”，也没有一点专家学者的架子，非常平易近人、平等待人，连接触过他的炊事员、司机同志，对这一点都印象深刻，赞不绝口。

他非常民主。在他率领下工作，不论是在会上还是会下，讨论问题时总是让大家充分发表意见，他自己仔细听取，而且能敏锐地抓住人们意见的核心，精辟地加以归纳总结，把各种意见中的合理部分尽量包含在内；对于不当的意见，总从道理上说明白。因此，他综合、提炼作出的结论，每每能为大家愉快地接受。

他极富诲人不倦的精神。他和我们讨论问题，我们向他请教问题，他总是很耐心，不急不躁，尽量使人明白、接受、认同。因此，他的业绩也体现在培养了四院一代人，许多人都不讳言自己是杨副院长的学生。

他待人真诚、热情、亲切。在工作上如此，在生活上也如此。他发现你病了，总给予十分的关心，给你推荐药品，甚至给买药、送药；你有机会拜访他家时，总要请你吃餐家宴；你有什么个人难事了，他能设身处地地给予理解，尽可能地帮助你，让你感到如兄长般的亲切，如朋友般的深情。

他生性直爽，说话直率。这可能会得罪一些人，但是他刚正不阿、嫉恶如仇、敢抱不平、敢说敢为的凛然正气，令人肃然起敬。

总之，杨副院长品格高尚，极富人格魅力。他在四院受到很普遍的尊敬，不只是出于对他的贡献、功劳、业绩的推崇，而且也出于对他的人格的敬重。因此，他在四院人心目中占有崇高的地位，四院人永远不会忘记他。

谨以此纪念我们的杨副院长80寿诞暨从事科技工作51年。

望杨副院长保重身体，颐养天年！

崔国良大事年表

1931 年

7 月 7 日，出生于河北省阳原县。

1938 年　7 岁

在河北省阳原县上小学。

1944 年　13 岁

在阳原县读私塾。

1945 年　14 岁

在张家口当学徒。

1946 年　15 岁

考入察哈尔省张家口中学校读初中。

1948 年　17 岁

考入北平市市立第三中学校读高中。

1951 年　20 岁

9 月，考入华北大学工学院化学工程系。

1956 年　25 岁

6 月，加入中国共产党。

9 月，进入北京俄语学院留苏预备部学习。

1957 年　26 岁

10 月，进入莫斯科门捷列夫化工学院，成为固体火箭推进剂专业的研究生。

1961 年　30 岁

5 月，获得门捷列夫化工学院技术科学副博士学位。

与刘宝芬结婚。

10 月，任国防部五院固体推进剂技术员，从事复合固体推进剂燃烧性能基础研究工作。

1963 年　32 岁

任固体发动机研究所配方研究室副主任。

1965 年　34 岁

2 月，任七机部四院 42 所配方研究室主任。

1970 年　39 岁

10 月，任七机部四院科研处处长。

1975 年　44 岁

8 月，任七机部四院 46 所所长。

1978 年　47 岁

3 月，聚硫推进剂配方研制、聚丁二烯推进剂配方研制获全国科学大会奖。

8 月，任内蒙古七机局副局长兼总工程师。

1980 年　49 岁

9 月，获航天工业部“劳动模范”称号。

1981 年　50 岁

5 月，任七机部四院驻内蒙古指挥部主任兼型号副总设计师。

1983 年　52 岁

5 月，当选为第六届全国人民代表大会代表。

1984 年　53 岁

11 月，参加中国共产党内蒙古自治区第四次代表大会，当选为自治区党委委员。

担任国防科技大学材料燃料系兼职教授。

荣立航天工业部一等功。

1985 年　54 岁

1 月，任航天工业部四院科技委副主任。

5 月，任航天工业部科技委常委、秘书长，国防科工委固体推进剂专业组组长。

巨浪一号固体潜地战略武器及潜艇水下发射获国家科技进步奖特等奖，崔国良为第五完成人。

1989 年　58 岁

3 月，任航空航天工业部科技委副主任，中国复合材料学会理事，北京航空航天大学、哈尔滨工业大学兼职教授。

1990 年　59 岁

4 月，享受国务院颁发的政府特殊津贴，被评为“中青年有突出贡献专家”。

1991 年　60 岁

当选为美国航空航天学会（AIAA）会员。

任高能固体推进剂技术联合攻关组组长。

1992 年　61 岁

荣立航空航天工业部三等功。

1993 年　62 岁

当选为中国复合材料学会常务理事。

荣立航空航天工业部二等功。

1996 年　65 岁

5 月，荣获航天工业总公司授予的“航天奖”。

8月，任中国航天工业总公司科技委副主任。

11月，担任国防科工委固体推进剂专业组顾问。

荣获“1996年度光华科技基金一等奖”。

1997年　66岁

《中长期科学技术发展纲要（航天）》获中国航天工业总公司科技进步奖二等奖，崔国良为第二完成人。

1999年　68岁

12月，当选中国工程院院士。

任中国航天科技集团公司科技委常委、秘书长、副主任。

任中国航天科技集团公司、中国航天科工集团公司科学技术委员会顾问。

高能推进剂配方研制获国防科工委国防科学技术奖一等奖，崔国良为第一完成人。

高能推进剂发动机先期技术演示验证试验获国防科工委国防科学技术奖一等奖，崔国良为第一完成人。

国防科工委固体推进剂专业组顾问。

2000年　69岁

高能推进剂发动机先期技术演示验证试验（含高能推进剂配方研制）获国家科学技术进步奖二等奖，崔国良为第一完成人。

参考文献

[1] 《当代中国的航天事业》编辑委员会.当代中国的航天事业[M].北京：中国社会科学出版社，1986.

[2] 《当代中国的国防科技事业》编辑委员会.当代中国的国防科技事业[M].北京：当代中国出版社，1992.

[3] 单刚,王英辉.岁月无痕——中国留苏群体纪实[M].北京：中央编译出版社，2007.

[4] 中国航天科技集团第四研究院.丰碑如山——纪念航天固体动力事业50年暨建院50周年回忆录文集.西安，2012.

[5] 中国航天科技集团第四研究院院史编辑委员会.航天四院简史.西安，2012.

[6] 李威.蛟龙吼天——解读固体火箭发动机秘闻[M].北京：中国宇航出版社，2007.

[7] 中国空间技术研究院.天街明灯——中国卫星飞船传奇故事[M].北京：中国宇航出版社，2009.

[8] 《天魂》编委会.天魂——航天精神纪事[M].北京：中国宇航出版社，2011.

[9] 中国科学技术协会.中国科学技术专家传略：工程技术编航空航天卷2[M].北京：中国宇航出版社，2002.

[10] 李凤生,等.固体推进剂技术及纳米材料的应用[M].北京：国防工业出版社，2008.

[11] 中国航天科工集团第二研究院科技委.雷震海天——导弹总体与控制技术专家黄纬禄[M].北京：中国宇航出版社，2009.

后 记

2013年1月21日，因为要写这本书，我第一次见到病中的崔总。

那是在协和医院的单人病房：崔总仰卧在病床上，扎着输液针头的手背已经青紫一片，没有知觉的腿被恢复器械磨出了硕大的血泡；看到妻子来了，他想说什么却无力表达，只能"咿咿、呀呀"，努力地发出只有她才能听懂的声音。

那天的北京没有雾霾，天气晴好，病房被阳光照得亮堂堂、暖洋洋的，但医院无处不在的消毒水刺鼻的气味，和白惨惨没有任何感情色彩的墙壁，仍然让我觉得寒冷。

那一天，距离2011年11月2日——崔总因为大面积脑梗而倒在工作岗位上的那一刻已经过去了一年多。在这一年多的时间里，已经80多岁的妻子和快60岁的保姆两班倒，天天下午都去医院照顾他的生活、陪他聊天解闷，尽管他好像听懂了，又好像根本没在听。

而今天，2014年1月27日，距离我去探望病中的崔总又过去了一年多。在这一年多的时间里，妻子仍然每天去探望他，带回来的多是喜讯：崔总可以在轮椅上小坐一会儿了，崔总可以吃一点儿蛋羹了，崔总能发出简单的音节了……总而言之，崔总在好转。

每一次听到好消息，我，还有那些爱着他的朋友和同事们，都会欢呼雀跃好一会儿。我想，他离那个我在影集里见过的、在别人口中听说的崔总越来越近了，也许有一天，他会翻着这本书告诉我：小宋，这个地方你写的不客观么，这是大家做的事情，怎么都写在我一个人头上呢？我是踩着大家的肩膀上去的，当上了院士，我其实心里是有愧的，因为固体推进剂一点一滴的进步都是大家的功劳啊！

这不是我的想象，事实上，这是崔总在中国航天科技集团公司为他庆祝80岁生日的宴会上讲的话，他居功至伟，却谦逊而诚恳，那一幕感动了很多在场的人。人们口口相传，几乎每一个我采访的人都会对我提起。

所以，在这本书里，除了写下崔总的故事，我还试着描绘我国固体推进剂发展的全貌。每一个阶段，我都采访了很多当事人，尽可能了解各个方面；每一个故事，我都尽可能写下每一个参与者的名字……这也许对默默埋头奉献、谦虚惯了的航天人并不重要，但这对崔总很重要、对我很重要——我答应过崔总，我要写的绝不是歌功颂德的个人史，我会通过他的故事，讲述我国固体推进剂人自力更生、不断创新的奋斗史。

这并不容易。在传主不能讲述、史料有限的情况下，驾驭一本传记对我已经很困难；将个人经历融入到一个时代的洪流中去，就更需要阅读大量的史料、获取更多的“口述历史”。然而，这是我含着眼泪答应过崔总的。

就在那一天，在崔总的病房里，妻子告诉他：“老崔啊！这是小宋，是给你写书的，她来看你了！”

崔总好像是听懂了，他努力地想支撑起上身却不能，只能剧烈地挥着手，嘴里发出“恩恩、啊啊”的声音，像是生气了。

我不知所措。妻子安抚地拍着他的手：“老崔啊！我知道你的意思，不要写你个人，这都是大家的功劳。小宋也不是只写你个人哪！小宋和我说了，会写整个固体推进剂的故事，你只是一个代表。老崔，你放心，不突出你个人。”

听到这些话，崔总平静了下来，他不再挣扎着起身，也不再挥手，只是认真地看着我，握住了我的手——这是一双多么瘦削的手啊！这双手的主人把一生都献给了祖国的航天事业，最怕的却是为他著书立说、歌功颂德。在他心里，成功是大家的功劳，失败是自己的责任；他对国家的奉献微不足道，国家已经给了他太多的荣誉和肯定，他很满足，甚至愧疚。

想到这里，我的眼泪真的已经在眼眶里打转，我握紧崔总的手，向他承诺，我一定尽可能完整地再现我国固体推进剂的发展过程，我一定尽力记录下每个人的努力和奉献，无论再难、再辛苦。

因为对崔总的承诺，一年里，我在北京、襄樊、西安和呼和浩特辗转，为了掌握第一手材料，采访46人58次，共计87小时，整理录音60万字；一年里，为了充分了解史实和背景，我阅读相关书籍18本、相关资料不计其数；一年里，我从一个对崔总和固体推进剂毫无了解的人，变成了崔总妻子口中“最了解他的人之一”。我所做的一切，都只有一个目的，让这本书，能够配得上崔总平凡却又伟大的一生。

这一路，有很多人因为对崔总的爱和尊重，无私地帮助过我，在这里，一并向他们表示感谢：崔总传略的作者廉茂林，他无私地和我分享自己之前采访到的所有内容，帮我分析本书的大纲甚至每一节的设置；崔总大学同学梁树端、周志春、方德炎、钱连蕙、梁文绰，他们和我分享了许许多多崔总在大学时期的精彩故事；崔总在门捷列夫化工学院的同学阮崇智、李佩珠，使我对崔总的苏联生活有所了解，功不可没；崔总46所的同事李德然、贾长江、赫明鲲，他们多次给我讲述固体推进剂的专业知识，帮我介绍、联系采访对象，提供了大量的资料，如果没有他们，我甚至都很难入推进剂的门，更别说了解了；崔总在内蒙古指挥部的同事高崇武，自己就是一位优秀的报告文学作家，在写作过程中给了我很多指导，他的回忆详实、描写优美，对整本书尤其是第五章的写作影响很大；崔总在42所的同事黎汉初、徐桂林、侯林法，崔总在N15攻关组的同事谭惠民、张凤文、史百鸣、丁礼平……太多的人给过我帮助，篇幅有限，无法一一列出，望谅解。

在这里，我要感谢我的家人，在这本书的写作过程中，你们给了我巨大的支持和鼓励，就像你们一直所做的那样；感谢崔总秘书卢晓萍，在我的职业规划上，你带给我不同的思维方式和更多的选择；感谢我的好朋友焦静和罗鹏，整理录音是一个繁琐又没有创造性的工作，60万字里的素材里，有你们太多的心血和汗水；感谢中国宇航出版社的张铁钧、范占英、黄莘、牟宁宁和林杉等同志，你们需要为整本书的写作、校对、出版等把关，却给了完美主义的我充分的时间打磨细节，你们细心地阅读和推敲文中的每一个词语，感谢你们对一个年轻作者和她的文字所给予的呵护和尊重。

在这里，我还要特别感谢崔总的家人，如果没有你们的信任，我没有机会了解崔总，更没有机会去写作这本书。希望这本书，你们能够认可，如果我描写的崔总和你们熟悉的丈夫、父亲、姑父有60%的相似，我就心满意足了。

这一刻，我多么希望崔总能够清醒过来，翻翻这本写他的书，告诉我，这里写得还算客观，这里写得太夸张了，这里我不是这么想的……我想，这将是老天爷给我的最大的肯定和奖励。

宋　瑶

2014年1月27日